ANSELM RADDATZ

Die Nachlaßzugehörigkeit vererbter Personengesellschaftsanteile

Münsterische Beiträge zur Rechtswissenschaft

Herausgegeben im Auftrag der Rechtswissenschaftlichen Fakultät
der Westfälischen Wilhelms-Universität in Münster durch die Professoren
Dr. Hans-Uwe Erichsen Dr. Helmut Kollhosser Dr. Jürgen Welp

Band 50

Die Nachlaßzugehörigkeit vererbter Personengesellschaftsanteile

Folgerungen für die Rechte nachlaßbeteiligter Dritter

Von

Anselm Raddatz

Duncker & Humblot · Berlin

CIP-Titelaufnahme der Deutschen Bibliothek

Raddatz, Anselm:
Die Nachlasszugehörigkeit vererbter Personengesellschafts-
anteile: Folgerungen für die Rechte nachlassbeteiligter
Dritter / von Anselm Raddatz. – Berlin: Duncker u. Humblot, 1991
(Münsterische Beiträge zur Rechtswissenschaft; Bd. 50)
Zugl.: Münster (Westfalen), Univ., Diss., 1990
ISBN 3-428-07075-5
NE: GT

D 6

Fotoprint: Berliner Buchdruckerei Union GmbH, Berlin 61
Printed in Germany

ISSN 0935-5383
ISBN 3-428-07075-5

Meiner Frau Marion
und
meinen Eltern

Vorwort

Die vorliegende Arbeit ist im Sommersemester 1990 von der Rechtswissenschaftlichen Fakultät der Universität Münster als Dissertation angenommen worden. Das Manuskript wurde Ende Oktober 1989 abgeschlossen. Rechtsprechung und Literatur sind bis Anfang Juni 1990 berücksichtigt worden, gaben zu gravierenden Textänderungen oder -ergänzungen indes keinen Anlaß.

Mein sehr herzlicher Dank gilt Herrn Professor Dr. Helmut Kollhosser: Er zeichnet nicht nur als Doktorvater für meine Dissertation verantwortlich, sondern verschaffte mir darüber hinaus durch die Anstellung an seinem Lehrstuhl die zur Anfertigung der Arbeit erforderlichen wissenschaftlichen und materiellen Voraussetzungen. Herrn Professor Dr. Wilfried Schlüter danke ich für die Übernahme der Zweitkorrektur.

Herrn Bundesrichter Heinz-Dieter Stodolkowitz bin ich für die prompte Beantwortung einer schriftlichen Anfrage verbunden.

Herne, im Juni 1990

Anselm Raddatz

Inhaltsverzeichnis

Abkürzungsverzeichnis

a.E.	am Ende
ders.	derselbe
EGHGB	Einführungsgesetz zum Handelsgesetzbuch
EWiR	Entscheidungen zum Wirtschaftsrecht
GbR	Gesellschaft bürgerlichen Rechts
i.H.v.	in Höhe von
MittBayNot	Mitteilungen der Bayerischen Notarkammer
MünchKomm	Münchener Kommentar zum BGB
NJW-RR	NJW-Rechtsprechungsreport
o.O.	ohne Ortsangabe
l.Sp.	linke Spalte
r.Sp.	rechte Spalte
Verf.	Verfasser
ZIP	Zeitschrift für Wirtschaftsrecht

Hinsichtlich der weiteren Abkürzungen wird verwiesen auf:

Kirchner, Hildebert	Abkürzungsverzeichnis der Rechtssprache, 3. Auflage Berlin, New York 1983

Teil 1

Einleitung

Die monographische Behandlung eines Themas aus dem Schnittbereich von Gesellschafts- und Erbrecht kann dem Verfasser leicht den Vorwurf mangelnder Originalität eintragen. Die These, die Nachfolge von Todes wegen in die Mitgliedschaft eines Personengesellschafters gehöre zu den schwierigsten Problemen des gesamten Personengesellschaftsrechts,[1] ist als Werturteil nur schwer zu überprüfen. Dagegen läßt sich eindeutig verifizieren, daß das Problem der Harmonisierung von Gesellschafts- und Erbrecht zu den am häufigsten erörterten und besonders umstrittenen Fragen des Gesellschaftsrechts zählt. So konnte Wiedemann in seiner Habilitationsschrift aus dem Jahr 1965[2] bereits über siebzig einschlägige Aufsätze und Monographien nachweisen,[3] von denen die überwiegende Zahl aus der Zeit nach 1945 stammt. Ein Abgleich mit einer neueren Literaturübersicht (1986)[4] ergibt, daß sich die Zahl der Veröffentlichungen seitdem linear erhöht haben dürfte. Das oft bemühte Bild der „Flut von Veröffentlichungen“ [5] erweist sich somit als zutreffend. Die vorliegende Schrift will vermeiden, bereits ausgetragene (Meinungs-)Schlachten ein weiteres Mal zu schlagen. Bei der Untersuchung der Frage, ob der im Erbgang erworbene Personengesellschaftsanteil zum Nachlaß gehört, soll eine Problemlösung vielmehr auf der Basis mittlerweile gesicherter Erkenntnisse erarbeitet werden. Somit ist angezeigt, zunächst einen Überblick über das System der Nachfolge in Personengesellschaftsanteile von Todes wegen zu geben, wie es sich bei einer Zusammenschau von Gesetz und richterlicher Rechtsfortbildung darstellt.

---

[1] So z.B. K. Schmidt, GesellschaftsR, § 45 V, S. 980.

[2] Die Übertragung und Vererbung von Mitgliedschaftsrechten bei Handelsgesellschaften.

[3] Literaturübersicht vor § 6, S. 151 ff.

[4] K. Schmidt, GesellschaftsR, S. 980 u. 988.

[5] Ulmer, ZGR 1972, 195 (196); Bommert, BB 1984, 178; Feddersen, Festschrift Stiefel, S. 197 (198 f.); Wiedemann, JZ 1977, 689.

A. Gesetzliche Regelung

Nach dem in §§ 727 BGB, 131 Nr. 4 HGB normierten gesetzlichen Regelfall führt der Tod eines Gesellschafters zur Auflösung der Gesellschaft. Zwar sieht das Gesetz die Möglichkeit einer Fortführung der Gesellschaft durch die verbleibenden Gesellschafter sowie die Fortsetzung mit den Erben des Gesellschafters vor (§§ 736 BGB/138 HGB sowie 139 HGB, der im BGB ohne Entsprechung ist). Insbesondere für den Fall der Fortsetzung mit den Erben fehlt jedoch jegliche Regelung der Folgeprobleme, z.B.:

- Geht die Gesellschafterstellung kraft Erbrechts oder kraft Gesetzes über?
- Kann eine Erbenmehrheit als Erbengemeinschaft in die Gesellschafterstellung nachrücken?
- Inwieweit kann die Nachfolge in den Anteil auf einzelne einer Mehrzahl von Erben beschränkt werden?

Der Grund für diese weit klaffende Gesetzeslücke ist zum einen darin zu sehen, daß die Mitgliedschaft in einer Personengesellschaft wegen der gesamthänderischen Bindung ein – auch – personenrechtliches Verhältnis ist, auf das die an Sacheigentum und Forderungsrechten ausgerichteten erbrechtlichen Regelungen des BGB nicht recht passen.[1] Insoweit ist darauf hinzuweisen, daß das Gesamthandsprinzip für die Gesellschaft bürgerlichen Rechts erst nachträglich – dem deutschrechtlichen Impetus Otto von Gierkes folgend – durch die zweite Kommission zur Schaffung des BGB eingeführt wurde.[2] Schon über die dogmatische Fundierung des Gesamthandsprinzips herrschte bei den Gesetzesvätern Unklarheit.[3] Daß nicht erkannt wurde, welche Komplikationen sich aus dem Gesamthandsprinzips für die Vererbung der Mitgliedschaft ergaben, war somit geradezu zwangsläufig. Zum anderen wirkte abträglich, daß die Vorarbeiten zum BGB und zum HGB in der entscheidenden Phase parallel verliefen. Die HGB–Kommission konnte bei der Beratung des maßgebenden zweiten Entwurfs die tiefgreifenden Änderungen des zweiten BGB–Entwurfs nur noch kurz bedenken und verfehlte somit das Ziel, „die Vorschriften des Handelsgesetzbuches mit dem Inhalte des Bürgerlichen Gesetzbuches in Einklang zu bringen“.[4] Letztlich stellte sich das HGB nur als eine eilige

[1] H. Westermann, Festschrift Bartholomeyczik, S. 395 (410).

[2] Instruktive Nachzeichnung der Gesetzesentstehung bei Hadding, Festschrift zum 100jährigen Gründungstag des Reichsjustizamts, S. 270 ff.; Köbler, Erbrecht und Gesellschaft, S. 44.

[3] Nachweise bei Flume, Personengesellschaft, § 1 II, S. 3.

[4] So die Formulierung der Denkschrift zum HGB, Berlin 1896, S. 3.

Revision des ADHGB von 1861 dar, das schon aus kompetenzrechtlichen Gründen keine Regelung erbrechtlicher Folgeprobleme treffen konnte.[5]

[5] Das ADHGB war zunächst nur ein Rahmengesetz des Deutschen Bundes; zwar wurde es durch die Reichsverfassung von 1871 Reichsrecht, doch fehlte auch dem Reichsgesetzgeber bis zum Jahr 1873 (Lex Miquel–Lasker) die Gesetzgebungskompetenz für das Bürgerliche Recht; vgl. zum Ganzen Köbler, wie oben Fn. 2.

B. Rechtsfortbildung

Die Unvollständigkeit der gesetzlichen Regelung bedurfte somit einer gesetzesergänzenden Rechtsfortbildung durch die höchstrichterliche Rechtsprechung. Das Reichsgericht legte sich darin jedoch größte Zurückhaltung auf. Obwohl eine ganze Reihe einschlägiger Sachverhalte zur Entscheidung gelangten,[1] vermied der zuständige zweite Zivilsenat grundsätzliche Stellungnahmen und verharrte in Einzelfallbetrachtungen. Dies ist aus dem damaligen Selbstverständnis des höchsten Zivilgerichts zu erklären, das dem Gesetz einen so hoch gewichteten Vorrang einräumte, daß es auch in gänzlich ungeregelten Fällen eine vorsichtige und auf den Einzelfall beschränkte Analogie einer nur praeter legem denkbaren systematischen Rechtsfortbildung vorzog.[2] Die zur Handhabung des Konflikts von Erb- und Gesellschaftsrecht in der Beratungs- und Entscheidungspraxis dringend erforderliche Rechtsfortbildung wurde schließlich durch zwei entschlossen gestaltende Urteile des zweiten Zivilsenats des Bundesgerichtshofs vom 22. 11. 1956[3] und 10. 2. 1977[4] geleistet. Das Ergebnis dieser Rechtsfortbildung lautet:

I. Nachfolgeklausel

Der als Anteil an einer *werbenden* Personengesellschaft grundsätzlich unvererbliche Gesellschaftsanteil (vgl. §§ 727 BGB, 131 Nr. 4 HGB; anders § 177 HGB) kann durch eine Vereinbarung im Gesellschaftsvertrag für alle Erben oder bestimmte von ihnen vererblich gestellt werden.[5]

II. Erbrechtliche Nachfolgeklausel

Ist der Anteil vererblich gestellt, vollzieht sich die Nachfolge in die Mitgliedschaft nach Erbrecht, d.h. Nachfolger-Gesellschafter wird nur, wer *kumulativ* durch Gesellschaftsvertrag und erbrechtliche Regelung (Testament oder gesetzliche Erbfolge) in die Gesellschaft berufen wird.

---

[1] In chronologischer Abfolge seit Geltung des BGB: RG, JW 1912, 475; RGZ 123, 366; RG, SeuffA 85 (1931), Nr. 165; RG, DR 1941, 1084; RGZ 170, 392; RG, DR 1943, 1228; RGZ 171, 358; 172, 199.

[2] Allgemein zur Rechtsfindungsmethode des Reichsgerichts Mühl, Festschrift Fischer, S. 509 (512 f.; 526).

[3] BGHZ 22, 186.

[4] BGHZ 68, 225.

[5] BGHZ 22, 186 (191).

1. Einfache erbrechtliche Nachfolgeklausel

Durch sie wird der Anteil des Erblassers im Gesellschaftsvertrag für den oder die Erben vererblich gestellt.

a) Hat der Gesellschafter–Erblasser nur einen einzigen Erben, so rückt der Alleinerbe nach § 1922 BGB in die Gesellschafterstellung ein. Eine Diskrepanz zwischen Erb- und Gesellschaftsrecht ergibt sich insoweit nicht.

b) Wird der Gesellschafter–Erblasser von mehreren Erben beerbt, steht sein Vermögen gemäß §§ 1922, 2032 BGB grundsätzlich allen Erben gemeinschaftlich zur gesamten Hand zu. Jedoch kann die auf Auflösung zielende (§ 2042 BGB) und in der Haftung beschränkte (§ 2059 BGB) Erbengemeinschaft nicht Mitglied einer Personengesellschaft sein, da diese als persönlichkeitsbezogene Arbeits- und Haftungsgemeinschaft konzipiert ist. Es kommt deshalb zu einer *Sondererbfolge* in die Mitgliedschaft: Die Gesellschafterstellung des Erblassers wird mit seinem Tode automatisch geteilt, jeder Erbe erwirbt eine selbständige, der jeweiligen Erbquote entsprechende Gesellschafterstellung.[6]

2. Qualifizierte erbrechtliche Nachfolgeklausel

Der Gesellschaftsvertrag kann vorsehen, daß aus dem Kreis der Erben nur einer in die Gesellschafterstellung einrücken soll.[7] Auch in diesem Fall erwirbt der in der Nachfolgeklausel Benannte kraft Sonderrechtsnachfolge unmittelbar mit dem Tod des Erblasser–Gesellschafters die selbständige Mitgliedschaft. Schwierigkeiten bereitete die Frage, in welchem Umfang der Erbe–Nachfolger in die Stellung des Erblassers einrückt. In seinem ersten Grundsatzurteil hatte der BGH noch angenommen, daß der als Nachfolger auserkorene Erbe die Gesellschafterstellung kraft Erbrechts nur zu dem Teil erwerben könne, der seiner Miterbenquote entspreche. Der übrige Anteil wachse den überlebenden Gesellschaftern zu (§§ 738 Abs. 1 S. 1 BGB,

---

[6] So schon RGZ 16, 40 (56), Entscheidung vom 17. 3. 1886, zu § 123 Nr. 2 ADHGB; seither ganz h.M. in Rspr. und Lit. Deshalb wird die Sondererbfolge z.T. schon als Gewohnheitsrecht qualifiziert: Vgl. Brox, ErbR, Rz. 757; Kieserling, Diss., S. 20; Rüthers, AcP 168 (1968), 263 (276); Säcker, Nachfolge in Gesamthandsmitgliedschaften, S. 24 f. Angesichts einiger Gegenstimmen (Börner, AcP 166, 426; Ebert, Kompentenzabgrenzung, S. 72, 142 f.) dürfte es insoweit jedoch an der zusätzlich zum langwährenden Gebrauch (longa consuetudo) erforderlichen gemeinsamen Rechtsüberzeugung (opinio iuris) fehlen. Überzeugend aber die Ausführungen BGHZ 68, 225 (237), wonach die Sondererbfolge „schon im Hinblick auf die notwendige Kontinuität einer revisionsrichterlichen Rechtsprechung nicht mehr in Frage gestellt werden (sollte)".

[7] Denkbar ist auch, daß mehrere der Erben Nachfolger des Erblasser–Gesellschafters werden sollen; für diesen Fall gelten die folgenden Ausführungen entsprechend.

105 Abs. 2, 161 Abs. 2 HGB); diese seien aus der Nachfolgeklausel verpflichtet, den ihnen zugewachsenen Anteil rechtsgeschäftlich auf den Nachfolger zu übertragen.[8] Dieser Konstruktion der Erbennachfolge ist bereits unmittelbar nach Veröffentlichung der Entscheidung von der Rechtslehre heftig widersprochen worden.[9] In seinem zweiten, über zwanzig Jahre nach dem ersten ergangenen Leiturteil[10] ist der zweite Zivilsenat des BGH der Auffassung der Rechtslehre beigetreten: Danach bewirkt die Erbquote keine gegenständliche Begrenzung des Rechtserwerbs; es kommt zu einer *unmittelbaren Vollnachfolge* des als Gesellschafter ausgewählten Miterben. Jedoch führt diese Vollnachfolge keine Verschiebung der erbrechtlichen Wertverteilung herbei: Verkörpert die Gesellschaftsbeteiligung einen höheren Wert als dem Erben–Nachfolger aufgrund seiner Erbquote zukommt, ist er seinen Miterben zur Ausgleichung verpflichtet.[11] Noch keine Klarheit besteht allerdings über die normative Verankerung dieser einhellig anerkannten Ausgleichspflicht: Der Ansatz der Rechtsprechung[12] über § 242 BGB, Treu und Glauben, kommt dem Verzicht auf eine Begründung gleich und ist daher abzulehnen. Im Schrifttum verschiedentlich befürwortet wird die entsprechende Anwendung der §§ 2050 ff. BGB.[13] Diese gelingt jedoch nur mittels einer gleich mehrfachen, z.T. schwer nachvollziehbaren Analogiebildung, da §§ 2050 ff. BGB unmittelbar nur für gesetzliche Erben und nur für lebzeitige Zuwendungen an diese gelten. Überdies steht § 2056 BGB einer Anrechnungspflicht ausdrücklich entgegen.[14] Nach alledem sollte auch dieser Ansatz aufgegeben werden. Andere stufen schließlich die qualifizierte Nachfolgeklausel als eine Teilungsanordnung i.S.v. § 2048 BGB ein, die

---

8 BGHZ 22, 186 (193 f.).

9 Siebert, Gesellschaftsvertrag u. ErbR, S. 44 f.; G. u. D. Reinicke, NJW 1957, 561 (563 f.); Hueck, JZ 1957, 222 (223).

10 BGHZ 68, 225; der II. ZS befand sich 1956 in dem Glauben, in Zukunft noch häufig Gelegenheit zur Entscheidung ähnlich gelagerter Sachverhalte zu haben. Deshalb sollte die Entscheidung BGHZ 22, 186 nur als Grundstein dienen, auf dem aufbauend dogmatische Verfeinerungen und Ergänzungen möglich sein würden; vgl. R. Fischer, Das Entscheidungsmaterial in seiner Bedeutung für die höchstrichterl. Rspr., S. 12. Daß dem Gesellschaftsrechtssenat die Möglichkeit zur Korrektur und Befriedung tatsächlich aber für über zwanzig Jahre versagt blieb, ist als eine der Hauptursachen für die eingangs erwähnte, insbesondere zwischen 1957 und 1977 anschwellende Flut von Veröffentlichungen anzusehen.

11 Etwas anderes gilt, wenn der Erblasser dem Erben–Nachfolger den Gesellschaftsanteil durch letzwillige Verfügung als Vorausvermächtnis (§ 2150) zugewandt hat; vgl. K. Schmidt, GesellschaftsR, § 45 V 4 c. S. 993; Hopt/Hehl, GesellschaftsR, Rz. 640.

12 BGHZ 22, 186 (197); keine Aussage diesbezüglich in BGHZ 68, 225 (238)

13 Brox, ErbR, Rz. 761; ihm folgend: H. Westermann, PersonengesellschaftsR, Rz. 542; Palandt–Edenhofer, § 2050 Anm. 5.

14 Dem helfen Brox, Westermann, Palandt–Edenhofer (Fn. 13) mit der Nichtanwendung dieser Vorschrift ab.

bereits mit dem Erbfall vollzogen sei.[15]

Allgemein wird die Teilungsanordnung definiert als die Zuweisung eines Erbschaftsgegenstands an einen Miterben ohne wertmäßige Begünstigung gegenüber den anderen; sofern der Wert eines dem Erben zugewiesenen Gegenstands von seiner Erbquote nicht mehr gedeckt wird, folgt unmittelbar aus der Teilungsanordnung ein Ausgleichsanspruch der übrigen Erben.[16] Damit erweist sich der Weg über § 2048 BGB als besonders geeignet, unerwünschte Auswirkungen der qualifizierten Nachfolge auf die erbrechtliche Wertverteilung zu vermeiden.

III. Gesellschaftsvertragliche Nachfolgeklausel

Grundsätzlich unzulässig sind rein gesellschaftsvertragliche Nachfolgeklauseln, die den unmittelbaren Anteilsübergang durch ein lebzeitiges Rechtsgeschäft zugunsten Dritter auf den Todesfall herbeiführen wollen. Diese Ablehnung wird rechtskonstruktiv mit der

- Unzulässigkeit einer Verfügung zugunsten Dritter[17] und, da sich die Mitgliedschaft als Bündel von Rechten und *Pflichten* darstelle, mit der

- Unwirksamkeit eines Vertrages zu Lasten Dritter[18] begründet.[19] Hinter dieser rein begrifflichen Ablehnung verbirgt sich die im Urteil nur am Rande angesprochene Zielsetzung der Rechtsprechung, eine Perpetuierung des Gesellschaftsanteils außerhalb des Erbrechts zu Lasten der anderen Nachlaßbeteiligten zu verhindern und so höferechtlichen Tendenzen im Gesellschaftsrecht entgegenzutreten.[20]

---

[15] Rüthers, AcP 168 (1968), 263 (281); K. Schmidt, GesellschaftsR, § 45 V 4 c, S. 992; MünchKomm–Dütz, § 2032 Rz. 54; Soergel–Wolf, § 2032 Rz. 12; Ulmer, ZGR 1972, 324 (327) – a.A. aber nunmehr ders. in MünchKomm, § 727 Rz. 32: dort Anschluß an Brox u.a. (Fn. 13)!

[16] Vgl. BGHZ 82, 274 (279); BGH, NJW 1985, 51 (52); FamRZ 1987, 475 (476); Loritz, NJW 1988, 2697 ff.; MünchKomm–Dütz, § 2048 Rz. 16; Palandt–Edenhofer, § 2048 Anm. 4 a.

[17] St. Rspr. seit BGHZ 41, 95 (96); Palandt–Heinrichs, Einf. v. § 328, Anm. 5 b; für Zulässigkeit jedoch Baur, SachenR, § 5 II 2, S. 38 (eingeschränkt); Larenz, SchR I, § 17 IV, S. 232.

[18] BGHZ 68, 225 (231 f.); MünchKomm–Gottwald, § 328 Rz. 97.

[19] Für den Fall, daß der Dritte schon am Gesellschaftsvertrag beteiligt ist, greifen diese Bedenken nicht. Insoweit stellt der BGH jedoch heraus, daß seitens des Erblassers nur selten eine bereits lebzeitige Bindung gewollt sei; vgl. BGHZ 68, 225 (234).

[20] BGHZ 68, 225 (239); der Gesichtspunkt tritt besonders deutlich hervor bei R. Fischer, Entscheidungsmaterial, S. 12; Fischer war Berichterstatter der Entscheidung BGHZ 22, 186.

IV. Eintrittsklausel

Die Möglichkeit, den Anteil des durch Tod ausscheidenden Gesellschafters durch Rechtsgeschäft außerhalb des Erbrechts einem Dritten zuzuwenden, ist aber in Gestalt der Eintrittsklausel gegeben: Der Gesellschafter benennt – im Gesellschaftsvertrag oder später durch Erklärung gegenüber der Gesellschaft – für den Fall seines Todes einen Nachfolger. Beim Tod des Gesellschafters kommt es zu keinem unmittelbaren Anteilsübergang auf den Begünstigten;[21] der Gesellschaftsanteil des verstorbenen Gesellschafters erlischt vielmehr und wächst den verbliebenen Gesellschaftern zu, während der Abfindungsanspruch in den Nachlaß fällt (vgl. § 738 Abs. 1 S. 1 und 2 BGB). Der von der Eintrittsklausel Begünstigte erhält jedoch das Recht, in die Gesellschaft einzutreten. Auf eine entsprechende Eintrittserklärung hin sind die verbliebenen Gesellschafter verpflichtet, ihn aufzunehmen.

V. Auslegung

Mit der Eintrittsklausel steht für die Perpetuierung des Gesellschaftsanteils eine Alternative zur erbrechtlichen Nachfolgeklausel zur Verfügung. Bei der Auslegung von Nachfolgebestimmungen im Gesellschaftsvertrag ist jedoch regelmäßig davon auszugehen, daß die Beteiligten den unmittelbaren Rechtsübergang gewollt[22] und deshalb die erbrechtliche Nachfolgeklausel angeordnet haben, um den bis zur Ausübung des Eintrittsrechts bestehenden Schwebezustand und einen Kapitalabfluß durch Abfindungsansprüche bei Nichtausübung des Eintrittsrechts[23] zu vermeiden. In praxi kommt damit die Eintrittsklausel nur noch subsidiär zur Anwendung: Wird der als Nachfolger Benannte nicht Erbe des verstorbenen Gesellschafters, ist die erbrechtliche Nachfolgeklausel fehlgeschlagen; die dadurch entstehende Regelungslücke macht eine ergänzende Vertragsauslegung erforderlich, die i.d.R. dazu führen wird, der ursprünglich zur unmittelbaren (erbrechtlichen) Nachfolge ausersehenen Person ein rechtsgeschäftliches Eintrittsrecht zuzuerkennen.[24]

---

[21] Gerade hierin ist der Unterschied der Eintrittsklausel zur unzulässigen gesellschaftsvertraglichen Nachfolgeklausel begründet.

[22] Nach BGHZ 68, 225 (231) kommt es auf den Wortlaut der Klausel nicht an; auch wenn vom „Eintritt" die Rede ist, kann die erbrechtliche Nachfolge gemeint sein; so schon vor dem BGH aaO. Ulmer in HGB-Großkomm., § 139 Rz. 20; vgl. ferner K. Schmidt, BB 1989, 1702 (1704).

[23] Eine Pflicht zum Eintritt kann dem Dritten jedenfalls durch den Gesellschaftsvertrag nämlich nicht auferlegt werden; vgl. Soergel–Hadding, § 725 Rz. 15 m.w.N.

[24] Vgl. BGH, NJW 1978, 264 (265); OLG Frankfurt, NJW-RR 1988, 1251 (1252).

Teil 2

Streit um die Nachlaßzugehörigkeit der Mitgliedschaft

Die mit dem Urteil vom 10. 2. 1977[1] geschaffene Präzisierung des Begriffs der „Sondererbfolge“ , der sich seitdem aus den zwei Komponenten

- Vererbung der Mitgliedschaft außerhalb der Erbengemeinschaft und
- Vollnachfolge in die Mitgliedschaft ohne Rücksicht auf die (geringere) Erbquote

zusammensetzt, bewirkte für die Rechtspraxis eine nachhaltige Befriedung des Grenzbereichs von Erbrecht und Gesellschaftsrecht.[2] Jedoch ergeben sich gerade aus dem Begriff der „Sondererbfolge“ Unsicherheiten. Diese sind zum einen terminologischer Natur: So finden sich neben der wohl treffendsten Bezeichnung „Sondererbfolge“ [3] auch Umschreibungen als „Einzelrechtsnachfolge“ [4], „Sondernachfolge“ [5], „Sonderzuordnung“ [6], „persönliche Zuordnung“ [7], etc. Schwerer als dieses Begriffsdurcheinander wiegt jedoch die dogmatische Ungewißheit darüber, ob der auf den Erben–Nachfolger durch Singularsukzession übergegangene Gesellschaftsanteil (dennoch) zum Nachlaß des Erblassers gehört. Das Problem der Nachlaßzugehörigkeit des vererbten Personengesellschaftsanteils ist der Frage, ob und auf welche Weise sich die Anteilsvererbung vollziehen kann, logisch nachrangig. Deshalb mußte der BGH in seinem Urteil von 1977 insoweit keine Aussage treffen. Die Nachlaßzugehörigkeit des vererbten Gesellschaftsanteils erhält jedoch überall dort praktische Bedeutung, wo erbrechtliche Normen an das Tatbestandsmerkmal „Nachlaß“ anknüpfen. Dazu zwei Beispiele:

- Die Nachlaßzugehörigkeit des Personengesellschaftsanteils entscheidet

---

[1] BGHZ 68, 225.

[2] So die Wertung von Wiedemann, JZ 1977, 689; Ulmer, BB 1977, 805; Priester, DNotZ 1977, 558 (561).

[3] H. Westermann, PersonengesellschaftsR, Rz. 531; Brox, JZ 1984, 892; Damrau, NJW 1984, 2785.

[4] BGHZ 68, 225 (239); BGHZ 108, 187 (192) = NJW 1989, 3152 (3153); Wiedemann, JZ 1977, 689 (690).

[5] BGHZ 22, 186 (192); BGH NJW 1981, 749 (750).

[6] Ulmer, Festschrift Schilling, S. 79 ff.

[7] Esch, NJW 1984, 339 (340).

darüber, ob die Sonderzuordnung der Mitgliedschaft außerhalb der Erbengemeinschaft die *Nachlaßteilung* und damit für die Erben den Verlust der Haftungsbeschränkung des § 2059 Abs. 1 S. 1 BGB gegenüber den Nachlaßgläubigern bewirkt.

- Die Verwaltungsbefugnis des Testamentsvollstreckers, des Nachlaß- und Nachlaßkonkursverwalters ist gemäß §§ 2205 S. 1 / 1985 Abs. 1 BGB / §§ 6, 214 ff. KO *auf den Nachlaß beschränkt.* Die Nachlaßzugehörigkeit der Mitgliedschaft ist somit „weichenstellende Vorfrage“ [8] für die *Stellung eines nachlaßverwaltenden Dritten gegenüber der Personengesellschaft.*

Schon dieser nur schlaglichtartige Problemüberblick macht deutlich, daß die Frage der Nachlaßzugehörigkeit der vererbten Personengesellschaftsbeteiligung einer definitiven Antwort bedarf.

[8] Koch, BB 1987, 2106.

A. Pauschalierungstendenzen des Reichsgerichts

Das Reichsgericht (RG) hat erst gegen Ende seines Bestehens die Nachlaßzugehörigkeit des auf den Erben–Nachfolger übergegangenen Personengesellschaftsanteils als Rechtsproblem erkannt. Erstmals finden sich hierzu im Urteil des II. Zivilsenats vom 4. 3. 1943 eingehende Überlegungen.[1] Anlaß war auch damals schon die Frage der Zulässigkeit einer Testamentsvollstreckung an Personengesellschaftsanteilen (hier: OHG). Das RG verneinte die Nachlaßzugehörigkeit des Gesellschaftsanteils; es führte aus,[2] „... daß dem Testamentsvollstrecker ... jede Einwirkung auf die *nicht ausschließlich in den Bereich des Nachlasses fallenden* Rechtsbeziehungen versagt ist. Zu diesen Rechtsbeziehungen gehören die Rechte und Pflichten, die dem Erben aus der Rechtsnachfolge in die Gesellschafterstellung des Erblassers vermöge entsprechender Vereinbarung im Gesellschaftsvertrag (§ 139 HGB) erwachsen. *Die Rechtsstellung, die der Erbe mit dem Eintritt in die offene Handelsgesellschaft erwirbt, beruht zwar auf der Erbfolge; ihr Inhalt bestimmt sich aber nicht nach den Grundsätzen des Erbrechts, sondern sowohl im Innen- und Außenverhältnis als auch personen- und vermögensrechtlich ausschließlich nach Gesellschaftsrecht.*“

Seine Ansicht bestätigte der II. Zivilsenat des RG in seinen Entscheidungen vom 9. 9. 1943[3] und 10. 1. 1944[4]. Allerdings handelt es sich insoweit nicht um selbständig begründete Darlegungen, sondern um fast wörtliche Wiedergaben des Urteils vom 4. 3. 1943, dessen Ergebnisse unter Berufung auf § 161 Abs. 2 HGB pauschal auf die Kommanditgesellschaft übertragen werden. Ob der Stellungnahme des RG aus heutiger Sicht noch ein wegweisender Rang eingeräumt werden kann, erscheint fraglich.

I. Zunächst spricht die begründungstragende Formulierung, die Rechtsstellung des Erben–Nachfolgers in der Gesellschaft bestimme sich *ihrem Inhalt nach* nicht nach den Grundsätzen des Erbrechts, sondern ausschließlich nach Gesellschaftsrecht, nur eine bare Selbstverständlichkeit aus: Diese lautet, daß jede vererbliche Rechtsposition[5] beim Erbgang bis auf den Wechsel in der Person des Rechtsträgers inhaltlich grundsätzlich unverändert

---

[1] RGZ 170, 392 ff.; das RG hatte zuvor nur in einem obiter dictum die Nachlaßzugehörigkeit des auf den Nachfolger übergegangenen Gesellschaftsanteils behandelt und damals bejaht: vgl. RG, Seufferts Archiv 85 (1931), Nr. 165; später dann noch einmal ohne nähere Begründung Bejahung der Nachlaßzugehörigkeit in RGZ 171, 358 (366).

[2] RGZ 170, 394. – Hervorhebungen durch den Verf.

[3] RG, DR 1943, 1228 (1229).

[4] RGZ 172, 199 (202 f.).

[5] Umfassender Überblick über alle vererblichen Rechtsbeziehungen in MünchKomm–Leipold, § 1922 Rz. 17 – 52.

bleibt.[6] Hatte z.B. der Erblasser einen kaufvertraglichen Verschaffungsanspruch aus § 433 Abs. 1 BGB, so leuchtet unmittelbar ein, daß sich dieser Anspruch auf Eigentumsübertragung auch in der Hand des Erben seinem Inhalt nach nicht nach Erbrecht, sondern ausschließlich nach den kaufvertraglichen Abreden und den §§ 433 ff. BGB bestimmt. Dennoch würde niemand auf den Gedanken kommen, wegen seiner Prägung durch das Kaufrecht gehöre der Verschaffungsanspruch nicht zum Nachlaß. Somit erweist sich bereits der zur fehlenden Nachlaßzugehörigkeit führende Ansatz des RG als angreifbar.

II. Richtig erkannt hatte das RG im konkreten Fall allerdings, daß die Testamentsvollstreckung an OHG-Anteilen durch die Begründung persönlicher Haftung für den Erben über den Bereich des Nachlasses hinausgriff. Es wäre deshalb nur angebracht gewesen zu fragen, ob die erbrechtlichen Vorschriften in vollem Umfang zur Anwendung kommen konnten und, ausgehend von dieser Fragestellung, eine erste Feinabstimmung des erbrechtlichen und gesellschaftsrechtlichen Normgefüges vorzunehmen. Dagegen hatte das pauschalierende Postulat „fehlende Nachlaßzugehörigkeit des auf den Erben-Nachfolger übergegangenen Gesellschaftsanteils" in etwa die gleiche Berechtigung wie der – niemals gezogene – Schluß, aus der Unfähigkeit der Erbengemeinschaft zur Mitgliedschaft in einer Personengesellschaft folge generell die Unvererblichkeit der Mitgliedschaft. Das RG versperrte sich somit den Weg zu einer differenzierenden Problemlösung.

III. Schließlich fällt eine erstaunliche Ähnlichkeit des zitierten Urteils mit dem allerersten Entscheid im Spannungsfeld von Erb- und Gesellschaftsrecht vom 17. 3. 1886[7] auf. Damals hatte das Gericht noch auf der Basis des § 123 Nr. 2 ADHGB[8] geurteilt, daß die Rechtsstellung des Nachfolger-Gesellschafters „keineswegs eine durch erbrechtliche Nachfolge derivierte, sondern auf Grund im Gesetze bestimmter Thatsachen (von welchen die Thatsache der Beerbung des verstorbenen Gesellschafters eines der gesetzlich fixierten Momente ist) kraft Bestimmung des Handelsgesetzbuches ... entstanden ist." [9] In seiner noch die Rechtslage nach dem ADHGB betreffenden Entscheidung war das RG ersichtlich von einer Nachfolge in die Gesellschaft kraft Gesetzes ausgegangen. Indem sich das Gericht fast 60 Jahre später in Diktion und Inhalt stark an das frühere Judikat anlehnte, offenbarte sich, wie wenig man bei der Harmonisierung

[6] Ähnlich Marotzke, JZ 1986, 457 (458 r.Sp.).

[7] RGZ 16, 40 (56 ff.).

[8] Wortlaut: „Die Gesellschaft wird aufgelöst: ... (2.) Durch den Tod eines Gesellschafters, wenn nicht der Vertrag bestimmt, daß die Gesellschaft mit den Erben des Verstorbenen fortbestehen soll".

[9] RGZ 16, 40 (58).

von Erb– und Gesellschaftsrecht systematisch fortgeschritten war; besaß die 1886 geprägte Vorstellung einer Nachfolge in die Gesellschaft kraft Gesetzes auch 1943 noch Geltung, so war die Annahme fehlender Nachlaßzugehörigkeit der Mitgliedschaft durchaus konsequent. Für die heute ganz einhellig auf der Basis der erbrechtlichen Nachfolge geführte Diskussion kann die Auffassung des RG von der fehlenden Nachlaßzugehörigkeit des Gesellschaftsanteils dann aber erst recht keine Wirkungskraft mehr beanspruchen.

B. Die Sondergutstheorie Liebischs

Der erste, der sich nach dem zweiten Weltkrieg mit der Frage der Nachlaßzugehörigkeit des vererbten Personengesellschaftsanteils beschäftigte, war der Saarbrücker Rechtslehrer Arnold Liebisch.[1] Er leitete aus der Einheit der in der Gesellschaftsbeteiligung zusammengefügten personen- und vermögensrechtlichen Beziehungen und dem Prinzip der gesamthänderischen Bindung ab, daß die Mitgliedschaft bereits zu Lebzeiten eines jeden Gesellschafters eine Sonderstellung einnehme: Sie sei ein *Sondergut*, daß sich rechtlich von seinem sonstigen Vermögen abhebe. Im Erbfall werde diese Sondergutsnatur dahin aktualisiert, daß die Mitgliedschaft trotz ihrer Vererblichkeit und somit trotz ihrer Zugehörigkeit zur Erbschaft nicht zum Nachlaß gehöre. Die Sondergutstheorie Liebischs fand weder in der Rechtsprechung noch in der übrigen Rechtslehre Bestätigung. Hierfür war weniger ausschlaggebend, daß dem deutschen Recht ein einheitliches Rechtsinstitut des Sonderguts unbekannt ist.[2] Stärker ins Gewicht fiel, daß Liebisch sein Ergebnis allein aus der bildhaften Begrifflichkeit von „Einheit" und „Bindung" und damit aus eher kryptischen Argumenten herleitete, ein rechtlich begründeter Ansatz dagegen fehlte.[3] Auch die Stellungnahme Liebischs hat somit für die heutigen Fragestellungen keine Bedeutung mehr.

---

[1] In seiner Abhandlung „Über die Rechtsstellung der Erben eines offenen Handelsgesellschafters" , ZHR 116 (1954), 128.

[2] Dies kritisierte Wiedemann, Übertragung, S. 160.

[3] Hamann, S. 111; Finger, S. 20; Spiritus, S. 17 f. (Dissertationen, Titel nach Literaturverzeichnis).

C. Der Lösungsansatz Ulmers und dessen gegenläufige Rezeption durch die BGH-Senate

I. Die Lehre Ulmers

Der aktuellste und gleichzeitig geschlossenste Entwurf zur Frage der Nachlaßzugehörigkeit des vererbten Personengesellschaftsanteils entstammt der Hand Peter Ulmers. Nach seiner, erstmals im Jahre 1973 konzipierten,[1] später nach Art eines „ceterum censeo" vielfach wiederholten[2] und verfeinerten Lösung besitzt die Sondererbfolge eine rechtlich differenzierte Gestalt:

- Die Beteiligung des Gesellschafters und die mit ihr untrennbar verbundenen Verwaltungsrechte werden im Erbgang „am Nachlaß vorbei" gesteuert und sind dem Erben-Nachfolger persönlich zugeordnet: *Der Gesellschaftsanteil bildet dann trotz seiner Zugehörigkeit zur Erbschaft keinen Nachlaßbestandteil.*

- Dagegen verbleibt es in bezug auf die Vermögensrechte – verkörpert durch den zukünftigen Anspruch auf das Auseinandersetzungsguthaben (§ 734 BGB [GbR]; §§ 155, 161 Abs. 2 HGB [OHG, KG]), den Abfindungsanspruch bei vorzeitigem Ausscheiden eines Gesellschafters (§§ 717 S. 2, 738 Abs. 1 S. 2 BGB; 105 Abs. 2, 161 Abs. 2 HGB) und wohl auch durch die Gewinnansprüche[3] – bei den allgemeinen erbrechtlichen Regeln: Diese Rechte fallen in den Nachlaß.

- Das rechtlich unterschiedliche Schicksal von Mitverwaltungs- und Mitvermögensrechten zwingt zu der Annahme, daß sich die Vermögensrechte im Erbgang von der in der Hand des Erblassers noch einheitlichen Beteiligung abspalten.

Die Abspaltung der Vermögensrechte führt im Hinblick auf die vererbte Gesellschaftsbeteiligung regelmäßig zu einer *gespaltenen Rechtszuständigkeit.* Dies gilt zunächst, wenn der Erblasser von einer Erbengemeinschaft beerbt wird: Während die Verwaltungsrechte isoliert dem zum Nachfolger berufenen Erben zustehen, sind Rechtsträger der Vermögensrechte *alle*

---

[1] In: Festschrift Schilling, S.79 (89 ff.).

[2] In: HGB-Großkommentar, § 139 Rz. 55 ff.; MünchKomm, §§ 727 Rz. 27a; BB 1977, 805 (807); NJW 1984, 1496 (1500 ff.); JuS 1986, 856 (859 ff.); Festschrift 600 Jahre Ruperta Carolina Heidelberg, S. 389 (408 f.); JZ 1987, 881; NJW 1990, 73 (74 f. sub II 2, 75 f. sub III 3).

[3] Ulmer, JuS 1986, 859 (860); anders noch in Festschrift Schilling, S. 96 f.; 101.

Erben in ihrer gesamthänderischen Verbundenheit, also auch diejenigen, die letztlich nicht zur Nachfolge in die Mitgliedschaft gelangen. Eine einheitliche Rechtszuständigkeit wird (erst) dann wieder hergestellt, wenn die Erbengemeinschaft im Wege der Erbauseinandersetzung (§ 2042 BGB) die Vermögensrechte auf den Erben-Nachfolger überträgt.[4] Entsprechendes gilt im Fall der Alleinerbschaft, wenn es aufgrund von Nachlaßverwaltung, Nachlaßkonkurs oder Testamentsvollstreckung zu einer Sonderung von Erben- und Erblasservermögen kommt. Insoweit bleibt Rechtsträger des Anteils zwar einheitlich der Erbe, doch ist ihm die Verfügungsbefugnis über die Vermögensrechte des Anteils, die zum Sondervermögen „Nachlaß" gehören, zugunsten des Verwalters des Sondervermögens genommen.

Die Ratio der Abspaltungslehre, einer „auf den ersten Blick ungewöhnlichen, rechtlich Zusammenhängendes unterschiedlich behandelnden Konstruktion" [5], liegt vor allem in zwei Gesichtspunkten begründet: Zum einen soll die Abspaltung der Vermögensrechte und ihre reguläre Zuordnung zum Nachlaß verhindern, daß die erbrechtliche Vermögensordnung, also das vom Gesetzgeber sorgfältig austarierte Verhältnis von Erben, Nachlaßgläubigern und Pflichtteilsberechtigten, aufgrund der Sonderrechtsnachfolge in den Anteil zu Lasten einer Gruppe von Nachlaßbeteiligten außer Gleichgewicht gerät. Zum andern soll die grundsätzliche Absonderung des Gesellschaftsanteils vom Nachlaß dem *nachlaß*verwaltenden Dritten – also dem Testamentsvollstrecker, Nachlaß- und Nachlaßkonkursverwalter – schon rechtskonstruktiv unmöglich machen, durch die Ausübung von Verwaltungsrechten in den persönlichkeits- und haftungsbezogenen Mitgliedschaftsbereich einzugreifen.

II. Das Echo

Der Ansatz Ulmers [6] hat in der Rechtslehre ein geteiltes Echo gefunden. Tendenziell fanden seine Thesen im erbrechtlichen Schrifttum einen günstigeren Widerhall als bei den Autoren des Gesellschaftsrechts.[7] Die

[4] Deutlich Ulmer, NJW 1984, 1496 (1501 r. Sp.).

[5] Insoweit selbstkritisch zum konstruktiven Ansatz Ulmer, Festschrift Ruperta Carolina, S. 409.

[6] Es darf nicht unerwähnt bleiben, daß die Abspaltung der vermögensrechtlichen Ansprüche von der Mitgliedschaft bereits vor Ulmer vertreten wurde; vgl. schon Düringer-Hachenburg-Flechtheim, HGB, 3. Aufl. 1932, § 139 Anm. 15, S. 842; Michaelis, ZAkDR 1943, 233; aus neuerer Zeit vgl. E. Küster, Diss. Tübingen 1968. Jedoch entwickelt keiner dieser Autoren für den gewählten Ansatz einen ähnlich umfassenden Begründungszusammenhang wie Ulmer.

[7] Ablehnend z.B. Flume, Personengesellschaft, § 11 IV, S. 163 ff. u. § 18 II 1, S. 381 f.; Soergel-Hadding, § 727 Rz. 31; Wiedemann, JZ 1977, 689 (691); zustimmend z.B.

„Abspaltungslehre“ Ulmers verdient erhöhte Aufmerksamkeit aber nicht allein wegen ihrer kontroversen Aufnahme im Schrifttum. Besondere Bedeutung kommt ihr vielmehr angesichts ihrer Auswirkungen auf die neuere Rechtsprechung der Obergerichte und des Bundesgerichtshofs zu.

1. Im Urteil des II. Zivilsenats des BGH vom 24. 11. 1980[8] deutete sich erstmals eine Näherung der Rechtsprechung des Gesellschaftsrechtssenats an die Lehre Ulmers an. Er führte zur Verwaltungsbefugnis des Testamentsvollstreckers in der Personengesellschaft aus, daß diesem gemäß § 2205 BGB nur die Verwaltung des Nachlasses, „nicht aber solcher Nachlaßgegenstände obliegt, die aus der Nachlaßmasse ausgegliedert worden sind und dem einzelnen Erben zustehen.“ Dieses Judikat wies noch Unschärfen auf: Sprach die Formulierung „Ausgliederung aus der Nachlaßmasse“ und der daraus folgende Ausschluß des nachlaßverwaltenden Testamentsvollstreckers dafür, daß der Senat von der Nichtzugehörigkeit der vererbten Gesellschaftsbeteiligung zum Nachlaß ausging, so wurde die vererbte Beteiligung doch im gleichen Atemzug gerade als Nachlaßgegenstand bezeichnet.

2. Ganz eindeutig auf die fehlende Nachlaßzugehörigkeit des Gesellschaftsanteils gestützt wurde dagegen die Ablehnung einer Testamentsvollstreckung am Kommanditanteil in zwei Entscheidungen des OLG Frankfurt[9] und des BayObLG [10] aus dem Jahre 1983.

3. Wer aufgrund dieser Rechtsprechung zu dem Eindruck gelangte, es habe sich zur Frage der Nachlaßzugehörigkeit des vererbten Personengesellschaftsanteils ein – verneinender – Konsens gebildet, sah sich durch das Urteil des für erbrechtliche Fragen zuständigen IV a. Zivilsenats[11] vom 4. 5. 1983[12] eines Besseren belehrt. Zwar bestätigte der Senat in seinem ersten Leitsatz ausdrücklich das vom Gesellschaftsrechtssenat entwickelte Prinzip der Sondererbfolge. In seinem zweiten Leitsatz aber konstatierte er: „Die so aufgeteilten Gesellschaftsanteile der Nachfolger gehören dennoch zum Nachlaß.“ Die plakative Betonung der Nachlaßzugehörigkeit des vererbten Gesellschaftsanteils überraschte besonders deshalb, weil diese Frage für die Entscheidung des konkret zu beurteilenden Sachverhalts keine Rolle spielte: Weder stand eine Testamentsvollstreckung in Frage, noch waren Nachlaßgläubiger am Rechtsstreit beteiligt; vielmehr ging es – wie schon

---

MünchKomm–Brandner, § 2205 Rz. 25; RGRK-Kregel, § 2205 Rz. 8. – Aus erbrechtlicher Sicht ablehnend aber Erman–Schlüter, Vor § 2032 Rz. 9.

[8] NJW 1981, 749 (750).

[9] Beschl. v. 11. 2. 1983, NJW 1983, 1806 m. Anm. U. Koch, NJW 1983, 1762.

[10] Beschl. v. 13. 7. 1983, WM 1983, 1092 f.

[11] Laut Beschluß des Präsidiums des BGH v. 29. 3. 1989 (NJW 1989, 1474) führt der bisherige IV a. Zivilsenat mit Wirkung v. 1. 1. 1990 die Bezeichnung „IV. Zivilsenat“.

[12] NJW 1983, 2376 (2377) = LM BGB § 1922 Nr. 13.

im vom II. Senat entschiedenen „leading case" BGHZ 68, 225 – ausschließlich um die Bestimmung, welche Erben mit welchen Kapitalanteilen beim Erbgang in die Gesellschafterstellung eingerückt waren. Folglich konnte in den Entscheidungsgründen die postulierte Nachlaßzugehörigkeit des Gesellschaftsanteils über die bloße Wiederholung des Leitsatzes hinaus[13] nicht weiter untermauert werden.[14]

4. Ein weiteres Urteil des II. Zivilsenats folgte am 30. 4. 1984.[15] Die entscheidungserhebliche Rechtsfrage lautete, ob die Konkurseröffnung über den Nachlaß des Erblasser-Gesellschafters gemäß oder analog § 131 Nr. 5 HGB die offene Handelsgesellschaft auflöst. Der Senat führte sinngemäß aus,

– der Gesellschaftsanteil vererbe sich in der Weise, daß er getrennt vom übrigen Nachlaßvermögen unmittelbar und endgültig in das *Privat*vermögen des Gesellschafter-Erben falle; der Nachlaßkonkurs ergreife (daher) den Gesellschaftsanteil als solchen nicht;[16]

– es gebe jedoch keinen Grund, die Sondervererbung auch auf die Vermögensrechte der Beteiligung zu erstrecken. Gewinnansprüche und der Anspruch auf das zukünftige Auseinandersetzungsguthaben gehörten daher zum Nachlaß.

In der Sache wurde damit die in der Entscheidung von 1980 nur vorsichtig angedeutete Übernahme des Modell Ulmers – fehlende Nachlaßzugehörigkeit der vererbten Gesellschaftsbeteiligung, Abspaltung der Vermögensrechte und Zuordnung derselben zum Nachlaß – endgültig vollzogen. Es entspricht dem Selbstverständnis der rechtswissenschaftlichen Lehre, der auf die Entscheidung des Einzelfalls beschränkten Rechtsprechung verallgemeinerungsfähige Lösungskonzepte anzubieten.[17] Der Rückgriff der höchstrichterlichen Rechtsprechung auf in der Lehre entwickelte Problemlösungen ist demnach nicht ungewöhnlich.[18] Art und Umfang der

---

[13] NJW 1983, 2377 r. Sp., sub 4.

[14] Ulmer, NJW 1984, 1496 (1497) hat deshalb dem Leitsatz „nicht einmal die Qualität eines obiter dictum" zuerkannt.

[15] BGHZ 91, 132 (135 ff.).

[16] BGHZ 91, 135 f.

[17] Larenz, Methodenlehre, S. 224 ff., insbes. S. 227.

[18] Vgl. aus dem allgemeinen Zivilrecht BGH, NJW 1959, 1676; das Urteil übernimmt die Lehre Larenz' vom Vertrag mit Schutzwirkung zugunsten Dritter als eigenständiger Rechtsfigur. Aus dem Gesellschaftsrecht s. insbes. a) die Urteile zu den Haftungsverhältnissen in der Vor-GmbH BGHZ 65, 378; 72, 45; 80, 129; 91, 148 – Anlehnung an Ulmer, Rittner, Binz – und b) das konzernrechtliche Urteil BGHZ 83, 122 (Holzmüller): Anlehnung an Thesen der Autoren Lutter, Timm, U.H. Schneider. Dagegen finden sich aber auch Grundlagenurteile, die auf rechtswissenschaftliche Vorarbeiten nicht zurückgreifen konnten bzw. bestehende Konzepte übergingen: Vgl. zum ersten die Urteile zum Recht der Publikums-KG (BGHZ 63, 338; 64, 238; 69, 160/207; 85, 350), zum zweiten die das

Rezeption von Ulmers Thesen überraschen jedoch. So wird insbesondere im letzten Abschnitt des Urteils[19] die erste Veröffentlichung Ulmers zum Thema[20] unverschleiert paraphrasiert. Hier schlägt sich letztlich der informelle persönliche Dialog zwischen Mitgliedern des II. Zivilsenats und dem Heidelberger Gesellschaftsrechtler nieder, auf dessen Existenz Ulmer in anderem Zusammenhang[21] ausdrücklich hingewiesen hat.

5. Der IV a. Zivilsenat hat in seinem Urteil vom 14. 5. 1986[22] die sich vorher nur andeutende Abweichung vom Gesellschaftsrechtssenat inhaltlich ausgebaut und verfestigt. Es ging um den rechtlichen Status einer OHG, die die Erblasserin gemeinsam mit ihrem Ehemann, den sie zugleich zum Vorerben bestimmt hatte, als einzigem Mitgesellschafter betrieb. Für den Nachlaß insgesamt – also nicht nur für die Nacherbenrechte gemäß § 2222 BGB – hatte die Erblasserin Testamentsvollstreckung angeordnet. Die entscheidungserhebliche Frage lautete, ob die OHG durch den Tod der Ehefrau erloschen war oder die von der Erblasserin angeordnete Testamentsvollstreckung die Vereinigung der Gesellschaftsanteile in der Hand des Vorerben-Ehemannes verhindert hatte.[23] Auf der Grundlage der Lösung des II. Zivilsenats hätte eine Vereinigung aller Anteile ohne Umschweife bejaht werden müssen, da die angeordnete Testamentsvollstreckung den Gesellschaftsanteil der Erblasserin mangels Nachlaßzugehörigkeit gar nicht erfassen konnte. Ganz anders entschied demgegenüber der IV a. Zivilsenat. In grundsätzlichen Ausführungen legte er dar, daß der Gesellschaftsanteil trotz Sondervererbung Nachlaßbestandteil sei; nur so könne die gesetzliche Ordnung des Haftungszugriffs durch die Eigengläubiger der Erben einerseits und durch die Nachlaßgläubiger andererseits gewahrt werden.[24] Geradezu beschwörend führte der Senat aus: „... In diese – in Einzelheiten ohnehin diffizile – Ordnung des Haftungszugriffs der verschiedenen Gläubigergruppen einzugreifen, ist nicht geraten. Dies ge-

---

GmbH-Konzernrecht betreffende Entscheidung BGHZ 95, 330 (Autokran) und dazu die Stellungnahme U. Kochs NJW 1987, 2491 „...die im Schrifttum zu diesen Fragen entwickelten Theorien dürften dabei keine entscheidende Rolle gespielt haben".

19 BGHZ 91, 138.

20 Ulmer, Festschrift Schilling, S. 98 f.

21 In seiner Monographie „Richterrechtliche Entwicklungen ... " berichtet er von einer Aussprache über die Frage der Nachhaftung des ausgeschiedenen Gesellschafters für Dauerschuldverhältnisse (S. 52).

22 BGHZ 98, 48 (50 ff.).

23 Nach wohl h.M. verhindert das Bestehen einer Testamentsvollstreckung das Erlöschen von Rechtsverhältnissen, die zu Lebzeiten des Erblassers zwischen diesem und dem Erben bestanden hatten: in diesem Sinne BGHZ 48, 214 (218 f.); MünchKomm-Leipold, § 1922 Rz. 67; MünchKomm-Brandner, § 2211 Rz. 7; Soergel-Damrau, Vor § 2197 Rz. 17 ; Staudinger-Marotzke, § 1967 Rz. 13; a.A. aber z.B. RGRK-Kregel, § 2214 Rz. 1; Staudinger-Reimann, § 2214 Rz. 1.

24 BGHZ 98, 48 (54); bestätigt durch BGH, NJW 1990, 514 (515).

rade im Bereich der erbrechtlichen Gesellschafternachfolge zu tun, müßte die zahlreichen ungelösten Folgeprobleme der von der Rechtsprechung des Bundesgerichtshofs hierzu entwickelten Sondererbfolge weiter vermehren und sogar in andere Gebiete hineintragen." [25] Aufgrund der befürworteten Nachlaßzugehörigkeit kam der Senat in concreto zum Ergebnis, eine die Mitgliedschaft erfassende Testamentsvollstreckung sei zumindest insoweit wirksam, als sie die Vereinigung der Gesellschaftsanteile in einer Hand ausschließe. Bemerkenswert ist, daß der IV a. Zivilsenat die Diskussion um die Nachlaßzugehörigkeit der Gesellschaftsbeteiligung als Auseinandersetzung allein mit dem gesellschaftsrechtlichen Schrifttum betrachtet. Daß die insoweit meinungsführende Konzeption Ulmers fast vollständig vom Gesellschaftsrechtssenat rezipiert worden ist, bleibt nicht bloß unerwähnt; vielmehr wird eine Unzahl von Zitaten jenes Senats aufgeboten, in denen – meist unreflektiert[26] – im Zusammenhang mit dem vererbten Gesellschaftsanteil von „Nachlaß" gesprochen wird.[27] Beim flüchtigen Betrachter entsteht so der Eindruck völliger Übereinstimmung zwischen beiden Spruchkörpern. Daß man sich intern über die wahren Verhältnisse sehr wohl im klaren war, ergibt sich daraus, daß sich der IV a. Senat vor seiner Entscheidung mit dem II. Senat in Hinblick auf eine Vorlagepflicht an den Großen Senat für Zivilsachen gemäß § 136 Abs. 1 GVG abgestimmt hat.[28]

6. Der „Fanfarenstoß"[29] des IV a. Zivilsenats verhallte auf Seiten des II. Zivilsenats zunächst ungehört. In seinem Urteil vom 25. 5. 1987[30] wird die Abspaltung der vermögensrechtlichen Ansprüche und deren Zuordnung zum Nachlaß als „ständige Rechtsprechung" bezeichnet. Eine Auseinandersetzung mit der konträren Rechtsansicht des IV a. Zivilsenats erfolgt nicht. Diese wird noch nicht einmal erwähnt. Darüber hinaus weist das Urteil bei der Anwendung der vom Senat in den vorangegangenen Urteilen entwickelten Grundsätze so erhebliche Schwächen auf, daß an anderer Stelle noch darauf zurückzukommen ist.[31]

7. Den vorläufigen Abschluß des höchstrichterlichen[32] Diskurses über die Nachlaßzugehörigkeit der Mitgliedschaft bildet der auf Vorlage des OLG

---

[25] BGHZ 98, 48 (55).

[26] Insoweit richtig Ulmer, JuS 1986, 856 (859 Fn. 35).

[27] BGHZ 98, 48 (51).

[28] So Flume, NJW 1988, 161 (163); andere Erkenntnisse aber bei U. Koch, NJW 1989, 2662 (2668).

[29] Terminologie von Ulmer, JZ 1987, 881

[30] JZ 1987, 880 m. Anm. Ulmer = DNotZ 1988, 46.

[31] Vgl. unten 3. Teil, E V.

[32] Die zwischenzeitlich ergangenen obergerichtlichen Entscheidungen vermeiden jegliche Stellungnahme zum BGH-internen Meinungsstreit, vgl. OLG Hamburg, ZIP 1984, 1226 (1227 f.); OLG Stuttgart, ZIP 1988, 1335; BayObLG, FamRZ 1988, 1102.

Hamm [33] ergangene Beschluß des II. Zivilsenats vom 3. 7. 1989 (II ZB 1/89),[34] in dem die Testamentsvollstreckung an Kommanditanteilen dem Grundsatz nach für zulässig erklärt wird. Da die Rechtsmacht des Testamentsvollstreckers gemäß § 2205 BGB auf den Nachlaß beschränkt ist, hätte seine Verwaltungsbefugnis in der KG logisch widerspruchsfrei nur bei gleichzeitiger Bejahung der Nachlaßzugehörigkeit der vererbten Beteiligung – insoweit also nur durch Aufgabe der bisherigen Senatsrechtsprechung! – begründet werden können.[35] Hinter dieser eindeutigen Vorgabe bleiben die Ausführungen des II. Zivilsenats jedoch zurück:[36] „Die Beteiligung an einer Personengesellschaft gehört *insofern* zum Nachlaß, als sie Teil des vom Erblasser hinterlassenen Vermögens ist (BGHZ 91, 132, 135 f.; BGHZ 98, 48, 51; ...). Eine Besonderheit bei der Vererbung einer solchen Beteiligung ... besteht aber darin, daß sie bei Vorhandensein mehrerer Erben im Wege der Einzelrechtsnachfolge unmittelbar auf den oder ... die Erben übergeht ...; das entspricht gefestigter Rechtsprechung des erkennenden wie auch des für das Erbrecht zuständigen Senats des Bundesgerichtshofs (...; BGHZ 91, 132, 135; BGHZ 98, 48, 50 f.) Damit ist die Beteiligung – *nach der Rechtsprechung des Senats allerdings mit Ausnahme der aus ihr abzuleitenden übertragbaren Vermögensrechte, insbesondere des Anspruchs auf das künftige Auseinandersetzungsguthaben (BGHZ 91, 132, 136 f.)* – aus dem gesamthänderisch gebundenen übrigen Nachlaß ausgegliedert."

Die Annäherung an den IV a. Zivilsenat (Nachlaßzugehörigkeit „insofern") bleibt eine rein formale Konzession, weil über die laufende Bezugnahme auf BGHZ 91, 132 hinaus – gerade dort war die Nachlaßzugehörigkeit der vererbten Personengesellschaftsbeteiligung unmißverständlich verneint worden – die Abspaltungslehre noch ausdrücklich als weiterhin gültige Besonderheit der Senatsrechtsprechung hervorgehoben wird. Der mit der Zitierweise des Beschlusses – BGHZ 91, 132 und 98, 48 'Hand in Hand' – unternommene Versuch eines Schulterschlusses zwischen den BGH-Senaten scheitert somit daran, daß ihre inhaltlichen Divergenzen unüberbrückt bleiben.

III. Stellungnahme und Folgerungen

Ein Meinungsstreit innerhalb des höchsten Zivilgerichts mag auf die wissenschaftliche Erörterung der Streitfrage anregend und befruchtend

[33] ZIP 1989, 505; dazu Marotzke, EWiR § 2205 BGB 1/89, 472.

[34] BGHZ 108, 187 = NJW 1989, 3152.

[35] Vgl. bereits Schmitz, ZGR 1988, 140 (149).

[36] BGHZ 108, 187 (192) = NJW 1989, 3152 (3153 f.) – Hervorhebungen durch den Verf.

wirken. Das Anfachen einer Diskussion über das Rechtsproblem der Nachlaßzugehörigkeit darf jedoch nicht zum Selbstzweck werden; vielmehr sind die nachteiligen Auswirkungen im Auge zu behalten, die sich aus der Disparität von II./IV a. Senatsrechtsprechung für die rechtsberatende Praxis ergeben:[37] Die Regelung einer Gesellschafternachfolge von Todes wegen unterliegt ohnehin einem erhöhten Fehlerrisiko, da es gilt, zwei rechtlich selbständige Regelungen, Gesellschaftsvertrag und Testament/Erbvertrag, so aufeinander abzustimmen, daß beide im Zusammenwirken das gewünschte Ergebnis erzielen (Doppeltatbestand der Gesellschafternachfolge).[38] Darüber hinaus ist der Bestand einer Regelung zur Unternehmensnachfolge tendenziell immer dadurch gefährdet, daß zwischen dem Regelungszeitpunkt und dem Eintritt der Regelungswirkung beim Tod des Gesellschafters ein beträchtlicher Zeitraum von mitunter Jahrzehnten liegen kann.[39] Die von der Rechtsprechung durch gegensätzliche Entscheidungen zur Nachlaßzugehörigkeit des Gesellschaftsanteils hervorgerufene Rechtsunsicherheit tritt als weiterer rechtlicher Stolperstein neben die soeben geschilderten „systemimmanenten" Risiken: Zum einen können auch dem sorgfältigen Kautelarjuristen, der sich gezwungen sieht, die Haltung beider Senate in seinen Entwürfen zu berücksichtigen, bei dieser diffizilen Aufgabe Justierungsfehler unterlaufen. Zum anderen ist nicht auszuschließen, daß – insbesondere in kleineren Sozietäten, die selten mit Fragen der Unternehmensperpetuierung befaßt sind und über Spezialliteratur nicht verfügen – die divergierende Spruchpraxis der beiden BGH-Senate gänzlich unbemerkt bleibt.[40] Der Versuch, eine nach allen Seiten absichernde Regelung der Gesellschafternachfolge zu treffen, ist dann von vornherein zum Scheitern verurteilt.

Die nur kurz aufgezeigten Risiken treffen letztlich den Rechtsuchenden. Schlägt die getroffene Nachfolgeregelung auch nur zu einem Teil tatsächlich fehl, führt dies zwar aufgrund der Kombination von im Gesellschaftsvertrag regelmäßig enthaltener salvatorischer Klausel und der Entsprechung im Erbrecht – § 2085 BGB – nicht zur Gesamtnichtigkeit. Doch kann die sorgfältig austarierte Regelung so aus dem Gleichgewicht geraten sein,

[37] Ähnlich U. Koch, BB 1987, 2106; Ulmer, JuS 1986, 856 (862).

[38] Vgl. Götte, DNotZ 1988, 603 (612); Hartmann, DNotZ 1989-Sonderbeil., 63 (79 – 81).

[39] Auf die Bestandsgefährdung durch das Zeitmoment weist hin Rehbinder, Festschrift Stimpel, S. 47 (48; 54 ff.).

[40] Grund: In den Standardkommentierungen findet sich häufig kein Hinweis auf den Streit der BGH-Senate; die Auffassungen beider Spruchkörper werden vielmehr zu einer scheinbar einheitlichen Darstellung vermischt; vgl. Palandt-Edenhofer, § 2205 Anm. 2 c (deutlicher bei § 1922 Anm. 3 c bb); unscharf auch Baumbach/Duden/Hopt, HGB, 27. Aufl., § 139 Anm. 2 A; etwas trennschärfer nun 28. Aufl., aaO. – Perplexe Ausführungen als Folge der Divergenzen zwischen den BGH-Senaten finden sich bereits im Beschluß BayObLGZ 1987, 149, 152.

daß sie insgesamt unbrauchbar wird.[41] Die Frage, was statt dessen gelten soll, wird dann nur durch einen Rechtsstreit definitiv zu beantworten sein. Diesen zu vermeiden suchen, wird häufig die alleinige Motivation des Erblasser-Gesellschafters gewesen sein, als er – nicht zuletzt unter Aufwendung erheblicher Beratungsgebühren – anwaltliche und notarielle Hilfe zur Regelung seiner Nachfolge in Anspruch nahm.

Aus alledem ergibt sich, daß das – in Art. 20 Abs. 3 GG verfassungsrechtlich verbürgte[42] – Prinzip der Rechtssicherheit die Wiederherstellung einer einheitlichen Spruchpraxis der widerstreitenden BGH-Zivilsenate dringend gebietet.[43] Die Frage, ob der vererbte Personengesellschaftsanteil trotz Sondervererbung zum Nachlaß gehört, bedarf deshalb einer möglichst abschliessenden Antwort.[44] Diese Antwort muß sich aus der Auseinandersetzung zwischen dem Lösungsmodell Ulmers und des II. Zivilsenats auf der einen, dem Ansatz des IV a. Zivilsenats und seinen Befürwortern im Schrifttum auf der anderen Seite ergeben.

---

[41] Auf diesen Gesichtspunkt weist Rehbinder, Festschrift Stimpel, S. 47 (62) hin.

[42] Vgl. BVerfGE 5, 25 (31 f.); 8, 274 (302); 22, 330 (346).

[43] Zur Bedeutung der Rechtssicherheit für die vorsorgende Rechtspflege vgl. BGHZ (GS) 85, 64 (66) und – im Anschluß daran – Brambring, DNotZ 1985-Sonderbeil., 23; Hagen, ebendort, 34.

[44] Eindringlich Rowedder, Festschrift Goerdeler, S. 445 (449); vgl. auch U. H. Schneider, JR 1983, 504.

Teil 3

Die entscheidungsleitenden Kriterien

A. Wortlaut und Entstehungsgeschichte

Während der Begriff der „Erbschaft" in § 1922 Abs. 1 BGB als Vermögen des Erblassers legaldefiniert wird, trifft das Gesetz über den Sinngehalt des vielfach verwendeten Terminus „Nachlaß" keine nähere Bestimmung. Im Anschluß an die Motive zum BGB[1] stimmt die erbrechtliche Lehre einhellig darin überein, daß zwischen Erbschaft und Nachlaß sachlich insoweit kein Unterschied besteht, als auch „Nachlaß" den Inbegriff der dem Erblasser gehörenden Gegenstände bezeichnet.[2] Eine Nuancierung ergibt sich lediglich bei der Anwendung der Begriffe durch das Gesetz:

Die Bezeichnung „Erbschaft" weist auf die rechtliche oder tatsächliche Zuordnung des Erblasservermögens zu einem neuen Rechtssubjekt hin (vgl. §§ 1942 ff. BGB – *Erbe*; §§ 2018 ff. BGB – *Erbschaftsbesitzer*; §§ 2371 ff. BGB – *Erbschaftskäufer*). Dagegen bezeichnet der Begriff „Nachlaß" das Erblasservermögen in seinem objektiven Bestand, das als potentielles Sondervermögen in verschiedener Weise der Rechtsbefugnis Dritter unterworfen ist (vgl. §§ 1945 ff. BGB – Fürsorge des *Nachlaßgerichts*; §§ 1967 ff. BGB – Geltendmachung der Nachlaßverbindlichkeiten durch die *Nachlaßgläubiger*; §§ 1960, 1975 ff. BGB – Befugnisse des *Nachlaßpflegers* bzw. *Nachlaßverwalters*). Zwar wird diese Unterscheidung nicht immer stringent durchgeführt.[3] Durchbrechungen haben jedoch allein sprachliche Ursachen oder beruhen auf gesetzgeberischer Unachtsamkeit. Sie lassen deshalb nicht

---

[1] Motive Bd. V, Erbrecht (1888), S. 603 f.: „Im Entwurfe ist das Wort 'Nachlaß' verwendet, um die Gesamtheit der einzelnen Stücke oder Bestandteile des Vermögens des Erblassers (bona defuncti), ... , zu bezeichnen. 'Erbschaft' wird gebraucht von dem nachgelassenen Vermögen einer Person, wenn dieses zugleich als mit einem bestimmten neuen Subjekte ... in Beziehung stehend bezeichnet werden soll."

[2] Brox, ErbR, Rz. 10; Kipp/Coing, § 1 III 1, S. 7 u. § 91 III 1, S. 516; v. Lübtow, Bd. II, S. 667; Schlüter, § 6 I 3, S. 31 f.; MünchKomm-Leipold, § 1922 Rz. 15 f. – Umfassend unter Berücksichtigung der gesellschaftsrechtlichen Diskussion Staudinger–Marotzke, § 1922 Rz. 102 f.

[3] So wird z. B. in § 2032 Abs. 1 BGB hinsichtlich der Rechtsnachfolge durch mehrere Miterben der Begriff „Nachlaß" verwendet, obwohl insoweit gerade die Rechtsträgerschaft nach dem Erfall angesprochen ist.

auf die Möglichkeit schließen, in einer Art Subtraktionsverfahren „Erbschaft minus Nachlaß" eine Differenzsumme von Rechtsobjekten zu bilden, die zwar zur Erbschaft, nicht aber zum Nachlaß gehören.[4]

Die Auffassung, die vom Erblasser-Gesellschafter erbrechtlich auf den Nachfolger übergegangene Mitgliedschaft bilde keinen Nachlaßbestandteil, findet somit im Gesetzeswortlaut keine Stütze.[5]

[4] Allg. Lange/Kuchinke, § 5 I, S. 67 f.; v. Lübtow, Bd. II, S. 1143; Damrau, NJW 1984, 2785 (2787); aus der gesellschaftsrechtl. Diskussion Esch, NJW 1981, 2222 (2225); ders., NJW 1984, 339 (340); Emmerich, ZHR 132 (1969), 297 (298); D. Weber, Festschrift Stiefel, S. 829 (834); K. Schmidt, GesellschaftsR, § 45 V, S. 989.

[5] Im Ergebnis gleichlautend BGHZ 98, 48 (53).

B. Systematik

I. Die Überzeugungskraft der Ansicht Ulmers und des II. Zivilsenats wäre trotz fehlender Verankerung im Gesetzeswortlaut unbeeinträchtigt, wenn nach dem Gesetz die Nachlaßzugehörigkeit jedes Erbschaftsgegenstandes dessen gesamthänderische Gebundenheit in der Erbengemeinschaft voraussetzte. Die Singularsukzession/Sondererbfolge in den Gesellschaftsanteil, die dessen Gesamthandsbindung planvoll[1] vereitelt, hätte dann zwingend die Aussonderung der Mitgliedschaft aus dem Nachlaß zur Folge. Die dem Gesetz fernliegende Differenzierung zwischen „Erbschaft" und „Nachlaß" ließe sich als nur scheinbarer Widerspruch dahin auflösen, daß der historische Gesetzgeber von der Unverbrüchlichkeit des in § 1922 BGB angeordneten Prinzips der Gesamtrechtsnachfolge ausgegangen sei; die rechtsfortbildende Ausformung einer Sondererbfolge berechtige dazu, vom ursprünglichen synonymen Begriffsverständnis abzuweichen.

Für diese Gedankenfolge könnte insbesondere eine Lesart der §§ 2032, 2040, 2041 BGB sprechen, nach der nur gemeinschaftliches Vermögen der Miterben Nachlaß wird.[2]

II. Gegen die Annahme, daß die Nachlaßzugehörigkeit eines Gegenstandes dessen gesamthänderische Bindung voraussetzt, ergeben sich jedoch verschiedene Einwände.

1. Nach dem projizierten Modell wäre immer dann überhaupt kein Nachlaß vorhanden, wenn der Erblasser von nur einem Erben beerbt wird. Die Entstehung einer Gesamthands(erben)gemeinschaft ist hier von vornherein ausgeschlossen. Die völlige Ausblendung des Begriffs „Nachlaß" beim Alleinerben ist von Ulmer und seinen Befürwortern sicherlich nicht beabsichtigt.[3] Wollen sie dieses unerwünschte Ergebnis vermeiden, zugleich aber an der Gleichsetzung von Nachlaß und gesamthänderisch gebundenem Vermögen festhalten, müssen sie für die Fallgruppen „Alleinerbe" und „Mehrzahl von Erben" jedoch von einem jeweils unterschiedlichen Nachlaßbegriff ausgehen. Diese Begriffsaufspaltung erscheint problematisch, da spätestens nach Auseinandersetzung der Miterbengemeinschaft für die ein-

---

[1] Es sei wiederholend darauf hingewiesen, daß die Erbengemeinschaft unstreitig nicht Mitglied einer werbenden Personengesellschaft sein kann; vgl. statt aller Soergel-Hadding, § 727 Rz. 20.

[2] Ulmer, NJW 1984, 1496 (1498); U. Koch, BB 1987, 2106 (2110) und schon zuvor NJW 1983, 1762 (1763); ein solches Verständnis lediglich erörternd Marotzke, JZ 1986, 457 (459).

[3] Vgl. Ulmer, Festschrift Schilling, S. 79 (90 f.).

zelnen Miterben grundsätzlich dieselben Bestimmungen gelten wie bei einer Alleinerbschaft.[4]

2. Aber auch die isolierte Betrachtung der Rechtslage bei einer Mehrheit von Erben fördert Bedenken gegen die Annahme, Nachlaßbestandteil seien nur die Gegenstände, die zum Gesamthandsvermögen der Erbengemeinschaft gehören.

a) Auch nach der Teilung des Nachlasses und der damit regelmäßig verbundenen Liquidation der Erbengemeinschaft[5] bleibt die Eröffnung eines Nachlaßkonkurses gemäß § 216 Abs. 2 KO möglich. Die Einräumung dieser Möglichkeit setzt aber voraus, daß die anläßlich der Nachlaßteilung in das ungebundene Privatvermögen der Erben übergegangenen Erbschaftsgegenstände auch nach ihrer Befreiung von der Gesamthandsbindung weiterhin „Nachlaß" i.S.d. gesetzlichen Vorschriften sind.[6] Dem wird zwar entgegengehalten,[7] die nachträgliche Eröffnung des Nachlaßkonkurses bewirke gerade die Wiederherstellung der gesamthänderischen Vermögenssonderung. Ein gesetzessystematischer Beleg, daß Nachlaßzugehörigkeit die Gesamthandsbindung voraussetzt, ergibt sich hieraus jedoch nicht. Die gesetzliche Anordnung des Sondervermögensstatus für die Nachlaßkonkursmasse ergibt sich vielmehr aus der allgemeinkonkursrechtlichen Vorschrift des § 6 KO und hat rein instrumentelle Gründe: Der Nachlaßkonkursverwalter soll die auf ihn übergegangene Verwaltungs- und Verfügungsbefugnis zugleich effektiv – im Interesse der Nachlaßgläubiger sollen die Erben und deren Eigengläubiger vom noch vorhandenen Nachlaß ferngehalten werden – und ordnungsgemäß – d.h. ohne Übergriffe in das seit jeher dem Erben gehörenden Vermögen – ausüben. Die erneute Nachlaßsonderung folgt dann allein dem unabweisbaren Gebot der Transparenz.[8]

b) Es ist weiter darauf hinzuweisen, daß jeder einzelne Miterbe nach Beendigung einer Nachlaßverwaltung[9] einen noch nicht befriedigten Nachlaßgläubiger analog §§ 1990 f. BGB auf die vom Nachlaßverwalter an den Erben „ausgeantworteten" (§ 1986 Abs. 1 BGB) Gegenstände verweisen kann, ohne erneut eine Nachlaßsonderung herbeiführen zu müssen.[10] Vor-

---

[4] MünchKomm–Dütz, Vor § 2032 Rz. 1 u. § 2062 Rz. 13.

[5] Statt aller vgl. Brox, ErbR, Rz. 488.

[6] So – soweit ersichtlich – erstmals Jaeger–Weber, KO, 8. Aufl., § 214 Rz. 31 e; zustimmend Marotzke, JZ 1986, 457 (459) und BGHZ 98, 48 (53 f.).

[7] U. Koch, BB 1987, 2106 (2110).

[8] Vgl. zur Funktion des Nachlaßkonkurses als Sondergutsverwaltung allgemein Jaeger–Weber, KO, § 214 Rz. 2 a. E.

[9] Diese endet regelmäßig mit der Aufhebung durch das Nachlaßgericht (§§ 1975, 1919 BGB), insbesondere wenn der Zweck der Nachlaßverwaltung (vgl. § 1986 Abs. 1 BGB) erreicht ist.

[10] BGH, NJW 1954, 634 (635); Brox, ErbR, Rz. 662; MünchKomm–Siegmann, § 1986

aussetzung ist lediglich, daß der betreffende Erbe die Möglichkeit zur Haftungsbegrenzung noch nicht verloren hat.[11]
Häufiger noch als die zuvor erwähnten Fälle dürfte es in der Praxis geschehen, daß sich ein Nachlaßgläubiger erst meldet, nachdem der Nachlaß bereits geteilt worden ist. Der in Anspruch genommene Miterbe kann sich dann sogar unmittelbar auf die §§ 1990 f. BGB berufen und somit seine Haftung auf die Gegenstände beschränken, die ihm bei der Auseinandersetzung zuteil geworden sind.[12] Damit wird erneut deutlich, daß bei einer Erbenmehrheit die vom Erblasser stammenden Vermögensgegenstände auch nach Aufhebung der gesamthänderischen Bindung Nachlaßbestandteil bleiben.

3. Nach der Gesetzessystematik ist somit auch bei einer Mehrzahl von Erben die Gesamthandsbindung eines Erbschaftsgegenstandes keinesfalls Voraussetzung für dessen Nachlaßzugehörigkeit. Prägnant formuliert Flume:[13] „Der Begriff des Nachlasses hat nichts mit der gesamthänderischen Bindung zu tun.“ [14] Die Herausbildung der Sondererbfolge in den vererbten Personengesellschaftsanteil nötigt daher nicht zu der Annahme, dieser sei kein Nachlaßbestandteil.

4. Zwischenergebnis

Die bisherigen Überlegungen haben gezeigt, daß die Ansicht Ulmers und des II. Zivilsenats von der fehlenden Nachlaßzugehörigkeit des vererbten Personengesellschaftsanteils und der Abspaltung der vermögensrechtlichen Ansprüche im Erbgang weder durch Wortlaut noch durch Systematik des Gesetzes zwingende Bestätigung erhält. Es wäre jedoch verfrüht, die fehlende Verankerung im Gesetz zum Anlaß zu nehmen, über die von Ulmer entwickelten Thesen das Verdikt „unhaltbar“ zu fällen. Insoweit gilt es erneut[15] zu vergegenwärtigen, daß die Nachfolge von Todes wegen in personenrechtliche Mitgliedschaften vom Gesetz noch nicht einmal rudimentär „vorausgedacht“ worden ist; zu einem gewissen Grad wohnt daher jeder Problemlösung auf diesem Rechtsgebiet ein Element der Gesetzesferne inne.
Als Vorschlag zu einer weiteren „gesetzesübersteigenden“[16] Rechtsfortbildung im Schnittbereich von Erb- und Gesellschaftsrecht darf die Lehre Ulmers deshalb nicht von vornherein zurückgewiesen werden. Gleichzei-

Rz. 5; RGRK-Johannsen, § 1986 Rz. 6 ff.; zweifelnd Staudinger-Marotzke, § 1986 Rz. 10.

[11] Vgl. §§ 1994, 2005; 2006; 2013 BGB.

[12] Brox, ErbR, Rz. 701.

[13] Festschrift Müller-Freienfels, S. 113 (120).

[14] Explizit zustimmend Staudinger-Marotzke, § 2058 Rz. 4, § 2059 Rz. 14.

[15] Vgl. die Ausführungen im 1. Teil unter A.

[16] Zur Terminologie vgl. Larenz, Methodenlehre, S. 397 ff.

tig ist aber als Merkposten für die weitere Erörterung deutlich herauszustellen, daß seine Konzeption nicht zwingenden gesetzlichen Vorgaben folgt, sondern daß es sich um ein Denkmodell handelt, das zur dogmatisch schlüssigen Begründung allgemein als wünschenswert anerkannter Ergebnisse (Sicherung des Beteiligungswerts für den Nachlaß; Vermeidung von Eingriffen nachlaßverwaltender Dritter in die Gesellschaft) dienen soll.[17] Die Lehre von der fehlenden Nachlaßzugehörigkeit des Personengesellschaftsanteils muß sich deshalb als Modell daraufhin überprüfen lassen, ob sie zu besser begründeten Ergebnissen führt und in der Rechtspraxis leichter operabel ist als die die Nachlaßzugehörigkeit bejahende Auffassung. Zudem müssen sich eine Reihe von rechtskonstruktiven und praktischen Einwendungen ausräumen lassen. Könnte am Ende dieser Untersuchungen dem Ansatz Ulmers und des II. Zivilsenats ein positives Testat erteilt werden, würde diesem trotz der Bedenken, die sich aus Wortlaut und Systematik der Erbrechtsvorschriften ergeben. der Vorrang gebühren.

[17] Dieser Umstand wird von Ulmer und den Anhängern seiner Lehre verschleiert, vgl. z.B. Ulmer, Festschrift Schilling, S. 79 (86 ff.).

C. Zur Methode der Rechtsfortbildung

Zum Verhältnis von Erbrecht und Gesellschaftsrecht und zur Rangfolge, die bei der Anpassung der disparaten Materien zu beachten sein soll, sind unzählige Ansichten entwickelt worden. Dabei wurde zum Teil Zuflucht in kaum noch rechtlich, sondern eher mystisch anmutenden Begrifflichkeiten gesucht. So meinten einige Autoren eine *Vorprägung* des Erbrechts durch das Gesellschaftsrecht zu erkennen und statuierten, das *dynamische Gesellschaftsrecht* zwinge dem *statischen Erbrecht* seinen Willen auf.[1] Zusammenfassend entstanden daraus Merksätze wie „Gesellschaftsrecht geht vor Erbrecht". Zwar finden solche pauschalen Postulate ihre Bestätigung scheinbar darin, daß zur rechtstechnischen Bewältigung der Probleme, die bei der Gesellschafternachfolge von Todes wegen auftraten, sich zumeist erbrechtliche Grundsätze Modifizierungen gefallen lassen mußten.[2] Dennoch entsprechen sie nicht dem heutigen Stand von Rechtsprechung und Rechtswissenschaft. So war es gerade ein Hauptanliegen der BGH-Leiturteile,[3] die erbrechtlichen Wertungen bei der Gesellschafternachfolge in vollem Umfang zum Tragen zu bringen.

Der nunmehr gültige Konsens lautet, daß das Erbrecht dem Gesellschaftsrecht nur insoweit weichen muß, wie zwingende Grundsätze des Gesellschaftsrechts dies erfordern.[4] Der oben zitierte Merksatz müßte also korrekt lauten: „Gesellschaftsrecht geht – soweit wie nötig – vor Erbrecht".[5] Diese gesicherte Methode der Rechtsfortbildung bildet einen Maßstab, an dem sich die zur Nachlaßzugehörigkeit des vererbten Personengesellschaftsanteils vertretenen Ansichten messen lassen müssen.

Die Befürworter der Nachlaßzugehörigkeit heben hervor, die Kreierung eines Unterschieds zwischen „Erbschaft" und „Nachlaß" durchbreche erbrechtliche Grundsätze – das ursprünglich synonyme Begriffsverständnis

---

[1] Vgl. z.B. Lange/Kuchinke, § 5 V 1 b, S. 94: „Das Erbrecht findet die Sondergebundenheit des Erblassers in der ... Gesamthand bereits vor. Es muß diese Regelung als vorgegeben achten." Dieselben § 5 VI 4, S. 104: „Die OHG ist gegenüber der Erbengemeinschaft die engere, aktivere und intensivere Gemeinschaft. Sie bestand bereits vor dem Erbfall ...; (das Erbrecht) muß sie darum als vorgegeben anerkennen." Mit ähnlicher Tendenz Hueck, DNotZ 1952, 550 (553 f.); Börner, AcP 166 (1966), 426 ff. (unter Berufung auf Art. 2 Abs. 1 EGHGB); Rokas, Teilhaberschaft an der OHG, S. 77. Kritisch dazu Spiritus, Diss., S. 95.

[2] Bsp.: Einzelnachfolge in die Gesellschafterstellung; Zuordnung der Gesellschafterstellung über die Erbquote hinaus; vgl. auch H.P. Westermann, AcP 173 (1973), 24 (37).

[3] BGHZ 22, 186; 68, 225.

[4] BGHZ 68, 225 (230); BGH, NJW 1983, 2376 (2377); Esch, NJW 1984, 339 (342); Ulmer, NJW 1984, 1496 (1501); Schmitz, ZGR 1988, 139 (150).

[5] So wörtlich Kraft/Kreutz, GesellschaftsR, Kap. E VI 4 d) cc).

–[6], ohne daß ein unabweisbares gesellschaftsrechtliches Bedürfnis wirklich bestehe.[7] Demgegenüber ist aber zu beachten, daß die Aussonderung des vererbten Personengesellschaftsanteils aus dem Nachlaß nur einen Teil der Konzeption Ulmers ausmacht. Daneben werden die vermögensrechtlichen Ansprüche der Mitgliedschaft im Erbgang abgespalten und der gesamthänderisch gebundenen Miterbengemeinschaft zugeschlagen.[8] Damit erlebt die Sondererbfolge in die Mitgliedschaft – eine seit langem etablierte, aber doch besonders einschneidende Durchbrechung allgemein erbrechtlicher Grundsätze – eine weitreichende Reduktion.

Die auch als „Abspaltungslehre" bezeichnete Auffassung Ulmers kann demnach für sich in Anspruch nehmen, die durch die Auflösung des Begriffspaars Erbschaft/Nachlaß neu geschaffenen Verwerfungen durch die Wiederbelebung des erbrechtlichen Grundsatzes der Gesamtrechtsnachfolge zu kompensieren.[9]

Ob dies unter dem Gesichtspunkt der Kontinuität der Rechtsentwicklung sinnvoll ist, soll zunächst dahingestellt bleiben. Aus der zunächst nur formal wertenden Methode der Rechtsfortbildung „Durchbrechung des Erbrechts nur soweit nach Gesellschaftsrecht zwingend nötig" lassen sich jedenfalls Argumente weder für noch gegen die Nachlaßzugehörigkeit des vererbten Personengesellschaftsanteils gewinnen.

---

[6] Vgl. ausführlich oben A. und B.

[7] So Esch, Schmitz, wie oben Fn. 4.

[8] Vgl. die Darstellung im 2. Teil, C I.

[9] Ulmer, NJW 1984, 1496 (1501).

D. Erbrechtliche Haftungsfragen

Einen Kernpunkt des fünften Buches des BGB bildet die erbrechtliche Haftungsordnung. Keines der für oder wider die Nachlaßzugehörigkeit streitenden Konzepte kann schlüssig aufrechterhalten werden, wenn es sich im Spannungsfeld zwischen Erben, Nachlaßgläubigern und Eigengläubigern des Erben nicht zu bewähren vermag.

I. Probleme des § 1967 BGB – Schmälerung des Nachlasses durch steiles Ansteigen der Nachlaßverbindlichkeiten bei Nachlaßzugehörigkeit des Gesellschaftsanteils?

Das Gesetz ordnet in § 1967 Abs. 1 BGB die Haftung des Erben für Nachlaßverbindlichkeiten an. Noch immer besteht akademischer Streit, ob es sich insoweit nicht nur um eine rein deklaratorische Vorschrift handelt, da sich schon das in § 1922 Abs. 1 BGB niedergelegte Prinzip der Gesamtrechtsnachfolge sinnhaft nur so verstehen läßt, daß neben den Aktiva auch die Passiva des Erblasservermögens auf den Erben übergehen.[1] Einigkeit herrscht aber darüber, daß die in § 1967 Abs. 2 BGB getroffene Kategorisierung der Nachlaßverbindlichkeiten nicht vollständig ist: Neben den bereits zu Lebzeiten des Erblassers entstandenen, bei seinem Tod noch nicht erloschenen *Erblasserschulden*[2] und den aus Anlaß des Erbfalles neu entstandenen *Erbfallschulden*[3] sind als dritte, vom Gesetz nicht genannte Gruppe die *Nachlaßerbenschulden* anerkannt. Solche Verbindlichkeiten entstehen aus Rechtshandlungen des Erben, die sich auf den Nachlaß beziehen und bei denen er die Haftung mit seinem Eigenvermögen nicht ausschließt.[4] Nicht erforderlich ist, daß die Verpflichtung ausdrücklich für den Nachlaß übernommen oder dem Geschäftsgegner die Beziehung zum Nachlaß sonstwie erkennbar gemacht wird.[5] Nachlaßerbenschulden treffen – wie der

---

[1] Für ein deklaratorisches Verständnis daher BGHZ 32, 367 (369); Brox, ErbR, Rz. 10; MünchKomm-Leipold, § 1922 Rz. 15; RGRK-Kregel, § 1922 Rz. 10; a.A. Erman-Schlüter, § 1922 Rz. 6.

[2] Das Gesetz bezeichnet sie als die „vom Erblasser herrührenden Schulden".

[3] In der Diktion des Gesetzes sind das „die den Erben als solchen treffenden Verbindlichkeiten"; neben den ausdrücklich hervorgehobenen Pflichtteilsansprüchen, Vermächtnissen und Auflagen sind besonders die Verbindlichkeiten aus §§ 1371 (Zugewinnausgleich), 1934 a (Erbersatzanspruch), 1968 (Bestattung) und die aus der Durchführung von Nachlaßverwaltung bzw. -konkurs entstehenden Kosten zu nennen.

[4] Aus dem Schrifttum: Kipp/Coing, § 98 III, S. 541; Lange/Kuchinke, § 49 V, S. 958; Erman-Schlüter, § 1967 Rz. 9; RGRK-Johannsen, § 1967 Rz. 12.

[5] Grundlegend RGZ 90, 91 (95).

Name richtig zum Ausdruck bringt – kumulativ den Nachlaß und das angestammte Privatvermögen des Erben.

1. An die Rechtsfigur der Nachlaßerbenschuld knüpft ein Argument gegen die Nachlaßzugehörigkeit der vererbten Personengesellschaftsbeteiligung: Rechne man die Beteiligung zum Nachlaß, erhielten auch die nach dem Tod des Erblasser–Gesellschafters entstehenden Neuschulden der Gesellschaft Nachlaßbezug; diese träfen daher nicht nur den Erben persönlich (gemäß §§ 714 BGB; 128; 171, 172, 176 HGB), sondern fielen als Nachlaßerbenschuld auch dem Nachlaß zur Last.[6] Träfe diese Prämisse zu, erführe der Kreis der Nachlaßgläubiger eine fast beliebige Erweiterung. Die Folgen verdeutlicht besonders der Blick auf die Situation im Nachlaßkonkurs, in der sich das materielle Recht zu bewähren hat: Die als Nachlaßerbenschulden entstandenen Verbindlichkeiten nehmen gemäß § 226 Abs. 1 KO als vollberechtigte Konkursforderungen am Nachlaßkonkurs teil und stehen damit auf der gleichen Rangstufe wie die Forderungen der Gläubiger des Erblassers. Obwohl diese sich – im Gegensatz zu den Nachlaßerbengläubigern – nicht an das Eigenvermögen des Erben halten können, müssen sie also eine Schmälerung der auf sie entfallenden Quote hinnehmen. Noch ungünstiger ist die Rechtslage für die aus Pflichtteil, Vermächtnis, Auflage oder Erbersatzanspruch Berechtigten: Ihre Ansprüche werden gemäß § 226 Abs. 2 Nr. 4 – 6 KO gegenüber den Nachlaßerbenschulden sogar nachrangig befriedigt, so daß ein völliger Forderungsausfall droht. Die beliebige Erweiterung der Nachlaßerbenschulden führt somit zu einer empfindlichen Benachteiligung der „echten“ Nachlaßgläubiger und ist daher als mißliches und unerwünschtes Ergebnis möglichst zu vermeiden.[7]

2. Unter den Befürwortern der Nachlaßzugehörigkeit des Gesellschaftsanteils finden sich tatsächlich solche, die die Begründung von Nachlaßerbenschulden annehmen, wenn Neuverbindlichkeiten der Gesellschaft entstehen.[8] Andere wollen diese Folgerung nicht ziehen[9] und sehen sich dadurch dem Vorwurf der Inkonsequenz ausgesetzt.[10] Die Prämisse, die Hinzurechnung der Beteiligung zum Nachlaß lasse die Summe der Nachlaßerbenschulden emporschnellen, bedarf jedoch sorgfältiger Überprüfung. Als unstreitiger Ausgangspunkt ist zunächst festzuhalten, daß nicht jede Maßnahme des Erben mit Nachlaßbezug „automatisch“ eine Nachlaßer-

---

[6] Ulmer, NJW 1984, 1496 (1499, l. Sp.).

[7] Jaeger–Weber, KO, §§ 226, 227 Rz. 20; Staudinger–Marotzke, § 1967 Rz. 41.

[8] MünchKomm–Siegmann, § 1967 Rz. 70 f. (für Kommanditbeteiligung); einschränkend Staudinger–Marotzke, § 1967 Rz. 60 a.E.

[9] Soergel–Stein, § 1967 Rz. 13; Jaeger–Weber, KO, 8. Auflage, §§ 226, 227 Rz. 17; MünchKomm–Siegmann, § 1967 Rz. 65 (für OHG–Beteiligung; insoweit also widersprüchlich zur vorigen Fn.); KG, JW 1931, 2998 (2999).

[10] Ulmer wie oben Fn. 6.

benschuld auslöst. In diesem Sinne verpflichtend wirkt nach der gängigen Definition nur solches Handeln, daß sich vom Standpunkt eines sorgfältigen Verwalters als *ordnungsmäßige Verwaltung des Nachlasses* darstellt.[11] Entscheidend ist danach, ob es sich bei der Fortführung einer ererbten Gesellschaftsbeteiligung, d.h. der Wahrnehmung der sich aus ihr ergebenden Rechte und Pflichten, um eine solche ordnungsgemäße Verwaltung des Nachlasses handelt.

a) Hält man für den Bereich des § 1967 BGB Ausschau nach Konkretisierungen dieses Rechtsbegriffs, stößt der Betrachter auf ein juristisches Brachland: Weder der Rechtsprechung, noch der aktuellen oder der grundlegenden älteren Literatur[12] ist Näheres zum Problem zu entnehmen. Bei eigener Überlegung wird jedoch schnell klar, daß die Hauptschwierigkeit in der Bestimmung des Verwaltungsbegriffs wurzelt. Stünde erst einmal fest, daß die Fortführung der Gesellschaftsbeteilung als Nachlaßverwaltung zu klassifizieren ist, bliebe deren Ordnungsmäßigkeit solange unberührt, wie sich der Erbe–Nachfolger bei seiner Tätigkeit für die Gesellschaft im Rahmen des üblichen unternehmerischen Risikos bewegt, also nicht etwa durch den notorischen Abschluß von Spekulationsgeschäften oder die freigebige Erteilung von Schuldanerkenntnissen auffällig wird.

b) Eine Konkretisierung des Verwaltungsbegriffs könnte unter Heranziehung anderer Gesetzesvorschriften gelingen, die die Verwaltung des Nachlasses betreffen. Exemplarisch seien die §§ 1985 Abs. 1 BGB („Der Nachlaßverwalter hat den Nachlaß zu verwalten ...“) und 2038 Abs. 1 S. 1 BGB („Die Verwaltung des Nachlasses steht den Erben gemeinschaftlich zu“) genannt. Die *Verwaltung durch den Nachlaßverwalter* umfaßt einerseits alle diejenigen rechtlichen und tatsächlichen Handlungen, die zur Bestandserhaltung und Mehrung des vom Erblasser herrührenden Vermögens erforderlich sind. Zweckerfüllung der Verwaltung ist auch die Berichtigung der Nachlaßverbindlichkeiten aus dem Nachlaß.[13] Der Nachlaßverwalter ist sowohl dem Erben, dem der Nachlaß nach Zweckerreichung seiner Verwaltung auszuantworten ist (§ 1986 BGB), als auch den Nachlaßgläubigern verantwortlich (§ 1985 Abs. 2 S. 1 BGB).[14] Nicht zu seinen Aufgaben gehört dagegen die Erbauseinandersetzung, also die Vertei-

---

[11] Statt aller: Palandt–Edenhofer, § 1967 Anm. 4; Staudinger–Marotzke, § 1967 Rz. 42.

[12] Riesenfeld, Erbenhaftung Bd. I, S. 61 ff.; Boehmer, Erbfolge und Erbenhaftung, § 21, S. 117 ff.

[13] Zum ganzen MünchKomm–Siegmann, § 1985 Rz. 3, 8; Palandt–Edenhofer, § 1985 Anm. 3.

[14] Hinsichtlich der Verantwortlichkeit gegenüber dem Erben sei besonders auf die Normenkette §§ 1985, 1975, 1915 Abs. 1, 1833 Abs. 1 BGB hingewiesen: Nachlaßverwaltung ist eine Form der Pflegschaft.

lung des Nachlasses unter den Miterben.[15] Die *gemeinschaftliche Verwaltung durch die Miterben* umfaßt alle tatsächlichen oder rechtlichen Maßnahmen, die auf Erhaltung, Verwahrung, Nutzung oder Vermehrung des Nachlaßvermögens gerichtet sind.[16] Dabei sind die Erben untereinander für Fehlleistungen bei der Mitverwaltung verantwortlich.[17] Nicht zur gemeinschaftlichen Verwaltung gehören Maßnahmen zur Auseinandersetzung und Auflösung des Nachlasses.[18] Durch diese synoptische Gegenüberstellung lassen sich zwei Merkmale gewinnen, die – soweit ersichtlich erstmals – die abstrakt-generelle Bestimmung des Begriffs „Verwaltung des Nachlasses“ ermöglichen:

Merkmal 1: Der Begriff der Verwaltung beinhaltet zwingend, daß diese für einen anderen erfolgt *(Fremdausrichtung)*: Der Nachlaßverwalter wird zur Wahrung der Rechte und Interessen von Erben und Nachlaßgläubigern tätig. Die Verwaltungsmaßnahmen der Miterbengemeinschaft dienen ebenfalls sowohl den rechtlichen Belangen der Nachlaßgläubiger als auch dem Interesse jedes einzelnen Miterben, der an den Gegenständen, die ihm nach Erblasseranordnung oder gesetzlichen Auseinandersetzungsregeln zustehen sollen, vorläufig keine dingliche Berechtigung besitzt.[19] Die Bestimmung des Verwaltungsbegriffs als Handeln für andere läßt sich durch ein weiteres Beispiel erhärten: Gemäß § 2205 Abs. 1 S. 1 BGB hat der Testamentsvollstrecker den Nachlaß zu verwalten. Dieser trifft seine Maßnahmen zwar unabhängig von Erben (§ 2211 BGB) und Nachlaßgläubigern; der Fremdbezug seines Handelns ergibt sich aber aus der Ausrichtung auf die Person des Erblassers, dessen Willen über den Tod hinaus zur Durchsetzung verholfen wird.

Merkmal 2: „Verwaltung des Nachlasses“ bezieht sich nur auf die Phase zwischen dem Anfall der Erbschaft bei dem (den) Erben und dem Zeitpunkt, in dem eine im Interesse anderer Nachlaßbeteiligter (Nachlaßgläubiger, Miterben) erforderliche Abwicklung beendet und die vom Erblasser letztlich intendierte Vermögenszuordnung verwirklicht ist *(Interimscharakter der Verwaltung)*: Der Nachlaßverwalter hat den nach Berichtigung der Verbindlichkeiten verbliebenen Nachlaß an den oder die Erben auszuantworten (§ 1986 BGB); die Nachlaßverwaltung ist sodann vom Nachlaßge-

---

[15] RGZ 72, 260 (262); BayObLGZ 25, 454 (456).

[16] Erman-Schlüter, § 2038 Rz. 1; Soergel-Wolf, § 2038 Rz. 2.

[17] MünchKomm-Dütz, § 2038 Rz. 45; Soergel-Wolf, § 2038 Rz. 18.

[18] Lange/Kuchinke, § 45 I 3, S. 872; Soergel-Wolf, § 2032 Rz. 6.

[19] Die Fremdausrichtung im Verhältnis von Miterbengemeinschaft und einzelnem Miterben ergibt sich aus der weitgehenden rechtlichen Verselbständigung der Gesamthandsgemeinschaft, vgl. Brox, ErbR, Rz. 447–450, Erman-Schlüter, § 2032 Rz. 1. – Zu weitgehend allerdings BGH, NJW 1962, 791 (793): „... nach der geltenden Rechtsordnung ist die Erbengemeinschaft ein gegenüber dem einzelnen Miterben selbständiges Rechtssubjekt.“ – Zutreffend aber nun BGH, NJW 1989, 2133 (2134).

richt aufzuheben.[20] Ist bei der Miterbengemeinschaft die – gemäß § 2042 BGB grundsätzlich jederzeit mögliche – Auseinandersetzung vollzogen, bedarf es keiner Verwaltung des Nachlasses mehr, da die finale Güterzuordnung erreicht ist.

c) Für die Frage, ob die Nachlaßzugehörigkeit des Personengesellschaftsanteils bei dessen Fortführung durch den Erben–Nachfolger zu einem starken Anstieg der Nachlaßerbenschulden führt, gilt nach dieser Begriffsbestimmung folgendes: Die nach dem Erbrecht regelmäßig unvermeidliche, mit den gesellschaftsrechtlichen Erfordernissen (Handlungsfähigkeit, Bestandsschutz der Gesellschaft) aber unvereinbare Schwebephase der Abwicklung und Auseinandersetzung hat gerade dazu geführt, hinsichtlich der Gesellschaftsbeteiligung nach möglichen Modifizierungen der erbrechtlichen Nachfolge Ausschau zu halten. Die zur Lösung des Problems entwickelte Singularsukzession in die Mitgliedschaft bewirkt, daß diejenige Person dem Erblasser unmittelbar nachfolgt, die an dem vererbten Anteil endgültig berechtigt ist. Eine interimistische Rechtszuständigkeit einer Erbengemeinschaft bleibt außer Betracht und somit zugleich jegliche Schwebephase zwischen Anfall der Erbschaft und Verwirklichung der vom Erblasser gewollten Güterzuordnung. Damit ist das für den Begriff „Verwaltung des Nachlasses“ wesentliche ‘Merkmal 2’ hinsichtlich des fortgeführten Gesellschaftsanteils nicht erfüllt. Aus der sofortigen Alleinberechtigung des Erben–Nachfolgers folgt ebenso, daß die Fortsetzung der Beteiligung nicht „für andere“ erfolgt. Mögen die Miterben ein wertmäßiges, durch Ausgleichsansprüche rechtlich fundiertes Interesse an der Gesellschaftsbeteiligung haben. Die für den Bestand und das weitere Gedeihen der Gesellschaft relevanten Entscheidungen werden ohne eine zukünftige Rechenschaftspflicht nur vom Erben–Nachfolger kraft seiner ausschließlichen Rechtszuständigkeit getroffen. Auch das zuvor erarbeitete ‘Merkmal 1’ des Verwaltungsbegriffs bleibt damit unanwendbar. Daraus ergibt sich, daß die Fortführung des Gesellschaftsanteils durch den Erben–Nachfolger auch dann keine für § 1967 BGB relevante „Verwaltung des Nachlasses“ ist, wenn man die Nachlaßzugehörigkeit des Anteils annimmt; neue Gesellschaftsverbindlichkeiten begründen dann keine Nachlaßerbenschulden.

d) Diesem Ergebnis könnten aber einige Judikate der ober– und höchstgerichtlichen Rechtsprechung entgegenstehen, die in verschiedenen Kommentaren und Lehrbüchern mit dem Tenor angeführt werden, daß unter der Regie eines Erben neu entstandene „Geschäftsschulden“ als Nachlaßerbenverbindlichkeiten zu behandeln seien.[21] Insoweit ist zunächst anzumerken,

---

[20] Statt aller: MünchKomm–Siegmann, § 1988 Rz. 4.

[21] Urteile BGHZ 32, 60 (64 ff.); BGH LM § 2032 BGB Nr. 2 = NJW 1962, 2196 (2197); BGH LM § 1967 BGB Nr. 4 = WM 1973, 361 (362); OLG Frankfurt, BB 1975, 1319; gleichlautender Verweis z. B. bei Palandt–Edenhofer, § 1967 Anm. 4; Staudinger–

daß sich sämtliche Fundstellen auf die Fortführung eines Einzelunternehmens beziehen. Eine Entscheidung zur Anwendung des § 1967 BGB bei Fortführung von Gesellschaftsbeteiligungen betreffendes Urteil steht – soweit ersichtlich – noch aus. Es wäre jedoch wenig überzeugend, wollte man mittels derart formaler Differenzierungen einen möglicherweise tragkräftigen Einwand gegen die selbst entwickelte Lösung beiseite wischen. Entscheidungsleitend kann nur eine Betrachtung der Einzelfälle sein.

aa) Im Fall BGH LM § 2032 BGB Nr. 2 waren die vom erkennenden Senat als Nachlaßerbenschulden eingestuften Verbindlichkeiten aus Rechtsgeschäften entstanden, die eine Miterbengemeinschaft in gemeinschaftlicher Fortführung des vom Erblasser hinterlassenen Handwerksbetriebs abgeschlossen hatte.[22] Das Handeln der Miterbengemeinschaft ist schon nach dem unter b) Gesagten als Verwaltung des Nachlasses qualifiziert worden. Die dort entwickelten Grundsätze sind mit dem Urteil also vereinbar. Dessen Bewertung erschöpft sich jedoch nicht in diesem Hinweis. Die Fortführung eines Einzelunternehmens durch die Erben in ihrer gesamthänderischen Verbundenheit betrifft einen Sonderfall. In der Regel auf Liquidation angelegt, wird die Miterbengemeinschaft durch die Fortsetzung des werbenden Unternehmens unabsehbar perpetuiert.[23] Zwar wird sie dadurch nicht zur eigenständigen Rechtspersönlichkeit. Zutreffend und noch zulässig ist es jedoch, die Miterbengemeinschaft als Unternehmensträger zu bezeichnen.[24] Die Belastung des Nachlasses, des gebundenen Vermögens der Miterbengemeinschaft, mit Neuverbindlichkeiten ergibt sich dann schon aus dem allgemeinen Satz, daß für Verbindlichkeiten des Unternehmens das Vermögen des Unternehmensträgers haftet.[25] Die oben entwickelten Grundsätze bleiben dann erst recht unangefochten.

bb) Die Entscheidungen BGHZ 32, 60; BGH LM § 1967 BGB Nr. 4 und OLG Frankfurt, BB 1975, 1319 betrafen sämtlich Fälle angeordneter Vor- und Nacherbschaft. Es wurde jeweils darauf erkannt, daß die vom Vorerben begründeten Geschäftsverbindlichkeiten als neu entstandene

---

Marotzke, § 1967 Rz. 50.

[22] Zentrales Problem des Urteils war die – hier nicht interessierende – Frage, ob die Miterbengemeinschaft beim Vertragsschluß jeweils ordnungsgemäß vertreten worden war.

[23] Die Zulässigkeit der Fortführung des ererbten Unternehmens in ungeteilter Erbengemeinschaft ohne zeitliche Begrenzung ist in der Rspr. seit langem unangefochten; die Annahme, nach Ablauf der Frist des § 27 Abs. 2 HGB entstehe per se eine Personengesellschaft (so R. Fischer, ZHR 144 [1980], 1, 4 ff.), wird zurückgewiesen. Grundsätzliche Ausführungen dazu zuletzt in BGHZ 92, 259 (262–266). Zu dieser Entscheidung s. BVerfGE 72, 155 (167 ff.); BFH, DB 1987, 2391.

[24] Etwa im gleichen Sinne, in dem auch die – nach h.M. ebenfalls nicht rechtsfähige – Gesellschaft bürgerlichen Rechts als Unternehmensträger bezeichnet wird.

[25] Flume, Personengesellschaft, § 16 IV 5, S. 333.

Nachlaß(erben)verbindlichkeiten den Nacherben treffen können. Auch dieses Ergebnis falsifiziert die zur Bestimmung des Verwaltungsbegriffs nach § 1967 BGB herangezogenen Kriterien nicht. Zwar ist der Vorerbe wahrer Erbe des Erblassers, d.h. Inhaber aller zum Nachlaß gehörenden Rechte.[26] Dennoch sind auch seine rechtlichen und tatsächlichen Handlungen fremdgerichtet und besitzen Interimscharakter: Der Vorerbe ist nur Erbe auf Zeit, nämlich nur bis zum Eintritt des Nacherbfalls (§ 2139 BGB). Seine Rechtszuständigkeit für den Nachlaß bleibt Interregnum, während dessen er gegenüber dem Nacherben bereits rechtlich gebunden ist (§§ 2130, 2113, 2111 BGB). Der Vorerbe wird folglich auch als *Treuhänder* des Nacherben bezeichnet, der ein gegenwärtig ihm zustehendes, in Zukunft aber fremdes Vermögen *verwalte.*[27] Die erneute Einbeziehung der Situation im Nachlaßkonkurs ergibt schließlich eine weitere den Vorerben betreffende Besonderheit: Geht der Vorerbe mit seinem Eigenvermögen Verbindlichkeiten ein, die dem Nachlaß objektiv zugute kommen, kann er im Falle des Nachlaßkonkurses – auch nach Eintritt der Nacherbfolge! – gemäß §§ 231, 224 Abs. 1 Nr. 1 KO, 1978 Abs. 3, 670, 257 S. 1 BGB als Massegläubiger mit Vorrang vor den übrigen Nachlaßgläubigern (§ 224 gegenüber § 226 KO) Schuldbefreiung aus dem Nachlaß verlangen.[28] Diesen Befreiungsanspruch könnte der Vertragspartner des Vorerben gemäß §§ 829, 835 ZPO pfänden und sich überweisen lassen, um sodann gegen den Nachlaß vorzugehen.[29] Dann bedeutet die Anerkennung eines unmittelbaren Anspruchs des Gläubigers gegen den Nachlaß keine zusätzliche Belastung desselben resp. der „Altnachlaßgläubiger“ und des Nacherben.[30]

Die in der Kommentarliteratur ausgewiesenen Urteile ergeben also nichts dafür, daß bei Fortführung des vererbten Gesellschaftsanteils eine – zusätzliche Nachlaßerbenschulden begründende – „Verwaltung des Nachlasses“ vorliegt. Die Entscheidungen fügen sich vielmehr in den Begründungszusammenhang der zum Verwaltungsbegriff entwickelten Kriterien ein und bestätigen dadurch deren Stimmigkeit.

e) In den bisherigen Überlegungen dominierten stark begrifflich und rechtskonstruktiv geprägte Argumente. Es bedarf deshalb zusätzlich einer praktischen Ergebniskontrolle.

aa) Dazu soll zunächst angenommen werden, das Gegenteil des bisher

---

[26] Statt aller: Soergel–Wolf, § 2100 Rz. 10.

[27] RGZ 80, 30 (32); BGH, NJW 1990, 1237 f.; Hefermehl, Festschrift für Westermann, S. 223 (228); Staudinger–Behrends, § 2124 Rz. 1.

[28] Jaeger–Weber, KO, § 231 Rz. 2; Staudinger–Marotzke, § 1967 Rz. 48; ders., § 1978 Rz. 26/27.

[29] Pfändet der Gläubiger einen Anspruch auf Schuldbefreiung, wandelt er sich in einen Zahlungsanspruch um; BGHZ 7, 244 (246); Palandt–Heinrichs, § 257 Anm. 1.

[30] RGZ 90, 91 (94 f.); Staudinger–Marotzke, § 1967 Rz. 42.

Vertretenen wäre zutreffend: Aus der postulierten Nachlaßzugehörigkeit des vererbten Gesellschaftsanteils folge zwingend, daß dessen Fortführung durch den Erben-Nachfolger zusätzliche Nachlaßerbenschulden begründet. Im Anschluß daran ergäbe sich die Frage, wie lange dieser Zusammenhang Gültigkeit besitzen soll. Zum einen wäre denkbar, bei einer Mehrheit von Erben auf den Zeitraum abzustellen, während dessen das sonstige, „konventionell" im Wege der Gesamtrechtsnachfolge übergegangene Erblasservermögen der gesamthänderischen Gebundenheit der Miterbengemeinschaft unterliegt. Damit würde jedoch die so unerwünschte Koppelung des Gesellschaftsanteils an die Erbengemeinschaft durch eine rechtliche Hintertür zumindest teilweise wiederhergestellt. Überlegenswert wäre ferner, von Fall zu Fall darauf abzustellen, inwieweit der vererbte Gesellschaftsanteil wertmäßig noch die Leistung des Erblassers wiederspiegelt. Schon die Praktikabilität eines solchen „Splitting"-Verfahrens erscheint jedoch zweifelhaft. Jedenfalls verwirkt eine Betrachtung „von Fall zu Fall" deshalb von vornherein ein Negativattest, weil es gerade der Entwicklung möglichst allgemeingültiger Beurteilungsmaßstäbe bedarf. Die Meinung, bei der Fortführung des Gesellschaftsanteils durch den Erben-Nachfolger würden laufend Nachlaßerbenverbindlichkeiten begründet, ist also praktisch nicht handhabbar.

bb) Darüber hinaus ist zu berücksichtigen, daß sich aus Sicht der „neuen" Gesellschaftsgläubiger die Gesellschafternachfolge von Todes wegen haftungsrechtlich von einem Gesellschafterwechsel unter Lebenden nicht unterscheidet. Dort bleibt bei ordnungsgemäßer Handelsregistereintragung des Mitgliederwechsels eine Haftung des Altgesellschafters außer Betracht.[31] Ist das Ausscheiden des Erblassers und die Nachfolge des Erben getreu den §§ 143 Abs. 2, 107 HGB in das Handelsregister eingetragen, können die Gesellschaftsgläubiger ebensowenig darauf vertrauen, daß ihnen außer dem Vermögen des neuen Gesellschafters noch der Nachlaß als zusätzliche Haftungsmasse zur Verfügung steht.[32] Zwar ist eine normative Verankerung dieser Interessenbewertung nur für die Personen*handels*gesellschaften möglich; für die Gesellschaft bürgerlichen Rechts ergibt sich die gleiche Bewertung jedoch im Wege des „Erst Recht" - Schlusses, denn das fehlende Publizitätselement bedeutet ein weniger an Vertrauensschutz, geht also zu Lasten des Gläubigers.

Das Ergebnis, nach dem die Fortführung des Gesellschaftsanteils keineswegs Nachlaßerbenschulden begründet, hält demnach auch einer praktischen Nachprüfung stand.

3. Die Bejahung der Nachlaßzugehörigkeit des vererbten Gesellschafts-

---

[31] Vgl. BGHZ 66, 98 (102 f.).

[32] In diesem Sinne auch BGHZ 55, 267 (274).

anteil führt also nicht zu einem Anwachsen der Nachlaßerbenschulden und zur Aushöhlung des Nachlasses. Das in diese Richtung zielende Argument Ulmers[33] für die Ausklammerung der Beteiligung aus dem Nachlaß geht somit fehl.

[33] NJW 1984, 1496 (1499).

II. Probleme der §§ 2058–2063 BGB – Teilung des Nachlasses durch Sondererbfolge in die Mitgliedschaft?

Gemäß § 2058 BGB haften mehrere Erben für die gemeinschaftlichen Nachlaßverbindlichkeiten als Gesamtschuldner. Aus der Gesamtschuldanordnung ergibt sich zunächst nur, daß jeder Erbe auf das Ganze haftet und die Nachlaßgläubiger sich daher nach ihrem Belieben an den einen oder anderen Erben halten können (vgl. § 421 gegenüber § 420 BGB). Dagegen sagt § 2058 BGB nichts darüber aus, welche Vermögensmassen der gesamtschuldnerischen Haftung unterworfen sind. Insoweit greifen die für den Einzelerben entwickelten Vorschriften der §§ 1967 - 2017 BGB ein.[34] Also haften auch Miterben grundsätzlich unbeschränkt mit dem nachgelassenen und dem eigenen Vermögen, aber beschränkbar durch Nachlaßverwaltung, Nachlaßkonkurs und die Dürftigkeitseinrede (§§ 1989, 1990 BGB).

Darüber hinaus eröffnet § 2059 Abs. 1 S. 1 BGB den Miterben eine besondere Möglichkeit der Haftungsbeschränkung: Diese können bis zur Teilung des Nachlasses die Befriedigung der Nachlaßgläubiger aus ihrem Eigenvermögen verweigern; der Haftung unterworfen ist allein der Anteil am Nachlaß.[35] Diese Haftungserleichterung ist bei Abwägung der Interessen von Nachlaßgläubigern und Miterben geboten[36]: Einerseits reicht zur Interessenwahrung der Nachlaßgläubiger aus, daß der Nachlaß als Gesamthandsvermögen vom Vermögen der Erben vorläufig abgesondert ist und die Haftung des Sondervermögens über die Gesamthandsklage nach § 2059 Abs. 2 BGB jederzeit realisiert werden kann. Andererseits kann ein Miterbe, der von einem Nachlaßgläubiger in Anspruch genommen wird, die zur Schuldtilgung erforderlichen Mittel weder sich selbst aus dem Nachlaß verschaffen (§§ 2033 Abs. 2, 2040 BGB - fehlende Einzelverfügungsbefugnis), noch die vorrangige Befriedigung der ihn „bedrohenden" Verbindlichkeit durch die Erbengemeinschaft erzwingen (§§ 2038, 745, 2046 BGB - einstimmige oder mehrheitliche Verwaltung des Nachlasses). Deshalb ist die Möglichkeit zur Haftungsbeschränkung nach § 2059 Abs. 1 S. 1 BGB aus Sicht des einzelnen Miterben unentbehrlich, soll nicht seine Haftung als Gesamtschuldner regelmäßig zu einer Belastung seines Eigenvermögens führen.

Die Rechtsfigur der Sondererbfolge in den Personengesellschaftsanteil

---

[34] Kipp/Coing, § 121 II, S. 678; Erman-Schlüter, Vor § 2058 Rz. 1. Daß das Gesetz die Alleinerbschaft als Regel-, das Vorhandensein mehrerer Erben als Sonderfall behandelt und damit die tatsächlichen Verhältnisse verkehrt, ist häufig bemängelt worden, vgl. MünchKomm-Dütz, § 2058 Rz. 1; Staudinger-Marotzke, Vor § 2058 Rz. 1.

[35] Voraussetzung ist der Vorbehalt der Haftungsbeschränkung im Urteil, § 780 ZPO; Geltendmachung der Haftungsbeschränkung sodann gemäß §§ 781, 785, 767 ZPO; ausführlich zum Ganzen RGRK-Kregel, § 2059 Rz. 8.

[36] Vgl. zum folgenden Protokolle Bd. V , Erbrecht (1899), S. 870 f.

war bereits geraume Zeit etabliert, als erkannt wurde, daß die Vererbung außerhalb der Erbengemeinschaft möglicherweise die Teilung des Nachlasses unmittelbar mit dem Erbfall bewirken kann.[37] Träfe dies zu, entfiele für alle Erben, unabhängig davon ob sie zu Nachfolgern in der Gesellschaft bestimmt sind oder nicht, von Beginn an die Möglichkeit zur Haftungsbeschränkung auf das Eigenvermögen gemäß § 2059 Abs. 1 S. 1 BGB.[38] Darüber hinaus könnte wegen § 2062 Halbs. 2 BGB auch eine Nachlaßverwaltung nicht mehr beantragt werden, ein weiterer Weg zur Haftungsbeschränkung auf das Ererbte wäre versperrt.

Daß die Sondererbfolge in den Personengesellschaftsanteil nicht zur Zerschlagung der Einrede der beschränkten Erbenhaftung führen darf, steht außer Streit. Das Verhältnis von Sondererbfolge und Nachlaßteilung bildet deshalb einen weiteren Prüfstein dafür, welche der widerstreitenden Lehren zur Nachlaßzugehörigkeit des vererbten Gesellschaftsanteils besser geeignet ist, eine Harmonisierung von erb- und gesellschaftsrechtlichen Regelungen zu erreichen. Um eine solche vergleichende Betrachtung vornehmen zu können, muß zunächst Klarheit darüber geschaffen werden, unter welchen Voraussetzungen generell eine Teilung des Nachlasses anzunehmen ist.

1. Der Begriff der Nachlaßteilung

Einer traditionellen Auffassung entsprechend wird bis zur heutigen Zeit vereinzelt auf die subjektive Sicht der Erben abgestellt. Auch bei weitgehender Auflösung des Gesamthandsvermögen sei eine Teilung des Nachlasses nur denkbar, wenn die Erben einen der objektiven Lage entsprechenden Teilungswillen gebildet hätten.[39]

Die einseitige Berücksichtigung subjektiver Erwägungen der Erben vermag sich in das schwerpunktmäßig auch dem Schutz der Nachlaßgläubiger dienende Normensystem der §§ 2058 ff. BGB jedoch kaum einzufügen. Sie

---

[37] Börner, AcP 166 (1966), 426 (436 ff.); Kieserling, Diss. Münster 1972; H. P. Westermann, AcP 173 (1973), 24.

[38] Soweit eine Personen*handels*gesellschaftsbeteiligung vererbt wird, können die in die Beteiligung nachfolgenden Erben ihre erbrechtliche Haftungsbeschränkung von vornherein nur gegenüber solchen Nachlaßgläubigern geltend machen, die nicht zugleich Gesellschaftsgläubiger sind. Gläubiger der Handelsgesellschaft können gemäß §§ 128, 130; 171, 173 HGB immer das Eigenvermögen der Erben–Nachfolger in Anspruch nehmen.

[39] RGZ 89, 403 (407); RG, HRR 1938, Nr. 1062; Riesenfeld, Erbenhaftung Bd. I, S. 291 („Die Teilung setzt eine darauf abzielende Tätigkeit der Miterben voraus"); Bräcklein, NJW 1967, 431 f.; Ulmer, ZGR 1972, 195 (203 mit Fn. 44); Palandt–Keidel, 43. Auflage 1984, § 2059 Anm. 3 (anders nunmehr Palandt–Edenhofer, 49. Auflage 1990, § 2059 Anm. 3).

wäre allenfalls zu rechtfertigen, wenn den sich als Folge der Nachlaßteilung ergebenden Haftungsnachteilen Strafcharakter zukäme. Dieser Standpunkt, der während der abschließenden Beratungen zum BGB tatsächlich vertreten wurde,[40] ist jedoch letztlich schon vom historischen Gesetzgeber zurückgewiesen worden:[41] Der Fortfall des Verweigerungsrechts aus § 2059 Abs. 1 S. 1 BGB bei Teilung des Nachlasses dient nicht der Bestrafung der Erben, sondern vollzieht lediglich objektiv den Interessenausgleich zwischen Erben und Nachlaßgläubigern. Den Vorzug verdient deshalb eine objektive Betrachtungsweise.[42] Danach ist die Teilung des Nachlasses erfolgt, wenn ein so erheblicher Teil der Nachlaßgegenstände aus der Gesamthand in das ungebundene Vermögen der einzelnen Miterben überführt worden ist, daß die Erbengemeinschaft bei wirtschaftlicher Betrachtung als Ganzes aufgelöst erscheint.[43]

2. Das Verhältnis von Sondererbfolge und Nachlaßteilung im Lichte der Lehre Ulmers

Auf Basis der Lehre Ulmers folgt eine Problemlösung zunächst nicht aus der überschriftsähnlichen Prämisse, die Mitgliedschaft gehöre trotz erbrechtlichen Übergangs nicht zum Nachlaß. Im Zusammenhang der §§ 2058 ff. BGB ausschlaggebend ist vielmehr die – eine vorherige Abspaltung von der Mitgliedschaft voraussetzende – Zuordnung der vermögensrechtlichen Ansprüche[44] zum gesamthänderisch gebundenen Nachlaß.

---

[40] Vgl. die Nachweise in Protokolle Bd. V, Erbrecht (1899), S. 870 f.: „Seitens der Minderheit war ... geltend gemacht worden: Die Solidarhaft der einzelnen Erben sei, solange die Theilung der Erbschaft noch nicht erfolgt sei, für die einzelnen Erben eine Unbilligkeit ... . Nach der Theilung des Nachlasses liege die Sache allerdings anders. Hätten die Erben den Nachlaß getheilt, ohne die Gläubiger zuvor zu befriedigen, so sei es billig, wenn sie nunmehr *gewissermaßen zur Strafe* als Gesammtschuldner hafteten. “ (Orthographie des Originals wurde beibehalten; Hervorhebung durch den Verf.).

[41] Protokolle Bd. V, Erbrecht (1899), S. 871: „Die Mehrheit blieb dabei stehen, daß die gesammtschuldnerische Haftung der Miterben (nicht als Strafvorschrift, sondern als grundlegendes Ordnungsprinzip [Einschub des Verf.]) an die Spitze zu stellen sei. “ Vgl. ferner Protokolle V, S. 876 f.; fehlgehend dagegen die Zitate bei Lange/Kuchinke, ErbR, § 52 V, S. 1137; Kieserling, Diss., S. 51; Börner, AcP 166 (1966), 426 (449), die die Minderheitsmeinung als allgemeine Ansicht wiedergeben.

[42] Nachdrücklich MünchKomm-Dütz, § 2059 Rz. 4; RGRK-Kregel, § 2059 Rz. 5; Soergel-Wolf, § 2059 Rz. 2; Kieserling, Diss., S. 56 ff.

[43] Lange/Kuchinke, § 52 IV 1, S. 1033; Brox, ErbR, Rz. 699; Erman-Schlüter, § 2059 Rz. 8; Staudinger-Marotzke, § 2059 Rz. 14; etwas abweichend Soergel-Wolf, § 2059 Rz. 2: Teilung des Nachlasses erst dann, wenn der verbliebene Rest zur Berichtigung der Nachlaßverbindlichkeiten nicht ausreicht. Diese Ansicht ist jedoch nicht praktikabel, wenn ein Nachlaß von Beginn an überschuldet ist; ebensowenig, wenn das Ausmaß der Nachlaßverbindlichkeiten unklar ist.

[44] Vgl. die Ausführungen im 1. Teil, C I.

Bleibt der Wert des Gesellschaftsanteils dem Sondervermögen erhalten, ist zunächst kein Grund ersichtlich, eine Teilung des Nachlasses i.S.v. § 2059 BGB anzunehmen.[45] Anderes könnte sich aber ergeben, wenn – was häufig geschieht[46] – Abfindungs- und/oder Gewinnansprüche gesellschaftsvertraglich ausgeschlossen oder doch erheblich beschränkt sind, der Vermögenswert der Beteiligung für den Nachlaß folglich verloren ist.[47] Demgegenüber ist jedoch hervorzuheben, daß bereits das lebzeitige Vermögen des Erblassers mit dem Ausschluß oder der Beschränkung der vermögensrechtlichen Ansprüche belastet ist. Es wird also bereits das Entstehen eines Vermögenswerts verhindert, der dem Nachlaß zugeordnet werden könnte. Der Gedanke an Nachlaßteilung liegt insoweit fern; er ist nur zu erwägen, wenn ein bereits zugunsten des Nachlasses entstandener Vermögenswert der Gesamthandsbindung entzogen wird. Zum „Beweis" sei vergleichsweise der Fall herangezogen, daß der Erblasser Gläubiger eines unvererblichen schuldrechtlichen Anspruchs ist. Obwohl hier immerhin der Erblasser zu seinen Lebzeiten in den Genuß des Vermögenswertes kam, erwägt niemand eine Nachlaßteilung, wenn der Anspruch – da unvererblich – mit dem Tod des Erblassers erlischt.

Auf dem Boden der von Ulmer konzipierten Abspaltungslehre kann die Frage, ob die Sondererbfolge in die Mitgliedschaft zur Nachlaßteilung i.S.v. § 2059 Abs. 1 S. 1 BGB führt, somit unabhängig von der konkreten gesellschaftsvertraglichen Gestaltung knapp und präzise mit „Nein" beantwortet werden.

3. Die Auswirkungen der Sondererbfolge auf § 2059 BGB nach herkömmlicher Lehre

Nach Auffassung des IVa-Zivilsenats und der überwiegenden Literatur von der Sondererbfolge geht die Mitgliedschaft als Ganze unmittelbar auf den oder die Erben-Nachfolger über. Eine Abspaltung der vermögensrechtlichen Ansprüche findet also nicht statt; der Wert der Beteiligung ist zwar dem Nachlaß zugeordnet, fällt aber nicht in die Rechtszuständigkeit der Erbengemeinschaft.[48] Auf Grundlage dieses Verständnisses kann die Sondererbfolge wegen des geltenden objektiven Teilungsbegriffes grundsätzlich

---

[45] Ulmer, NJW 1984, 1496 (1500); Spiritus, Nachlaßteilung, S. 146 ff., zusammenfassend S. 194 f.

[46] Vgl. nur die Vielzahl der einschlägigen Urteile, z.B. RGZ 145, 289 (293); BGHZ 19, 42 (50); BGH, LM Nr. 8 zu § 738 BGB; zusfsd. Heymann-Emmerich, HGB, § 138 Rz. 35 ff.

[47] Für Nachlaßteilung in diesem Fall Emmerich, ZHR 150 (1986), 193 (205).

[48] Daß auch bei einer Erbenmehrheit gesamthänderisch nicht gebundenes Nachlaßvermögen existieren kann, ist bereits oben im 3. Teil, B II nachgewiesen worden.

die Nachlaßteilung i.S.v. § 2059 BGB bewirken. Zur Bewältigung dieses unerwünschten Ergebnisses sind eine ganze Reihe differierender Ansätze entwickelt worden.

a) Vielfältige Lösungen

aa) Das zeitlich erste und zugleich „radikalste" Konzept wurde im Jahr 1966 von Börner vorgelegt.[49] Die Beobachtung, daß die Sondererbfolge generell zur Nachlaßteilung geeignet ist, nahm er zum Anlaß, das bereits zum damaligen Veröffentlichungszeitpunkt als gesichert geltende Rechtsinstitut der Sondererbfolge in Frage zu stellen. Der programmatisch mit „Die Erbengemeinschaft als Gesellschafterin einer offenen Handelsgesellschaft" überschriebene Beitrag versuchte nachzuweisen, daß die Erbengemeinschaft sehr wohl der Gesellschafternachfolge fähig sei und die unbestrittenen Adaptionsschwierigkeiten gegenüber den Folgeproblemen der Sondererbfolge weniger schwer wögen. Um seiner These gerecht zu werden, mußte Börner die rechtliche Struktur der Erbengemeinschaft tiefgreifend verändern: Z.B. sollten die Miterben gezwungen sein, zur Anpassung an die organisationsrechtlichen Erfordernisse einer Handelsgesellschaft (Grundsatz der Einzelgeschäftsführung und -vertretung) einen gemeinsamen Vertreter analog § 146 Abs. 1 S. 2 HGB zu bestellen.[50] Der gesellschaftsrechtliche Grundsatz, daß die Mitgliedschaft in einer Personengesellschaft nur mit Zustimmung aller Gesellschafter übertragbar ist, machte den Ausschluß der freien Verfügbarkeit über die Miterbenanteile (§ 2033 BGB) erforderlich.[51]

bb) Nach Ansicht Heckelmanns[52] sind die §§ 2058 ff. BGB ihrem Normzweck nach auf die Sondervererbung eines Gesellschaftsanteils überhaupt nicht anwendbar. Deshalb sei bezüglich der Mitgliedschaft von vornherein auf die allgemeinen erbrechtlichen Haftungsvorschriften (§§ 1975 ff. BGB) abzustellen. Der Erbe-Nachfolger hafte also – im Hinblick auf den Gesellschaftsanteil – grundsätzlich unbeschränkt; er könne seine Haftung jedoch durch Einleitung einer gesonderten Nachlaßverwaltung beschränken. Für alle übrigen Nachlaßgegenstände blieben die §§ 2058 ff. BGB dagegen unberührt. Heckelmann gesellt somit der Sondererbfolge eine nur auf den Gesellschaftsanteil bezogene Sondernachlaßverwaltung hinzu.

cc) Die bisher ausführlichste Untersuchung des Problems „Nachlaßtei-

[49] AcP 166 (1966), 426.

[50] AcP 166 (1966), 439 f.

[51] AcP 166 (1966), 442 f.

[52] 2. Festgabe von Lübtow, S. 619 (630 ff.).

lung durch Sondererbfolge?“ hat Kieserling unternommen.[53] Sein Ansatz hat verschiedentlich Gefolgschaft gefunden.[54] Charakteristisch ist die Unterscheidung zweier Fallgruppen, die rechtlich differenziert behandelt werden.

(1) Die erste Fallgruppe erfaßt die Situation, in der der Nachlaß außer dem Gesellschaftsanteil noch weitere wesentliche Vermögenswerte aufweist. Insoweit soll die durch die Singularsukzession bedingte Aussonderung des Gesellschaftsanteils aus dem Gesamthandsvermögen Nachlaß nicht zu dessen Teilung i.S.v. § 2059 Abs. 1 BGB führen.[55] Der Zugriff auf das Privatvermögen der Erben sei den Nachlaßgläubigern deshalb grundsätzlich verwehrt. Dennoch müßten die Nachlaßgläubiger auf den in den Händen des oder der Erben-Nachfolger befindlichen Gesellschaftsanteil durch Pfändung (§§ 725 BGB, 135 HGB; 829 ZPO) zugreifen können, da der Anteil „nur formal Eigenvermögen des Erben, materiell jedoch Nachlaßgegenstand“ sei.[56] Deshalb dürfe sich der Erbe gegenüber einer Pfändung des Gesellschaftsanteils nicht auf § 2059 Abs. 1 BGB berufen. Im Interesse der Erhaltung des Gesellschaftsanteils sei jedoch dem Erben-Nachfolger ein Ablösungsrecht zu gewähren: Nach Zahlung eines dem Anteilswert entsprechenden Geldbetrages an den Gläubiger könne er auch im Hinblick auf den Gesellschaftsanteil jede weitere Inanspruchnahme mit § 2059 Abs. 1 S. 1 BGB zurückweisen.[57]

(2) Die zweite Fallgruppe ist dadurch gekennzeichnet, daß sich außer dem Gesellschaftsanteil im Nachlaß keine weiteren oder doch zumindest keine wesentlichen Vermögenswerte mehr befinden. Insoweit bewirkt nach Kieserling die Sondererbfolge per se eine Nachlaßteilung, d.h. die Erben kommen niemals in den Genuß der Haftungsbeschränkungseinrede nach § 2059 Abs. 1 S. 1 BGB. Zum Ausgleich wird den Erben jedoch das – gemäß § 2062 Halbs. 2 BGB an sich verwirkte – Recht gewährt, auch nach der Teilung noch die Verwaltung des Nachlasses beantragen zu dürfen. Eine zusätzliche Modifikation erfährt § 2062 BGB dadurch, daß jeder Erbe allein die Verwaltung des Nachlasses beantragen kann.

dd) Die Diskussion ist neuerdings durch einen Beitrag Marotzkes weitergeführt worden.[58] In Auseinandersetzung mit dem Ansatz Kieserlings

---

[53] Dissertation Münster, 1972; die dem Titel nach gleichfalls einschlägige Monographie Spiritus' (s. Literaturverzeichnis) behandelt das Problem nur als eines unter vielen.

[54] H. P. Westermann, AcP 173 (1973), 24; MünchKomm-Dütz, § 2059 Rz. 8 f., 11 f.; Emmerich, ZHR 150 (1986), 193 (205 ff.).

[55] Kieserling, S. 62; MünchKomm-Dütz, § 2059 Rz. 9.

[56] Kieserling, S. 140 (wörtliches Zitat); ähnlich H. P. Westermann, AcP 173 (1973), 24 (28).

[57] Kieserling, S. 119 ff.

[58] Staudinger-Marotzke, 12. Auflage 1987/89, § 2059 Rz. 15 - 21.

verwirft er die unterschiedliche rechtliche Behandlung beider Fallgruppen. Nach seiner Konzeption soll die Sondererbfolge niemals die Teilung des Nachlasses gemäß § 2059 BGB bewirken können, also auch dann nicht, wenn der Nachlaß über den Gesellschaftsanteil hinaus keine weiteren Vermögenswerte aufweist. Der Schutzzweck des § 2059 Abs. 1 S. 1 BGB rechtfertige die Geltendmachung der Beschränkungseinrede auch für diesen Fall: Zwar gehöre der vererbte Gesellschaftsanteil nicht zur gesamthänderisch gebundenen Erbengemeinschaft, doch ergebe sich eine ähnliche Gesamthandsbindung aus § 719 BGB (§§ 105 Abs. 2, 161 Abs. 2 HGB). Der Erbe–Nachfolger könne das Ererbte also ebensowenig versilbern und zur Befriedigung der an ihn herantretenden Nachlaßgläubiger verwenden wie der „gewöhnliche" Miterbe.[59] Aus Sicht der Nachlaßgläubiger verhindere die Vermögensseparierung gemäß § 719 BGB die Vermengung des Nachlasses mit dem Eigenvermögen des Nachfolger–Erben ähnlich wirksam wie sonst die Bildung des Gesamthandssondervermögens Nachlaß.[60]

ee) Ohne hinreichende Vertiefung ist bisher der Ansatz einer *analogen Anwendung der* §§ *2060, 2061 BGB* geblieben.[61] Zwar besteht die haftungsbeschränkende Wirkung dieser Vorschriften nicht in der Eingrenzung der haftenden Vermögensmassen; ganz im Gegensatz liegt den §§ 2060, 2061 BGB die Nachlaßteilung i.S.v. § 2059 BGB und damit die Haftungsunterworfenheit von Nachlaß- und Eigenvermögen des Erben als tatbestandliche Voraussetzung zugrunde. Doch mindern die §§ 2060, 2061 BGB das Haftungsrisiko der Erben auf andere Weise, indem sie die grundsätzlich gesamtschuldnerische Haftung für Nachlaßverbindlichkeiten (§ 2058 BGB) zu einer teilschuldnerischen herabstufen: Der Erbe haftet mit dem ererbten und dem angestammten eigenen Vermögen, aber nur für den seiner Erbquote[62] entsprechenden Teil der Nachlaßverbindlichkeit (§§ 2060 S. 1, 2061 Abs. 1 S. 2 BGB).

b) Kritische Analyse der Lösungskonzepte

aa) Entbehrlich ist aus heutiger Sicht eine vertiefte Auseinandersetzung mit den Thesen Börners. Hierfür bestimmend wirkt zum einen, daß die

---

[59] Staudinger–Marotzke, § 2059 Rz. 17.

[60] Staudinger–Marotzke, § 2059 Rz. 19.

[61] Eine nur oberflächliche Betrachtung findet sich bei Kieserling, Diss., S. 147 f.; H. P. Westermann, AcP 173 (1973), 24 (37); vgl. auch Staudinger–Marotzke, § 2060 Rz. 19.

[62] Maßgeblich ist die ideelle Erbquote, Ausgleichspflichten zwischen den Erben gemäß §§ 2050 ff. BGB finden im Außenverhältnis zu den Nachlaßgläubigern keine Berücksichtigung. Darin übereinstimmend Lange/Kuchinke, § 52 V 4, S. 1039 mit Fn. 70; Erman–Schlüter, § 2060 Rz. 2; MünchKomm–Dütz, § 2060 Rz. 4; Soergel–M.Wolf, § 2060 Rz. 3.

vorgeschlagene „Strukturreform“ der Erbengemeinschaft eher tiefere Einschnitte in erbrechtliche Prinzipien als die zur Disposition gestellte Sondererbfolge vornimmt. Zum anderen – und dieses Moment ist letztlich ausschlaggebend – bedeutete die Befürwortung des Vorschlags Börners die Einbuße eines guten Stücks rechtlich befriedeten Terrains. Selbst wenn man die konzeptionelle Überlegenheit des von Börner entwickelten Modells als wahr unterstellte, würde die völlige Umkehr einer mittlerweile über 100jährigen Rechtsentwicklung[63] in der Rechtspraxis derart hohe Verunsicherung auslösen, daß der dogmatische Gewinn mit negativem Vorzeichen vielfach wieder aufgewogen wäre.

bb) Im Hinblick auf den Ansatz Heckelmanns stimmt das Bemühen positiv, die durch die Sondererbfolge hervorgerufenen Probleme nicht mit einem weiteren Systemgeltung beanspruchenden Lehrgebäude, sondern pragmatisch durch „lokale Behandlung“ der rechtlichen Bruchstellen zu lösen. Kritik hat sich daran entzündet,[64] daß die auf den Gesellschaftsanteil beschränkte „gesonderte Nachlaßverwaltung“ im Grunde eine auf einen Erbteil – nämlich den des Erben-Nachfolgers – beschränkte Nachlaßverwaltung verwirklicht.[65] Nach geltendem Recht kann sich die Nachlaßverwaltung immer nur auf den Nachlaß als Ganzen erstrecken;[66] für den Nachlaßkonkurs ist dies in § 235 KO sogar ausdrücklich angeordnet. Diese neuerliche Durchbrechung eines erbrechtlichen Prinzips durch Innovation einer „Sondernachlaßverwaltung“ läßt sich jedoch noch als konsequentes Weiterdenken der allseits anerkannten Sondererbfolge rechtfertigen. Schwerwiegendere Bedenken ergeben sich aber daraus, daß Heckelmann in bezug auf den Gesellschaftsanteil pauschal die Nichtanwendbarkeit der §§ 2058 ff. BGB verfügt, ohne zuvor ernsthaft nach einem milder wirkender Mittel Ausschau gehalten zu haben. Auch bleibt das Nebeneinander der §§ 2058 ff. BGB (die ja für die übrigen Nachlaßgegenstände weiterhin Geltung besitzen) und der für den Gesellschaftsanteil von Anfang an bestimmenden §§ 1975 ff. BGB völlig ungeklärt. Ein Beispiel: Der Erbe–Nachfolger ist über den Gesellschaftsanteil hinaus vom Erblasser mit weiteren Gegenständen bedacht worden, die zunächst der Erbengemeinschaft zugehören. Wie soll der Erbe–Nachfolger haften, wenn sich die Erbengemeinschaft über den sonstigen Nachlaß auseinandersetzt? Erweitert sich eine für den Gesellschaftsanteil bereits angeordnete Nachlaßverwal-

---

[63] Die Sondererbfolge in die Mitgliedschaft wurde erstmals 1886 – also noch vor Inkrafttreten des BGB – vom Reichsgericht vertreten (RGZ 16, 40, 57 ff.), vgl. bereits oben im 2. Teil, A III.

[64] Staudinger–Marotzke, Vor §§ 2058 - 2063 Rz. 8.

[65] Das ist immer dann der Fall, wenn der Erbe–Nachfolger außer dem Gesellschaftsanteil keine weiteren Nachlaßgegenstände erhalten soll.

[66] Protokolle Bd. VI, Revision des Entwurfs II des BGB, S. 343; Erman–Schlüter, § 2062 Rz. 3; Soergel–Wolf, § 2062 Rz. 4.

tung auf die bei der Auseinandersetzung erhaltenen Gegenstände? Dies widerspräche der Wertung des § 2062 Halbs. 2 BGB. Verneint man die Erstreckungswirkung, führt die Teilung des gesamthänderisch gebundenen Nachlasses zur Haftung nach §§ 2058, 1967 BGB – der Zugriff auf das Privatvermögen des Erben–Nachfolgers ist eröffnet, die von der Einführung der Sondernachlaßverwaltung beabsichtigte Wirkung gerade vereitelt worden. Der Lösungsvorschlag Heckelmanns vermag einer eingehenden Analyse damit nicht standzuhalten.

cc) Kieserlings Versuch einer Fallgruppenbildung stimmt zunächst kritisch, ist doch unter Gesichtspunkten der Rechtsklarheit und praktischen Handhabung eine einheitliche Lösung grundsätzlich zu bevorzugen. Dies gilt insbesondere deshalb, weil die Einordnung der Lebenssachverhalte in die eine oder andere Fallgruppe ohne einen gewissen Grad an Willkür nicht gelingen wird. Zudem sind Fälle, in denen sich der Nachlaß des Erblassers im Gesellschaftsanteil erschöpft, auf den ersten Blick nicht mit der Häufigkeit denkbar, die zur Konstituierung einer eigenen Fallgruppe erforderlich wäre. Bei genauerer Überlegung ergeben sich aber eine ganze Reihe von Gesichtspunkten, die die Situation des „monolythischen" Nachlasses als durchaus wahrscheinlich erscheinen lassen: Z.B. mag der Erblasser zur Absicherung einer qualifizierten Nachfolgeregelung sein unternehmensfreies Vermögen bereits zu Lebzeiten vollständig auf die weichenden Erben übertragen haben, um den Erben–Nachfolger vor einer Belastung mit Ausgleichsansprüchen zu bewahren, die eine dauerhaften Fortführung der Gesellschaftsbeteiligung vereiteln könnten.[67] Die Ausdünnung des Vermögens durch Schenkungen unter Lebenden kann – zusätzlich, aber auch allein – durch steuerliche Überlegungen motiviert sein: Insoweit ist vor allem auf die Möglichkeit hinzuweisen, durch wiederholte, im Abstand von 10 Jahren gestaffelte Schenkungen gleich mehrfach in den Genuß der Steuerfreibeträge nach §§ 16, 17 ErbStG zu gelangen.[68] Bei Gesellschaftern einer GbR oder OHG wird zudem häufig das Bemühen im Vordergrund stehen, der unbegrenzten Haftung (§§ 714, 427 BGB; 128 HGB) faktisch die Spitze zu nehmen, indem wesentliche Vermögenswerte auf den Ehegatten oder andere nahestehende Familienangehörige übertragen werden. Schließlich ist der Hinweis aufzugreifen, die noch weitgehend auf dem persönlichen Kredit des Gesellschafters beruhenden Unternehmensformen verlangten zumeist die Investition des größten Teils des Gesellschaftervermögens.[69]

Kieserlings Ansatz kann sich aber auch auf ein rechtliches Fundament stützen. Die differenzierte Behandlung zweier Fallgruppen zieht letztlich

---

[67] Vgl. nur Feddersen, Festschrift für Stiefel, S. 197 (212 f.; 215).

[68] Informativ insoweit Soergel-Wolf, Vor § 2274 Rz. 17; Reimann/Spiegelberger, Aktuelle Rechtsfragen der Unternehmensnachfolge, S. 7.

[69] H. P. Westermann, AcP 173 (1973), 24 (30).

nur die Konsequenz aus dem für § 2059 BGB geltenden objektiven Teilungsbegriff, der darauf abstellt, ob die Erbengemeinschaft bei wirtschaftlicher Betrachtungsweise als Ganzes aufgelöst erscheint.[70] Danach ist allgemein – d.h. unabhängig vom Problem der Sondererbfolge in Personengesellschaftsanteile – anerkannt, daß die Verteilung/Aussonderung einzelner wertvoller Nachlaßgegenstände keineswegs zwangsläufig die Teilung des Nachlasses bewirken muß.[71] Umgekehrt kann gerade die wirtschaftliche Betrachtungsweise gebieten, schon bei der Aussonderung eines bestimmten, den Nachlaß wertmäßig dominierenden Gegenstandes aus der Gesamthandsbindung den Nachlaß für objektiv aufgelöst zu erklären. Die Unterscheidung zweier Fallgruppen erweist sich damit als tragfähig; sie kann weiterführenden Problemerörterungen als Vorgabe zugrunde gelegt werden. Damit ist jedoch nicht präjudiziert, daß Kieserling auch in der rechtlichen Behandlung der Fallgruppen zu folgen ist. Darauf ist ausführlich noch in einem größeren Zusammenhang einzugehen.[72]

dd) Die Kommentierung des Problems durch Marotzke überrascht dadurch, daß sie – im Ansatz von den nun bekannten Fallgruppen ausgehend – auch hinsichtlich der Situation „Gesellschaftsanteil = einziger Nachlaßgegenstand" eine Nachlaßteilung durch Sondererbfolge verneint und den Miterben weiterhin die Möglichkeit zur Haftungsbeschränkung nach § 2059 Abs. 1 BGB gewährt. Marotzke erzielt somit eine Einheitslösung, bei deren Anerkennung sich die Sondererbfolge zur Frage der Nachlaßteilung neutral verhielte, die Abweichung von § 2032 BGB im Rechtskreis der §§ 2058 ff. BGB also ohne Auswirkungen bliebe. Daß Marotzke den Miterben die Haftungsbeschränkung aus § 2059 Abs. 1 BGB zuspricht, obwohl ein gesamthänderisch gebundener Nachlaß von vornherein nicht existiert, bedeutet rechtsmethodisch die analoge Anwendung dieser Vorschrift.

(1) Diese Analogie müßte schon im Ansatz scheitern, wenn das Fehlen eines einheitlichen Nachlasses als Befriedigungsobjekt die Nachlaßgläubiger schon formal in der Durchsetzung ihrer Rechte benachteiligte, indem diese z.B. statt eines mehrere Vollstreckungstitel erstreiten müßten. Jedoch sind die Nachlaßgläubiger auch im gesetzlichen Regelfall beim Zugriff auf einen Gesamthandsnachlaß gezwungen, Klage gegen alle Erben als Träger des Sondervermögens zu erheben (§ 747 ZPO): Die Erbengemeinschaft als solche kann nicht verklagt werden, da sie kein Rechtssubjekt ist, das im Prozeß über Nachlaßschulden parteifähig wäre (§ 50 Abs. 1 ZPO). Die Bezeichnung der Klage auf Befriedigung aus dem ungeteilten Nachlaß gemäß § 2059 Abs. 2 BGB als „Gesamthandsklage" sowie vereinzelte Ausführun-

[70] Vgl. die Ausführungen oben zu 1.

[71] So bereits RGZ 89, 403 (407); Erman-Schlüter, § 2059 Rz. 8; MünchKomm-Dütz, § 2059 Rz. 4.

[72] Sogleich unter c).

gen in Rechtsprechung[73] und Literatur[74] sind insoweit mißverständlich.[75] Für die Rechtsverfolgung der Nachlaßgläubiger bedeutet es somit keine Erschwernis, daß dann, wenn sich das Erblasservermögen im Gesellschaftsanteil erschöpft, aufgrund der Singularsukzession ein Sondervermögen 'Nachlaß' von vornherein nicht existiert.

(2) Die Zulässigkeit einer Analogie[76] hängt danach allein[77] davon ab, ob die Aufspaltung des Erblasservermögens in selbständige Gesellschaftsbeteiligungen der Miterben dem gesetzlichen Regelfall der gesamthänderischen Gebundenheit des Erblasservermögens in der Miterbengemeinschaft materiell so nahe kommt, daß eine Bewertung der beteiligten Interessen die Anwendung des § 2059 Abs. 1 S. 1 BGB auf den gesetzlich nicht geregelten Fall der Sondererbfolge gebietet. Die rechtlichen Topoi, derentwegen das Gesetz gemäß § 2059 Abs. 1 BGB die Haftungsbeschränkung auf den Nachlaß aus Sicht der Nachlaßgläubiger für zumutbar, im Interesse der Erben für geboten hält, lauten

– *Bindung* des Nachlaßvermögens: die Möglichkeit zu kurzfristiger Versilberung des Ererbten ist ausgeschlossen

– *Unterscheidbarkeit* des Nachlaßvermögens: ein einwandfreier Zugriff auf das Vermögen des Erblassers ist auch nach seinem Tod gewährleistet.

Ob die Anordnung des Gesamthandsprinzips in § 719 BGB eine zur Interessenwahrung der Nachlaßgläubiger ausreichende Bindung des/der ererbte(n) Gesellschaftsbeteiligung(en) bewirkt, erscheint angesichts der durch Gesellschaftsvertrag oder Beschluß häufig eingeräumten Möglichkeit zur freien Übertragung der Beteiligung (und damit zur Versilberung des Ererbten) zunächst fraglich. Allerdings darf nicht außer Betracht bleiben, daß auch im gesetzlichen Regelfall der Miterbe seinen Gesamthandsanteil an der Erbengemeinschaft gemäß § 2033 BGB frei veräußern darf. Zwar bleibt die Veräußerung des Miterbenanteils für den Nachlaßgläubiger ungefährlich, da er mit Abschluß des Verpflichtungsgeschäfts (Erbschaftskauf) gemäß §§ 2382, 2385 BGB den Erwerber als zusätzlichen Schuldner

---

[73] Vgl. RG, Warn. 1935, Nr. 125: „... gegen die Erbengemeinschaft als solche zu richtende Gesamthandsklage“; BGH, NJW 1978, 1385 (1386): „Klage gegen die Gesamthand“ – Klarstellend aber nun BGH, NJW 1989, 2133 (2134).

[74] Vgl. Palandt–Edenhofer, § 2059 Anm. 4: „... gegen die Erbengemeinschaft also solche gerichtete Klage ...“; gleichlautend RGRK–Kregel, § 2059 Rz. 11.

[75] Ein Zugriff auf den ungeteilten Nachlaß ist auch durch Erhebung der Gesamtschuldklage gemäß § 2058 BGB gegen alle Miterben möglich; instruktiv zum Verhältnis von Gesamthands– und Gesamtschuldklage Erman–Schlüter, § 2058 Rz. 2.

[76] Allgemein zu den Voraussetzungen der Analogiebildung Larenz, Methodenlehre, S. 365 ff.

[77] Daß aufgrund der Anerkennung einer Sondererbfolge eine nachträglich entstandene Gesetzeslücke vorliegt, bedarf keiner Erörterung.

gewinnt.[78] Handelt es sich bei dem durch die Sondererbfolge aufgespaltenen Gesellschaftsanteil um den einzigen Nachlaßbestandteil, wird man jedoch auch in der entgeltlichen Veräußerung der ererbten Beteiligung durch einen Miterben einen Erbschafts(ver)kauf i.S.d. §§ 2371 ff. BGB sehen müssen, der nach den §§ 2382, 2385 BGB zum gesetzlichen Schuldbeitritt des Erwerbers führt. Dafür spricht ferner der Grundsatz, daß ein Miterbe auch nach Auseinandersetzung der Miterbengemeinschaft einen Erbschaftskauf abschließen kann, indem er sich zur Übertragung aller ihm zugeteilten Gegenstände verpflichtet.[79] Demnach erweist sich die Intensität der Bindung des Erben aufgrund Gesellschaftsrechts der erbrechtlichen „Regelbindung" ebenbürtig.

Zweifelhaft ist jedoch, ob auch die für den Vollstreckungzugriff erforderliche Unterscheidbarkeit zwischen ererbtem und angestammtem Vermögen des/der Erben–Nachfolger stets gewährleistet ist. Prinzipiell mag die Zuordnung der Beteiligung zur Personengesellschaft eine Vermischung mit dem ursprünglichen Erbenvermögen weitgehend verhindern oder im Vergleich zu sonstigen denkbaren Nachlaßgegenständen (Grundstücke, Schmuck, sonstige Gegenstände von Wert) zumindest wesentlich erschweren. Das Prinzip versagt jedoch immer dann, wenn der oder die Erben–Nachfolger bereits mit einem geringen Anteil an der Gesellschaft beteiligt war(en):[80] Der Anteil des Erblassers wächst dann dem schon vorhandenen Anteil an – anders als im GmbH–Recht (§ 15 Abs. 2 GmbHG) ist die Beteiligung eines Personengesellschafter stets einheitlich, er kann nicht nicht zwei selbständige Geschäftsanteile innehaben.[81] Bei dieser Fallgestaltung vermischen sich also regelmäßig Nachlaß- und Eigenvermögen des Erben. Die These Marotzkes, die gesellschaftsrechtliche Gesamthandsbindung gewährleiste die Transparenz der Vermögensmassen in gleicher Weise wie die Sonderung in der Erbengemeinschaft, erfährt damit eine erste Einschränkung.

Noch gravierender wirkt sich aus, daß die Anerkennung der von Marotzke aufgeworfenen Analogie für die Fallgruppe des nur aus dem Gesellschaftsanteil bestehenden Nachlasses zur Folge hätte, daß die Miterben sich dauerhaft auf die Haftungsbeschränkung aus § 2059 Abs. 1 S. 1 BGB

---

[78] Auch der Veräußerung eines Miterbenanteils liegt ein Erbschaftskauf i.S.d. §§ 2371 ff. BGB zugrunde; vgl. Kipp/Coing, § 111 IV 1, S. 615; MünchKomm–Musielak, Einl. zu §§ 2371 ff. Rz. 5.

[79] RGZ 134, 296 (298 f.); MünchKomm–Dütz, § 2033 Rz. 11; Soergel–Damrau, § 2371 Rz. 2, 15.

[80] Eine Fallgestaltung, die häufig anzutreffen ist: vgl. statt vieler den Sachverhalt BGH, NJW 1983, 2376.

[81] St. Rspr.: BGHZ 101, 123 (129); 24, 106 (108); 58, 316 (318); BGH, NJW 1984, 362 (363); Baumbach/Duden/Hopt, § 124 Anm. 2 A; Heymann–Horn, HGB, § 161 Rz. 44.

berufen könnten: Ein Ereignis, das nachträglich noch die Teilung des – als Gesamthandsvermögen nie vorhandenen – Nachlasses bewirken könnte, ist nämlich nicht denkbar. Sie wären damit besser gestellt als die Miterben im gesetzlichen Regelfall, denen § 2059 Abs. 1 S. 1 BGB in unmittelbarer Anwendung nur ein vorläufiges Beschränkungsrecht verleiht.[82] Letztlich scheitert die Analogie also daran, daß ihre Rechtsfolge über die für den gesetzlichen Tatbestand angeordnete hinausgeht.

ee) Auch die analoge Anwendung der §§ 2060, 2061 BGB auf den Fall der Sondernachfolge in den vererbten Gesellschaftsanteil ist in verschiedener Hinsicht problembehaftet:

(1) Zweifel bestehen zunächst an der Vergleichbarkeit der Interessenlage. In direkter Anwendung dient die Teilschuldanordnung dem Schutz solcher Erben, die ihrer – der gegenseitigen Zuteilung der Nachlaßwerte vorrangigen – Pflicht zur Befriedigung der Nachlaßgläubiger aus dem ungeteilten Nachlaß (§ 2046 BGB) ohne Verschulden nicht nachkommen konnten.[83] Sofern die Sondererbfolge in den Gesellschaftsanteil die Nachlaßteilung verwirklicht, trifft dieser Gesichtspunkt für die Erben des Personengesellschafters bedenkenlos zu, denn ihnen stand niemals ein ungeteilter Nachlaß als Fonds zur Befriedigung der Nachlaßgläubiger zur Verfügung. Die Privilegierung der Erben gemäß §§ 2060, 2061 BGB bei direkter Anwendung beruht immer jedoch auch darauf, daß den jeweiligen Nachlaßgläubiger für die nicht rechtzeitige Berichtigung der Forderung eine Mitverantwortung trifft: Etwa, weil er sich im öffentlichen oder im Privataufgebot des Erben nicht gemeldet (§§ 2060 Nr. 1 BGB, 991, 997 ZPO; § 2061 Abs. 1 BGB) oder seine Forderung später als fünf Jahre nach dem Erbfall geltend gemacht hat (§ 2060 Nr. 2 BGB). Dieser Teil der ratio legis bleibt bei der Nachlaßteilung durch Sondererbfolge in den Gesellschaftsanteil von vornherein ohne Entsprechung. Deshalb steht die analoge Anwendung der §§ 2060, 2061 BGB methodisch auf schwachem Fundament.

(2) Bei analoger Geltung der Teilschuldanordnung hätten die Nachlaßgläubiger zur Durchsetzung ihrer Rechte vornehmlich zwei Probleme zu bewältigen: Da der Gläubiger nicht mehr jeden Erben auf das Ganze in Anspruch nehmen kann, muß er Person und Anschrift aller Erben ermitteln, will er nicht schon im Vorfeld einen Teil seiner Nachlaßforderung verloren geben. Ebenso bedeutsam ist die Feststellung der jeweiligen Erbquote des einzelnen Erben, da diese den Umfang und die Grenze der zulässigen Inanspruchnahme bestimmt. Der Nachlaßgläubiger wäre also insgesamt mit

[82] Zur Klassifizierung des Verweigerungsrechts aus § 2059 Abs. 1 S. 1 BGB als (nur) aufschiebende Einrede vgl. Erman-Schlüter, § 2059 Rz. 3; MünchKomm-Dütz, § 2059 Rz. 13.

[83] Vgl. Protokolle Bd. V, Erbrecht, S. 877; aus dem Schrifttum Kipp/Coing, § 121 I 3 c, S. 677 f.; MünchKomm-Dütz, § 2060 Rz. 1.

der Prüfung des Innenverhältnisses der Erben belastet. Diese Belastung liegt allerdings eher im Formalen und ließe sich durch die Gewährung von Auskunftsansprüchen[84] zumindest teilweise abmildern. Die eigentliche Beschwer einer analogen Anwendung der §§ 2060, 2061 BGB folgt aber allgemein aus dem Wesen der Teilschuld i.S.v. § 420 BGB: Danach kann der Gläubiger für einen Ausfall, den er bei einem der Teilverpflichteten erleidet, von den übrigen Schuldnern keinen Ausgleich verlangen.[85] Im Rahmen der §§ 2032, 2058 ff. BGB würde also das Liquidationsrisiko von den Miterben auf den bzw. die Nachlaßgläubiger abgewälzt.

(3) Resümierend ergibt sich, daß die analoge Anwendung der §§ 2060, 2061 BGB auf den Fall des durch die Sondervererbung des Gesellschaftsanteils von vornherein „versprengten“ Nachlasses nicht geeignet ist, einen ausgewogenen Interessenausgleich zwischen den Belangen der Miterben und denen der Nachlaßgläubiger zu verwirklichen.

ff) Die vorhergehenden umfangreichen Ausführungen zeigen, daß innerhalb der herkömmlichen Lehre von der Sondererbfolge große Unsicherheit darüber herrscht, wie trotz fehlender Gesamthandsbindung des Gesellschaftsanteils die Beschränkbarkeit der Erbenhaftung gewährleistet bleiben kann. Jedoch wäre verfrüht, bereits aufgrund dieser Feststellung eine abschließende Bewertung der Eignung von Abspaltungslehre und herkömmlicher Auffassung zur Bewältigung dieses Rechtsproblems vorzunehmen. Denn noch erscheint möglich, aus der verwirrenden Vielzahl der von Vertretern der herkömmlichen Lehre unterbreiteten Lösungskonzepte eine zugleich rechtlich tragfähige und praktisch handhabbare Synthese zu entwickeln.

---

[84] Eine Verpflichtung des Erben gegenüber dem Nachlaßgläubiger zur Auskunft über die Person der Miterben ist zwar im Zusammenhang der §§ 2060, 2061 BGB nicht ausdrücklich statuiert. Jedoch greifen die Voraussetzungen des von der Rspr. entwickelten, mittlerweile gewohnheitsrechtlich anerkannten *Auskunftsanspruchs aus § 242 BGB* ein (dazu RGZ 108, 1, 7; 158, 377, 379; BGHZ 10, 385, 387; 55, 201, 203; Lüke, JuS 1986, 2, 5; MünchKomm-Keller, § 260 Rz. 7 ff.; Palandt-Heinrichs, § 261 Anm. 2 d: 1. Bestehen einer Sonderverbindung (hier Eintritt in die Pflichtenlage des Erblassers nach § 1967 BGB). 2. Der Auskunftssuchende kann sich ohne Mitwirkung des anderen Teils nicht ausreichend informieren. 3. Der Verpflichtete ist unschwer in der Lage zur Auskunftserteilung. 4. Der Auskunftsuchende befindet sich entschuldbar in Ungewißheit. – Zur Geltendmachung des Auskunftsanspruchs im Wege der Stufenklage (§ 254 ZPO) vgl. Lüke, aaO., 6 f.; Zöller–Stephan, § 254 Rz. 1.

[85] Umfassend zur Teilschuld Selb, Mehrheiten von Gläubigern und Schuldnern, §§ 4 – 5 I, S. 18 ff.; Wolf/Niedenführ, JA 1985, 369 (374 f.); Fikentscher, SchuldR, § 61, S. 383 f.; Soergel–Zeiss, Vor § 420 Rz. 8, § 421 Rz. 21.

c) Entwicklung einer Synthese

Diese nimmt ihren Ausgangspunkt bei der von Kieserling vorgeschlagenen Fallgruppenbildung.

aa) *Neben dem Gesellschaftsanteil befinden sich noch weitere wesentliche Vermögenswerte im Nachlaß (Fallgruppe 1).* Bei dieser Gestaltung sind bereits einige rechtliche Fixpunkte durch das bisher Gesagte vorgegeben:
- Wegen der mit dem objektiven Teilungsbegriff verknüpften wirtschaftlichen Betrachtungsweise führt die Sondererbfolge nicht zur Nachlaßteilung i.S.v. § 2059 Abs. 1 BGB. Die Erben können den Zugriff auf ihr Eigenvermögen also grundsätzlich abwehren.
- Andererseits soll das Rechtsinstitut der Sondererbfolge keine Neubewertung der Interessen von Erben und Nachlaßgläubigern vornehmen. Deshalb muß die Gesellschaftsbeteiligung, die zu Lebzeiten des Erblassers einen Teil seines haftenden Vermögens ausmachte, auch nach seinem Tod den Nachlaßgläubigern zur Verfügung stehen.[86] Es geht folglich nicht mehr um das „Ob" des Zugriffs auf die Beteiligung, sondern um seine rechtskonstruktive Begründung, das „Wie".

(1) Der unkomplizierteste Weg zur Realisierung des Anteilswerts führt dahin, den Nachlaßgläubigern zu erlauben, aufgrund einer titulierten Nachlaßforderung den in den Händen des/der Erben-Nachfolger(s) befindlichen Anteil zu pfänden und sich - nach Kündigung der Gesellschaft - aus dem Auseinandersetzungsguthaben zu befriedigen (§§ 859 ZPO, 725 BGB oder 135 HGB). Kieserling hat überzeugend nachgewiesen,[87] daß diese Lösung hinsichtlich ihrer Handhabbarkeit und Interessengerechtigkeit denkbaren anderen[88] weit überlegen ist. Gegen den eigenen Vorschlag wendet er jedoch selbstkritisch ein, die unmittelbare Vollstreckung in den Anteil würde um den Preis einer Gesetzesdurchbrechung ermöglicht: Die ererbte Gesellschaftsbeteiligung sei Eigenvermögen des Erben-Nachfolgers, das dieser „außer seinem Anteil am Nachlaß" habe; der Vollstreckungszugriff auf die Beteiligung mißachte somit die dem Erben von Rechts wegen (§ 2059 Abs. 1 S. 1 BGB) zustehende Möglichkeit zur Haftungsbeschränkung. Kieserling vermag seine Lösung nur durch allgemeine Billigkeitserwägungen zu retten: Der Miterbe könne „sich nicht auf § 2059 Abs. 1 S. 1 BGB be-

---

[86] Vgl. H. P. Westermann, AcP 173 (1973), 24 (28).

[87] Diss., S. 62 ff. (bes. 76 - 105); erstmals erarbeitet wurde die Möglichkeit unmittelbarer Vollstreckung von Wiedemann, Übertragung, S. 206 f.; vgl. auch Säcker, Nachfolge in Gesamthandsmitgliedschaften, S. 102 f.

[88] Vorgeschlagen wird insbesonders die Verpflichtung der Erben-Nachfolger zur Zahlung eines Wertersatzes an den Nachlaß analog §§ 1978. 1991 BGB: so etwa Soergel-Wolf, § 2059 Rz. 3. Gegen diese Analogie - die schon von ihren Voraussetzungen zweifelhaft ist - nachdrücklich Flume, Festschrift Müller-Freienfels, S. 113 (122); MünchKomm-Dütz, § 2059 Rz. 10.

rufen" (Gesichtspunkt der unzulässigen Rechtsausübung, § 242 BGB?); „die Sondervorschrift ... (werde) auf den vorausgeteilten Gegenstand nicht angewandt, weil dafür die innere Rechtfertigung fehlt(e)".[89]

Der Rückgriff auf Treu und Glauben erscheint mißlich und die Berechtigung der aufgeworfenen Zweifel insgesamt fraglich. Angreifbar ist vor allem die Prämisse Kieserlings, der ererbte Gesellschaftsanteil gehöre zum Privatvermögen des Erben, das diesem „außer seinem Anteil am Nachlasse" zustehe. Zwar trifft zu, daß bei einer an Wortlaut und Entstehungsgeschichte orientierten Auslegung von § 2059 Abs. 1 S. 1 BGB das Gesetz mit „Anteil" den Gesamthandsanteil an der Miterbengemeinschaft als ausschließliches Befriedigungsobjekt für die Ansprüche der Nachlaßgläubiger bezeichnet. Dennoch folgt daraus nicht zwingend, daß die der Gesamthand nicht zugehörige Gesellschaftsbeteiligung Eigenvermögen des Erben bildet. Denn eine „Entweder-Oder"-Beziehung (entweder Zugehörigkeit zum Gesamthandsnachlaß oder zum Eigenvermögen) hat nur solange Bestand, wie das Erblasservermögen uneingeschränkt im Wege der Gesamtrechtsnachfolge übergeht, bei einer Mehrheit von Erben also insgesamt der Erbengemeinschaft zufällt. Die Anerkennung einer Singularsukzession bedeutet dagegen ein „tertium datur": Zwischen das Vermögen der Erbengemeinschaft (Gesamthandsnachlaß) und das Privatvermögen des Erben tritt als dritte Gruppe das *ungebundene Nachlaßvermögen*, das zwar der Verfügungsgewalt des oder der „Sondernachfolge-Erben" unterliegt, aufgrund seiner erbrechtlichen Herkunft jedoch von dem Privatvermögen unterscheidbar ist.[90]

Ist die vererbte Gesellschaftsbeteiligung folglich nicht Eigenvermögen des Erben, durchbricht die unmittelbare Vollstreckung in die Beteiligung nur dann das Gesetz, wenn die Eröffnung des Gläubigerzugriffs nach Sinn und Zweck des § 2059 Abs. 1 S. 1 BGB auf den Gesamthandsmiterbenanteil zu beschränken ist. Für die Beantwortung dieser Frage ist zu berücksichtigen, daß dem historischen Gesetzgeber eine Sondererbfolge nicht bekannt war und aus seiner Sicht deshalb der „Anteil am Nachlaß" mit dem ererbten Vermögen identisch war. Da der Erbe Schutz vor dem Zugriff der Nachlaßgläubiger nur im Hinblick auf sein angestammtes Eigenvermögen verdient,[91] ist unter teleologischen Gesichtspunkten eine Auslegung des § 2059 Abs. 1 BGB geboten, nach der nicht allein der Miterbenanteil, sondern alles ererbte Vermögen der Haftung für Nachlaßschulden unterliegt.

---

[89] Diss., S. 112 und S. 140.

[90] Die Unterscheidung „Gesamthandsnachlaßvermögen" – „Ungebundenes Nachlaßvermögen" – „Privatvermögen" wird am prägnantesten von Marotzke, AcP 187 (1987), 223 (230); ders., AcP 184 (1984), 541 (543) herausgearbeitet. Sie findet sich ferner bei BGHZ 98, 48 (53) und Schlegelberger–K. Schmidt, HGB, § 177 Rz. 29.

[91] Vgl. das soeben unter c) aa) vor (1) Gesagte.

§ 2059 Abs. 1 S. 1 BGB ist also zu lesen: „Bis zur Teilung des Nachlasses kann jeder Miterbe die Berichtigung der Nachlaßverbindlichkeiten aus seinem Vermögen, das er *außer dem Ererbten* hat, verweigern".[92] Die an Sinn und Zweck orientierte Auslegung des § 2059 BGB ergibt somit, daß die von Kieserling entworfene Lösung unmittelbaren Vollstreckungszugriffs der Nachlaßgläubiger auf den Gesellschaftsanteil mit dem Gesetz konform geht.

(2) Der unmittelbare Zugriff auf den Gesellschaftsanteil soll nach Kieserling allerdings nur unter verschiedenen Kautelen möglich sein. Ist Vollstreckungsobjekt der Anteil an einer Personenhandelsgesellschaft, so ergibt sich ein Vorbehalt bereits aus § 135 HGB (i.V.m. § 161 Abs. 2 HGB): War zu Lebzeiten des Handelsgesellschafters eine Pfändung des Gesellschaftsanteils erst nach erfolgloser Vollstreckung in sein sonstiges bewegliches Vermögen zulässig, muß dem damit der Gesellschaft und dem betroffenen Anteilsinhaber gewährten Bestandsschutz[93] auch nach dem Erbfall Rechnung getragen werden. Folglich ist die Pfändung des Gesellschaftsanteils durch einen Nachlaßgläubiger an die Voraussetzung zu knüpfen, daß dieser zuvor erfolglos den Zugriff auf anderes im Nachlaß befindliche bewegliche Vermögen versucht hat.[94] In erster Linie muß der Gläubiger also den Zugriff auf den noch ungeteilten Nachlaß versuchen, indem er gemäß §§ 2058 bzw. 2059 Abs. 2 BGB, 747 ZPO gegen alle Miterben vorgeht.

Die Pfändung des Anteils an einer BGB-Gesellschaft ist in § 725 BGB gegenüber § 135 HGB an weit geringere Voraussetzungen geknüpft. Kieserling will jedoch auch insoweit ein Interesse des Erben-Gesellschafters an der Erhaltung der Beteiligung anerkennen. Er kreiert deshalb ein Wertablösungsrecht analog §§ 1973 Abs. 2 S. 2, 1992 BGB; hinterlege der Erbe-Nachfolger den angemessenen Abfindungsbetrag, könne er den pfändenden Gläubiger gemäß §§ 781, 785, 767 ZPO mit der Vollstreckungsgegenklage abwehren.[95] Eine kritische Analyse prägt jedoch den Eindruck, daß das Wertablösungsrecht als Vehikel dient, um die gesetzliche Abstufung des Bestandsinteresses zwischen Personenhandels- und bürgerlichrechtlicher Gesellschaft einzuebnen: Zunächst bleibt der Ansatzpunkt für eine Analogie völlig im Dunkeln; denn die gesetzlich geregelten Fälle einer Abwendungsbefugnis (§ 1973 Abs. 2 S. 2 – gegenüber im Aufgebot ausgeschlossenen Gläubigern; § 1992 S. 2 – bei Überschwerung des Nachlasses

---

[92] So im Ergebnis auch RGRK-Kregel, § 2059 Rz. 6; MünchKomm-Dütz, § 2059 Rz. 10.

[93] Vgl. zur Ratio des § 135 HGB: BGHZ 51, 84 (87); BGH, NJW 1982, 2773; K. Schmidt, GesellschaftsR, § 52 III 8, S. 1130.

[94] Kieserling, Diss., S. 115 – 117; ihm folgend Emmerich, ZHR 150 (1986), 193 (206); Staudinger-Marotzke, § 2059 Rz. 19.

[95] Diss., S. 119 – 139.

durch Vermächtnisse und Auflagen) lassen kein einheitliches Prinzip erkennen, das auf den ungeregelten Fall der Sondererbfolge übertragen werden könnte. Darüber hinaus dürfte die Abwendungsbefugnis auch nicht praktikabel sein, da die Bestimmung der angemessenen „Ablösesumme" eine Bewertung des Anteils erforderlich macht; diese wird häufig erst vorgelegt werden können, nachdem der Vollstreckungszugriff schon erfolgt ist. Bei Pfändung des Anteils an einer BGB-Gesellschaft ist ein Wertablösungsrecht des Erben–Nachfolgers also nicht anzuerkennen.[96] Dieser kann sich insoweit die Beteiligung nur erhalten, indem er die Forderung des pfändenden Gläubigers aus seinem Privatvermögen befriedigt. Die weitere Vollstreckung in den Anteil wird dann unzulässig (vgl. § 775 Nr. 4 ZPO).

(3) Zusammenfassung zur Fallgruppe 1: Befinden sich außer dem Gesellschaftsanteil noch weitere wesentliche Vermögenswerte im Nachlaß, führt die Sondervererbung des Gesellschaftsanteils nicht zur Nachlaßteilung. Da die Mitgliedschaft jedoch zum ererbten Vermögen gehört, können die Gläubiger ohne Verstoß gegen § 2059 Abs. 1 S. 1 BGB im Wege der Anteilspfändung (§§ 859, 828 ff. ZPO; 135 HGB, 725 BGB) unmittelbar auf die Mitgliedschaft zugreifen. Handelt es sich um die Beteiligung an einer Handelsgesellschaft, müssen sich die Gläubiger nach dem Rechtsgedanken des § 135 HGB (Subsidiarität der Anteilsverwertung) zunächst an das im Gesamthandsnachlaß gebundene Erblasservermögen halten.

bb) *Der vererbte Gesellschaftsanteil ist einziger wesentlicher Nachlaßbestandteil (Fallgruppe 2).*

(1) Nur noch hingewiesen wird auf die Ansicht Marotzkes, der auch auf diese Fallgestaltung § 2059 Abs. 1 S. 1 BGB für anwendbar hält mit der Begründung, die Bindung der vererbten Mitgliedschaft in der (Gesamthands–)Personengesellschaft komme in ihrer Wirkung der erbrechtlichen Gesamthandsbindung nach den §§ 2032 ff. BGB gleich. Diese Annahme trifft nur eingeschränkt zu. Vor allem aber würde durch ein derartig extensives Verständnis § 2059 Abs. 1 S. 1 BGB der Systematik des Gesetzes zuwider zu einem Mittel dauerhafter erbrechtlicher Haftungsbeschränkung umgestaltet.[97]

(2) Nachdem der Ansatz Marotzkes sich nicht als tragfähig erwiesen hat, deutet zunächst vieles darauf hin, daß die Problemlösung auch insoweit im Anschluß an die von Kieserling vorgeschlagene, mittlerweile auch von anderen befürwortete Konzeption zu finden ist.[98] Danach bewirkt die Ver-

---

[96] Ebenso, aber ohne Begründung Staudinger–Marotzke, § 2059 Rz. 19. Ergänzend ist darauf hinzuweisen, daß den Mitgesellschaftern ohne weiteres ein Ablösungsrecht aus § 268 Abs. 1 BGB zusteht, vgl. Palandt–Thomas, § 725 Anm. 2 c; Soergel–Hadding, § 725 Rz. 5; Staudinger–Keßler, § 725 Rz. 14; offen gelassen von BGHZ 97, 392 (396).

[97] Vgl. oben 3 a cc.

[98] Kieserling, Diss., S. 141 ff., 149 ff. (unter Wiederaufnahme von Überlegungen

erbung des Gesellschaftsanteils, der den einzigen Nachlaßwert ausmacht, zwingend die Nachlaßteilung i.S.v. § 2059 Abs. 1 BGB. Ausgleich für den Verlust jenes vorläufigen Haftungsbeschränkungsrechts schafft ein modifiziertes, den Gesetzeswortlaut durchbrechendes Verständnis des § 2062 BGB:

(a) Die Nachlaßverwaltung kann sowohl von Erben- als auch von Gläubigerseite noch nach der Nachlaßteilung beantragt werden.

(b) Jeder Erbe kann die Nachlaßverwaltung allein, mit Wirkung für alle Miterben, beantragen. Damit kann er rasch die Haftungsbeschränkung herbeiführen, ohne auf die Mitwirkung der Miterben angewiesen zu sein.

Zur Begründung von (a) wird die Druckfunktion des § 2062 BGB angeführt: Nach dem gesetzlichen Regelfall solle das Verbot der Nachlaßverwaltung nach Nachlaßteilung die Erben motivieren, die Nachlaßgläubiger aus dem noch ungeteilten Nachlaß zu befriedigen, andernfalls die Inanspruchnahme mit dem Eigenvermögen nicht auszuschließen sei. Vollziehe sich aufgrund der Sondernachfolge in den Gesellschaftsanteil die Nachlaßteilung unmittelbar mit dem Erbfall, bestehe aber von vornherein keine Möglichkeit zur vorrangigen Befriedigung der Nachlaßgläubiger. Der Motivationsdruck des § 2062 BGB ginge dann ins Leere, die Vorschrift werde zur unbilligen Sanktion.[99] Diese Argumentation ist konsequent aus Entstehungsgeschichte[100] und Systematik des Gesetzes entwickelt. Ihr ist daher zuzustimmen.

Zur Rechtfertigung des Elements (b) der Gesetzesabweichung wird vorgebracht, das Erfordernis des gemeinschaftlichen Antrags in § 2062 BGB sei Korrelat zur (nur) gemeinschaftlichen Verwaltungs- und Verfügungsbefugnis der Erbengemeinschaft nach den §§ 2038 ff. BGB. Da eine gemeinschaftliche Verwaltung des nur aus dem Gesellschaftsanteil bestehenden Nachlasses ausscheide, sei die Zuerkennung eines Einzelantragsrechts bedenkenfrei.[101] Diese Schlußfolgerung ist kritisch zu betrachten. Sie erschöpft sich darin, einen Zusammenhang zwischen der *gemeinschaftlichen* Verwaltung und dem *gemeinschaftlichen* Antragsrecht herzustellen.

Börners, AcP 166 1966, 426, 451 ff., der aber von einem anderen Ansatz ausgeht); H. P. Westermann, AcP 173 (1973), 24 (37 ff.); H. Westermann, PersonengesellschaftsR, Rz. 526; MünchKomm-Dütz, § 2062 Rz. 10; wohl auch Emmerich, ZHR 150 (1986), 193 (207).

99 Kieserling, S. 152; H. P. Westermann, AcP 173 (1973), 38; MünchKomm-Dütz, § 2062 Rz. 10.

100 Vgl. insbesondere Protokolle Bd. VI, Revision des Entwurfs II des BGB, S. 343: „... sei auch der Fortfall des Rechtsbehelfs für die Erben nicht zu hart, da diese für die Befriedigung der Nachlaßgläubiger und für ihre eigene Sicherung sorgen sollten, bevor sie zur Theilung schritten."

101 Kieserling, S. 154; H. P. Westermann, AcP 173 (1973), 37; MünchKomm-Dütz, § 2062 Rz. 10.

Die Bedeutung des § 2062 BGB wird damit jedoch nicht korrekt erfaßt. Dies ergibt sich nicht zuletzt aus den Gesetzesmaterialien, die diesen Gesichtspunkt unerwähnt lassen. Dort heißt es vielmehr allgemeiner:[102] „Der gegentheilige Satz (d.h. die Anerkennung eines Antragsrechts des einzelnen Erben [Anm. des Verf.]) würde empfindlich in die Rechte der Erben eingreifen, es dürfe einem einzelnen Erben nicht verstattet sein, seine Miterben, wenn sie die Erbschaftsregulirung selbst bewerkstelligen wollten, zu zwingen, den Nachlaß einem Pfleger[103] auszuantworten." Folglich trägt § 2062 BGB unabhängig von einer bestimmten Verwaltungs- und Verfügungsregelung dem Umstand Rechnung, daß die Anordnung der Nachlaßverwaltung in die Rechte aller Erben eingreift. Weil die Anordnung der Nachlaßverwaltung jedem Erben Zuständigkeiten hinsichtlich des Nachlasses entzieht, muß dieser Verlust an Rechtsmacht, soweit der Anstoß dazu nicht von einem Nachlaßgläubiger ausgeht,[104] vom privatautonomen Willen aller Erben getragen werden.

Die so präzisierte ratio legis erfaßt aber erst recht den Fall des ausschließlich aus dem Gesellschaftsanteil bestehenden Erblasservermögens, das sich im Erbgang in eine Mehrzahl unverbundener Gesellschaftsanteile aufspaltet. Dies mag ein Beispiel verdeutlichen: Erblasser E ist Gesellschafter einer OHG mit einem Anteil von 50%. Beim Tod des E werden A und B kraft erbrechtlicher Nachfolgeklausel Gesellschafter der OHG mit einem Anteil von jeweils 25%. Aufgrund der Sondererbfolge sind die beiden Anteile selbständig; A und B sind in der Ausübung ihrer Mitverwaltungs- und -vermögensrechte – kurzum in ihrem unternehmerischen Verhalten – voneinander unabhängig. Kurze Zeit nach dem Erbfall wird B von X, einem Privatgläubiger des E, auf Begleichung einer Nachlaßschuld i.H.v. 10.000 DM in Anspruch genommen. Obwohl B über Eigenmittel in entsprechender Höhe verfügt, beantragt er Nachlaßverwaltung, da er den Einsatz seines Privatvermögens für inopportun hält. Erkennt man abweichend von § 2062 BGB ein Einzelantragsrecht jedes einzelnen Erben an – das zudem nach § 1981 Abs. 1 BGB an keine besonderen Voraussetzungen gebunden ist![105] – verliert nicht nur der Antragsteller B, sondern ohne jede Möglichkeit zur Einflußnahme auch der A gemäß § 1984 BGB die Verwaltungs- und

---

[102] Protokolle Bd. VI, S. 343.

[103] Der Begriff der „Nachlaßverwaltung" ist erst im späteren Verlauf der Gesetzesentstehung eingeführt worden. Vgl. Protokolle Bd. VI, S. 338 und umfassend Staudinger-Marotzke, § 1975 Rz. 10.

[104] Dem Befriedigungsinteresse der Nachlaßgläubiger ist nach Maßgabe des § 1981 Abs. 2 BGB Vorrang vor dem Interesse der Erben am Erhalt der Verwaltungs-/Verfügungsbefugnis über den Nachlaß eingeräumt. Deshalb ist insoweit die Zustimmung der Erben zur Nachlaßverwaltung (natürlich) nicht erforderlich.

[105] Die einzige Einschränkung des Antragsrechts findet sich in § 2013 Abs. 1 S. 1 Halbs. 2 BGB; der Erbe darf nicht bereits allgemein unbeschränkbar haften.

Verfügungsbefugnis über seinen selbständigen Gesellschaftsanteil. Zwar steht fest, daß der Nachlaßverwalter die aus der Beteiligung sich ergebenden höchstpersönlichen Gesellschafterrechte nicht wahrnehmen kann.[106] Gleichermaßen unbestritten ist jedoch seine Befugnis zur Ausübung der Vermögensrechte (Gewinnansprüche, Ansprüche auf das Auseinandersetzungsguthaben etc.).[107] Bereits daraus ergeben sich Informationsrechte des Nachlaßverwalters über die Gesellschaftsangelegenheiten, die die betroffenen Gesellschafter kurzfristig zu umfangreichen Darlegungen verpflichten und sich damit lähmend auf die geschäftlichen Aktivitäten auswirken.[108] Damit zeigt sich: Der mit der Rechtsfortbildung zur Sondererbfolge unternommene Versuch, die Personengesellschaftsbeteiligung möglichst unbehelligt von erbrechtlichen Bindungen zu perpetuieren, würde durch die modifizierte Anwendung des § 2062 BGB z.T. konterkariert. Die Ausführungen in den Gesetzesmaterialen, ein einzelner Erbe dürfe seine Miterben nicht zwingen, die Erbschaft an einen Nachlaßverwalter herauszugeben, gilt auch und gerade für den Fall der Sondererbfolge.[109]

Die von Kieserling und anderen vorgeschlagene Vernachlässigung des Wortlauts von § 2062 BGB und die weitgehende Zulassung der Nachlaßverwaltung ist somit abzulehnen.

(3) Das Fehlschlagen aller Bemühungen, den Fall des ausschließlich aus dem Gesellschaftsanteil bestehenden Nachlasses durch eine Modifikation der §§ 2059, 2060/2061 oder 2062 BGB einer dogmatisch und praktisch zufriedenstellenden Lösung zuzuführen, begründet schließlich nachhaltige Zweifel, ob die Vorschriften der §§ 2058 ff. BGB insoweit überhaupt anwendbar sind.

(a) Dagegen spricht zunächst die grammatische Interpretation des Begriffs der „Nachlaßteilung". Das Wort „Teilung" beschreibt allgemein einen Vorgang, bei dem ein zuvor einheitliches Ganzes in mehrere Fragmente zerlegt wird. Danach kann auch von Nachlaßteilung nur gesprochen werden, wenn der Nachlaß jemals als Einheit bestanden hat. Gerade das trifft aber in dem der Problemerörterung zugrundeliegenden Fall nicht zu. Zuzu-

---

106 BGHZ 47, 293 (295 ff.); vgl. auch MünchKomm–Siegmann, § 1985 Rz. 5 a; Staudinger–Marotzke, § 1985 Rz. 20.

107 Vgl. die zur vorigen Fn. Genannten.

108 § 260 BGB (Pflicht zur Auskunftserteilung) ist direkt anwendbar; vgl. Palandt–Edenhofer, § 1985 Anm. 3 a; Soergel–Stein, § 1985 Rz. 8. Ferner ist zu berücksichtigen, daß über §§ 1975, 1915 BGB die Vorschriften des Vormundschaftsrechts für den Nachlaßverwalter Anwendung finden (die Nachlaßverwaltung gilt nach dem Gesetz als Form der Pflegschaft). Dieser ist somit gemäß §§ 1802, 1840 ff., 1890, 1962 BGB seinerseits dem Nachlaßgericht rechenschaftspflichtig. Auch aus diesem Grund wird man die Gesellschaft für auskunftspflichtig erachten müssen.

109 So auch – ausgehend von seinem grundsätzlich anders gelagerten Ansatz – Staudinger–Marotzke, § 2062 Rz. 15; vgl. ferner Finger, Diss., S. 50.

geben ist allerdings die nur eingeschränkte Geltungskraft des Wortlautarguments. Wollte man die Unanwendbarkeit der §§ 2058 ff. BGB allein auf den grammatischen Befund stützen, bedeutete dies den Rückfall in eine längst überwundene Begriffsjurisprudenz.[110]

(b) Mehr Gewicht kommt der systematischen Betrachtung zu. Handelt es sich bei dem Gesellschaftsanteil um den einzigen Nachlaßgegenstand, vollzieht sich die erbrechtliche Nachfolge ausschließlich im Wege der Singularsukzession. Das erbrechtliche Prinzip der Universalsukzession (§ 1922 BGB) wird also gewollt in sein Gegenteil verkehrt. Keine der Vorschriften, die grundsätzlich das Innenverhältnis einer Erbenmehrheit regeln (§§ 2032 – 2057 a BGB), bleibt anwendbar. Es ist kaum zu begründen, warum für die das Außenverhältnis der Erbenmehrheit betreffenden Vorschriften (§§ 2058 ff. BGB) etwas anderes gelten soll.

(c) Die vorangegangenen umfänglichen Erörterungen haben gezeigt, daß keine der Einzelvorschriften (§§ 2059; 2060/2061; 2062 BGB) einer analogen Anwendung zugänglich ist[111]. Daraus läßt sich ablesen, daß die Vorschriften der §§ 2058 ff. BGB auch ihrem Sinn und Zweck nach nicht passen.

(d) Folgerungen

Die Miterben stehen im Fall der ausschließlichen Sondererbfolge rechtlich unverbunden nebeneinander; folgerichtig müssen sie als eine *Mehrzahl von Einzelerben* bezeichnet werden. Bezüglich der Erbenhaftung sind deshalb die §§ 2058 ff. BGB nicht anwendbar. Es ist vielmehr allein auf die §§ 1967 – 2017 BGB, also die Vorschriften über die Haftung des Alleinerben, abzustellen. Auch nach diesem Ansatz hat jeder einzelne Erbe die Möglichkeit, selbständig die Nachlaßverwaltung zu beantragen (§ 1981 Abs. 1 BGB). In konsequenter Weiterentwicklung der zuvor gewonnenen Erkenntnis – rechtlich handelt es sich um eine Mehrzahl von Einzelerben – ergibt sich jedoch als Novum, daß die Nachlaßverwaltung ausschließlich den Erbteil (= Gesellschaftsanteil!) des Antragstellers erfaßt. Somit kann keiner der Erben–Nachfolger in der Gesellschafterstellung gegen seinen Willen zur Preisgabe eines Teils seiner Befugnisse an den Nachlaßverwalter gezwungen werden. Jeder von ihnen kann eigenverantwortlich entscheiden, ob die Möglichkeit zu unternehmerischer Tätigkeit[112] auch in Ansehung der Privatschulden des Erblassers den Einsatz eigenen Vermögens wert ist oder ob die partielle Preisgabe der ererbten Rechtsstellung (an einen Nachlaßver-

---

[110] Zum Gegensatz von „Begriffsjurisprudenz" und „Interessenprudenz" vgl. Larenz, Methodenlehre, S. 23 ff., 43 ff.; prägnante Einführung in Creifelds (Hrsg.), Rechtswörterbuch, Stichwort „Begriffsjurisprudenz".

[111] Vgl. oben 3 b dd (§ 2059); 3 b ee (§§ 2060/2061) und soeben 3 c bb (§ 2062).

[112] Eine unternehmerische Tätigkeit ist sicherlich mit der Wahrnehmung der Rechte aus einer OHG– oder GbR–Beteiligung verbunden. Hinsichtlich eines KG–Anteils mag dieses im Einzelfall anders sein.

walter) der persönlichen Inanspruchnahme vorzuziehen ist. Damit wird dem Postulat 'selbständiger Erbschaftsregulierung'[113] vollkommen Rechnung getragen.

(e) Freilich gehört zum erbrechtlichen Allgemeingut die Überzeugung, eine auf einen Erbteil beschränkte Nachlaßverwaltung sei rechtlich unzulässig.[114] Da während der Beratungen über den Entwurf II eines Bürgerlichen Gesetzbuchs ein Antrag, der die Möglichkeit einer erbteilsbezogenen Nachlaßverwaltung ausdrücklich vorsah, von der Redaktionskommission zurückgewiesen wurde[115], spricht für diese Auffassung auf den ersten Blick insbesondere die Entstehungsgeschichte des Gesetzes. Die Autorität der Entscheidung des historischen Gesetzgebers für das gegenwärtige Problem sachgerechter Rechtsfortbildung kann jedoch nicht unbesehen der für die damalige Zurückweisung maßgeblichen Gründe behauptet werden. Die Ablehnung der auf einen Erbteil beschränkten Nachlaßverwaltung war - kurz gefaßt - auf die Überzeugung gestützt, „hieraus ... erwachse den Miterben während des vielleicht noch lange dauernden Fortbestandes der Erbengemeinschaft eine erhebliche Belästigung".[116] Es liegt auf der Hand, daß eine Belästigung der Miterben durch eine nur den einzelnen Erbteil betreffende Nachlaßverwaltung auszuschließen ist, wenn die rechtliche Verbindung der mehreren Erben in einer Erbengemeinschaft von vornherein fehlt und jeder Erbe die nachgelassenen Rechte selbständig ausübt. Aus den früheren Überlegungen folgt im Gegenteil, daß in der Situation ausnahmsloser Sondererbfolge eine solche „Einzelnachlaßverwaltung" gerade geboten ist, um eine Rechtsbeeinträchtigung der weiteren Erben zu vermeiden.

Die in den Gesetzesmaterialien getroffene, der heutigen allgemeinen Meinung entsprechende Aussage „Unzulässigkeit einer erbteilsbezogenen Nachlaßverwaltung" kann daher für den Fall der Sondererbfolge nicht aufrechterhalten werden. Vielmehr hat das unter (d) entwickelte Modell weiter Bestand.

---

[113] Protokolle Bd. VI, S. 343; Wörtliches Zitat oben 3 c bb (2).

[114] RGRK-Kregel, § 2062 Rz. 3; Soergel-Stein, § 1975 Rz. 8; Staudinger-Marotzke, § 1975 Rz. 13.

[115] Vgl. Protokolle Bd. VI, S. 343 unten.

[116] Protokolle Bd. VI, S. 343 f. Die Materialien entwerfen im einzelnen folgendes Szenario: Jeder Miterbe hätte gemäß § 2038 Abs. 2 BGB (damals § 1912 Abs. 2) schon während des Bestands der Miterbengemeinschaft anteiligen Anspruch auf die Früchte (§ 99 BGB) des Nachlasses. In diesen zum Privatvermögen des Erben gehörenden Anspruch könnten dessen Eigengläubiger vollstrecken; das werde für die Nachlaßgläubiger sehr häufig Veranlassung sein, die Nachlaßverwaltung über den Erbteil des betreffenden Erben zu beantragen.

4. Nachlaßteilung und Sondererbfolge – Bewertung der Ergebnisse auf Basis der Lehre Ulmers/der Rspr. des II. ZS. und der herkömmlichen Auffassung

Nach der von Ulmer begründeten Lehre spalten sich die zur Personengesellschaftsbeteiligung gehörenden vermögensrechtlichen Ansprüche im Erbgang von der Mitgliedschaft ab und fallen in den bei Vorhandensein mehrerer Erben als Gesamthandsvermögen ausgestalteten Nachlaß. Die Zuteilung der Vermögensrechte an den oder die Nachfolger in die Mitgliedschaft erfolgt erst bei Auseinandersetzung der Erbengemeinschaft nach den §§ 2042 ff. BGB. Gegenüber dem Normalfall ergeben sich somit keine Besonderheiten. Die Sondererbfolge bleibt nach dem Verständnis Ulmers und der ihm folgenden Rspr. auf den Rechtskreis der §§ 2058 ff. BGB ohne Auswirkungen.

Dagegen führt das herkömmliche Verständnis, gemäß dem auch die zur Beteiligung gehörenden Vermögensrechte im Wege der Sondererbfolge unter Umgehung des Gesamthandsnachlasses auf den oder die Erben-Nachfolger übergehen, unweigerlich zu einem Konflikt mit den §§ 2058 ff. BGB. Der objektive Teilungsbegriff zwingt zur Unterscheidung zweier Fallgruppen. Die Vorschriften über die Haftung der Miterben müssen sich letztlich sogar eine Beschneidung ihres Anwendungsbereichs gefallen lassen.

Bei isolierter Betrachtung der Frage „Nachlaßteilung durch Sondererbfolge?" erweist sich somit die von Ulmer begründete „Abspaltungslehre" zu einer Harmonisierung der erb- und gesellschaftsrechtlichen Regelungen besser geeignet als die herkömmliche Auffassung. Die Lehre Ulmers muß sich nicht als Problemlösekonzept bewähren, sondern vermeidet bereits im Vorfeld die Entstehung eines Regelungskonflikts. Zwar kann der nach herkömmlichem Verständnis unvermeidbare Konflikt zwischen Sondererbfolge und Miterbenhaftung letztlich einer annehmbaren Lösung zugeführt werden.[117] Der dazu erforderliche enorm hohe Begründungsaufwand wirkt jedoch als Passivposten fort.

III. Die Wahrung des Vorrangs der Nachlaßgläubiger vor den Eigengläubigern des Erben-Nachfolgers

Die Ausführungen zu den Rechtsproblemen der §§ 1967, 2058 ff. BGB betrafen in erster Linie das Verhältnis von Erben und Nachlaßgläubigern.

---

[117] H. P. Westermann, JuS 1979, 761 (766) spricht von Widerständen, die leidlich überwunden werden könnten.

Nicht außer Betracht bleiben darf jedoch der Interessengegensatz zwischen Nachlaßgläubigern und Eigengläubigern des Erben.[118] Den Nachlaßgläubigern ist daran gelegen, daß das Vermögen des Erblasser-Schuldners (= Nachlaß) in der Hand des Erben möglichst ungeschmälert erhalten bleibt. Dieses Bestandsinteresse ist besonders deshalb schützenswert, weil das Gesetz dem Erben grundsätzlich die Möglichkeit zur Haftungsbeschränkung auf das Ererbte einräumt. Den Eigengläubigern des Erben wäre willkommen, wenn sie den Wert des Nachlaßvermögens zur Deckung seiner bereits früher entstandenen oder laufend neu entstehenden (Privat-)Verbindlichkeiten heranziehen könnten. Jedoch stellt sich für die Eigengläubiger die Beerbung des Erblassers gerade durch ihren Schuldner als höchst zufälliges Ereignis dar;[119] da die Eigengläubigern sich bereits vor dem Erbfall mit dem Eigenvermögen des Erben als alleiniger Haftungsgrundlage begnügen mußten, verdient ihr bezüglich des Nachlasses bestehendes Verwertungsinteresse keinen Schutz.

Dieser Interessenbewertung entspricht die gesetzliche Regelung. Aus ihr ergibt sich ein eindeutiger Vorrang der Nachlaßgläubiger vor den Eigengläubigern beim Zugriff auf das Nachlaßvermögen.[120] Dieser kommt besonders deutlich darin zum Ausdruck, daß die Möglichkeit der Absonderung des Nachlasses vom Eigenvermögen des Erben (separatio bonorum), die in erster Linie[121] zugunsten des Erben als Voraussetzung seiner Haftungsbeschränkung vorgesehen ist, für die Nachlaßgläubiger auch dann erhalten bleibt, wenn der Erbe das Recht zur Beschränkung seiner Haftung bereits verloren hat (vgl. § 1981 Abs. 2 iVm § 2013 Abs. 1 BGB, §§ 215 - 217 KO; ferner §§ 778 Abs. 2, 783 ZPO).

Die von Ulmer begründete und vom II. Zivilsenat des BGH rezipierte Abspaltungslehre nimmt für sich in Anspruch, bei der Vererbung von Personengesellschaftsanteilen den Vorrang der Nachlaßgläubiger vor den Eigengläubigern des Erben besser zu wahren als die herkömmliche Auffassung, die die Mitgliedschaft als Ganzes auf den Erben-Nachfolger übergehen läßt.[122] Prägnant führt der II. Zivilsenat in seinem Urteil vom

---

[118] Die Interessenlage stimmt in ihren Grundpositionen für die Fälle des Einzelerben und einer Mehrheit von Erben überein. Deshalb wird zunächst darauf verzichtet, die immer zu bedenkende Fallgestaltung einer Erbenmehrheit sprachlich zu berücksichtigen.

[119] Wegen der fehlenden lebzeitigen Bindung des Erblassers an die Erbeinsetzung gilt dies selbst dann, wenn die Erbenstellung im Einzelfall einem Gläubiger beim Zustandekommen der Verbindlichkeit bekannt gewesen sein sollte.

[120] Allgemeine Meinung: Vgl. Brox, ErbR, Rz. 613 - 623; Schlüter, ErbR, § 49 II, S. 414 ff.; v. Lübtow Bd. II, S. 1092 ff.; RGRK-Johannsen, § 1981 Rz. 8. - Zum Sonderproblem des „Miterben als Nachlaßgläubiger" siehe Buchholz, JR 1990, 45.

[121] Dies ergibt sich aus der Abschnittsüberschrift vor den §§ 1975 ff. BGB: „III. Beschränkung der Haftung des Erben".

[122] Ulmer, Festschrift Schilling, S. 79 (89 ff.); ders, GroßKomm. HGB, § 139 Rz. 201;

25. 5. 1987[123] aus: „In Fällen, in denen der Gesellschaftsanteil durch Sondervererbung auf einen oder mehrere Erben übergeht, werden ... die nach § 717 S. 2 BGB selbständig abtretbaren Ansprüche auf Gewinn und das Auseinandersetzungs- (oder Abfindungs-)Guthaben *im Interesse der Nachlaßgläubiger* dem Nachlaß zugeordnet (...). *Sie sind dadurch dem Zugriff der Privatgläubiger des in die Gesellschafterstellung nachgefolgten Erben entzogen.*" Diese Thesen sind bisher nahezu ohne Widerspruch geblieben.[124] Ob sich darin ihre sachliche Richtigkeit niederschlägt, bedarf einer Überprüfung. In ihrer Pauschalität kritisch zu betrachten ist vor allem die Aussage, durch Zuordnung der vermögenswerten Ansprüche zum Nachlaß seien diese dem Zugriff der Privatgläubiger ohne weiteres entzogen.

1. Ist der Nachfolger in die Gesellschafterstellung *Alleinerbe*, so kommt es beim Erbfall zu einer Vermengung von Nachlaß- und Eigenvermögen.[125] Die vermögensrechtlichen Ansprüche stehen dem Zugriff der Eigengläubiger offen, solange nicht Nachlaßverwaltung beantragt oder Nachlaßkonkurs eröffnet wird. Insoweit besteht kein Unterschied zur herkömmlichen Auffassung. Abweichungen ergeben sich erst nach einer Vermögenssonderung durch Nachlaßverwaltung oder -konkurs. Diese erschöpfen sich aber darin, daß die herkömmliche Auffassung anders als die Abspaltungslehre begründen muß, warum dem Nachlaß(konkurs)verwalter bezüglich der aus der Beteiligung erwachsenden Verwaltungsrechte keine oder doch nur stark eingeschränkte Befugnisse zustehen, obwohl der Anteil doch ganz zum Nachlaß gehört.

2. Zuzugeben ist der Abspaltungslehre allerdings, daß sie in erster Linie auf den rechtstatsächlich häufigeren Fall[126] der *Erbenmehrheit* abzielt und dort im Vergleich mit der herkömmlichen Auffassung möglicherweise zu einer überlegenen Lösung führt, indem sie die Abspaltung der vermögensrechtlichen Ansprüche von der Mitgliedschaft und die Zuordnung der Vermögensrechte zum gesamthänderisch gebundenen Nachlaß bewirkt. Auf dieses Sondervermögen der Miterbengemeinschaft kann ein Privatgläubiger des einzelnen Erben gemäß § 747 ZPO unmittelbar nur zugreifen, wenn er zugleich einen titulierten Anspruch gegen alle anderen Erben innehat - eine recht entfernt liegende Möglichkeit. Somit

---

MünchKomm, § 727 Rz. 27 a; JuS 1986, 856 (859); BGHZ 91, 132 (136 f.); Koch, BB 1987, 2106 (2110).

[123] JZ 1987, 880 = NJW-RR 1987, 989.

[124] Anklänge von Kritik bei BGHZ 98, 48 (54 ff.); Marotzke, JR 1988, 184 (185 f.).

[125] Dies gilt nur dann nicht, wenn der Erblasser Testamentsvollstreckung angeordnet hat (h.M.: Vgl. MünchKomm-Brandner, § 2211 Rz. 7 m.w.N; für die a.A. Staudinger-Reimann, § 2214 Rz. 1).

[126] Siehe bereits oben D II, Fn. 34.

könnte sich die Abspaltungslehre bei der Rangwahrung „Nachlaßgläubiger vor Eigengläubigern" schließlich doch der herkömmlichen Auffassung als überlegen erweisen: Weil nach ihr der Anteil einheitlich vererbt wird, unterfallen die Vermögensrechte ebensowenig der Gesamthandsbindung wie die Mitgliedschaft als solche, so daß für die Privatgläubiger die Zugriffsschranke des § 747 ZPO entfällt. Deshalb die Überlegenheit der Abspaltungslehre zu behaupten, hieße jedoch die Möglichkeit des Privatgläubigers zur Pfändung des zum Privatvermögen seines Schuldners gehörenden[127] Miterbenanteils zu übersehen. Die Pfändung gemäß den §§ 859 Abs. 2, 857, 829 ff. ZPO, 2033 BGB verschafft dem Gläubiger zwar nicht die Stellung eines Miterben;[128] aufgrund seines Pfändungspfandrechts kann er jedoch die Auseinandersetzung der Miterbengemeinschaft betreiben[129] und anstelle seines Schuldners (des Miterben-Nachfolgers) die Zuweisung der aus der Gesellschaftsbeteiligung abzuleitenden vermögensrechtlichen Ansprüche verlangen.[130] Somit ist auch bei Zugrundelegung der Abspaltungslehre den Privatgläubigern des Erben-Nachfolgers der Zugriff auf den Vermögenswert der Mitgliedschaft selbst im Falle der Erbenmehrheit grundsätzlich eröffnet. Die Nachlaßgläubiger können diesen Zugriff zwingend nur vereiteln - und ihren eigenen Vorrang wiederherstellen -, indem sie die Nachlaßverwaltung beantragen: Durch die entsprechende Anordnung des Nachlaßgerichts verliert der Pfändungspfandgläubiger analog § 1984 Abs. 1 BGB für die Dauer der Nachlaßverwaltung die Befugnis, die Zuweisung der vermögenswerten Mitgliedschaftsrechte zu verlangen.[131]

3. Zusammenfassend ergibt sich, daß die Abspaltungslehre im Fall des Einzelerben den Vorrang der Nachlaßgläubiger vor den Eigengläubigern des Erben nicht besser zu sichern vermag als die herkömmliche Auffassung. Bei einer Erbenmehrheit besteht der Vorzug der Abspaltungslehre allein darin, daß sie den Privatgläubiger zunächst auf die Pfändung des Miterbenanteils seines Schuldners verweist, während nach herkömmlicher Auffassung unmittelbar auf die zur Beteiligung gehörenden vermögensrechtlichen Ansprüche zugegriffen werden kann. Sicher ausgeschlossen werden

---

[127] Börner, JuS 1968, 108; Hoepfner, Jura 1982, 169 (173); MünchKomm-Dütz, § 2033 Rz. 1.

[128] Ausdrücklich bekräftigend BayObLG, DB 1983, 708; Baumbach/Lauterbach-Hartmann, ZPO, § 859 Anm. 2 B.

[129] Entweder im FGG-Verfahren (§ 86 Abs. 2 FGG) oder durch Teilungsklage (§§ 2042, 749 ff. BGB); vgl. BGHZ 52, 99 (102 ff.); BayObLG, aaO. (wie vorige Fn.); Zöller-Stöber, ZPO, § 859 Rz. 19; Staudinger-Werner, § 2033 Rz. 36.

[130] Marotzke, JR 1988, 184 (186); allgemein zur Stellung des Pfändungspfandgläubigers bei der Erbauseinandersetzung MünchKomm-Dütz, § 2042 Rz. 32; Staudinger-Werner, § 2042 Rz. 37.

[131] Instruktiv zum Verhältnis von Nachlaßgläubigern und Eigengläubigern des Erben bei Nachlaßverwaltung Staudinger-Marotzke, § 2058 Rz. 5 - 8.

kann der unerwünschte Zugriff eines Privatgläubigers auf den Vermögenswert der Mitgliedschaft allerdings nach beiden Ansätzen nur durch amtliche Nachlaßabsonderung mittels Nachlaßverwaltung oder Nachlaßkonkurs.

Das von den Ulmer und den Anhängern seiner Lehre immer wieder mit Nachdruck vorgetragene Argument, die der Beteiligung immanenten vermögensrechtlichen Ansprüche seien im Interesse der Nachlaßgläubiger von der Mitgliedsehaft abzuspalten und – im Gegensatz zum Gesellschaftsanteil selbst – dem Nachlaß zuzuordnen, verliert somit bei genauer Analyse erheblich an Überzeugungskraft.

E. Einwendungen gegen die Abspaltungslehre

I. Fiktion eines Kündigungsrechts? – Die Realisierung des Anteilswerts durch die Nachlaßgläubiger

Unter den die Konzeption Ulmers ablehnenden Stimmen ist diejenige Flumes besonders klar und mit konstanten Engagement vernehmbar.[1] Sein Widerspruch richtet sich zunächst weniger gegen die verschiedentlich plakatierten Interessenbewertungen Ulmers – die Frage der Angemessenheit der Abspaltungslehre zur Lösung der Einzelfragen im Kräftefeld von Erb– und Gesellschaftsrecht wird vorerst zurückgestellt. Flumes Bedenken wurzeln im Grundsätzlichen: Er hält die Lehre Ulmers schon rechtskonstruktiv für fehlerhaft und daher für untauglich, die selbst gesteckten Ziele zu verwirklichen. Bestritten wird in erster Linie die Möglichkeit der Nachlaßgläubiger, auf den Anteilswert durch Kündigung der Gesellschaft Zugriff zu nehmen. Selbst wenn man die Abspaltung der vermögensrechtlichen Ansprüche im Erbgang bejahe und sie – im Gegensatz zur Mitgliedschaft – dem bei mehreren Erben gesamthänderisch gebundenen Nachlaß zuordne, würde dadurch für die Nachlaßgläubiger kein Kündigungsrecht begründet.[2]

Den Ansatzpunkt für diese Kritik bilden diejenigen Darlegungen Ulmers, mit denen er die Lehre von der fehlenden Nachlaßzugehörigkeit der Mitgliedschaft und der Abspaltung der vermögensrechtlichen Ansprüche erstmals begründete.[3] Bezüglich der Verwertungsmöglichkeit der Nachlaßgläubiger führte Ulmer aus: „Dem Sondervermögen Nachlaß ist ... der Auseinandersetzungsanspruch zu belassen und damit auch das in § 135 HGB eingeräumte Recht, durch Kündigung die Realisierung des Anteilswertes zu betreiben".[4] Auch bei der Erbenmehrheit sei geboten, „aus der Sondernachfolge ... den das Kündigungsrecht des § 135 HGB umfassenden, den Vermögenswert der Beteiligung repräsentierenden Anspruch auf das Auseinandersetzungsguthaben auszuklammern".[5]

---

[1] Vgl. die Beiträge Flumes in: Personengesellschaft, § 11 IV, S. 162 ff. und § 18 II, S. 381 f.; Festschrift Müller–Freienfels, S. 113 ff.; NJW 1988, 161 ff.; Festschrift 'Der Betrieb', S. 181 ff.

[2] Besonders prägnant: Flume, NJW 1988, 161 f.; ders., Festschrift 'Der Betrieb', S. 181 (188); abgeschwächt Esch, NJW 1984, 339 (341); Bommert, BB 1984, 178 (180 f.).

[3] Festschrift Schilling, S. 79 ff.

[4] Festschrift Schilling, S. 92.

[5] AaO. (Fn. 4), S. 94 f.; ähnlich auch in BB 1977, 805 (807).

1. Diese zunächst nur für die OHG formulierten, später auf die Gesellschaft bürgerlichen Rechts ausgedehnten[6] Thesen sind von Flume dahin interpretiert worden, daß dem Privatgläubiger des verstorbenen Gesellschafters schon aufgrund der ungeteilten Zuordnung der Vermögensrechte zum Nachlaß die Befugnis zur Aufkündigung der Gesellschaft zustehen und er – im Anschluß daran – zur Geltendmachung des auf den vererbten Anteil entfallenden Auseinandersetzungsanspruchs[7] berechtigt sein soll. Dieses Ergebnis wäre allerdings in zweierlei Hinsicht zu beanstanden:

a) Bei der dem (Gesamthands-)Nachlaß zugeordneten Auseinandersetzungsforderung handelt es sich um einen künftigen Anspruch, also um ein noch nicht bestehendes Recht.[8] Das Entstehen des Auseinandersetzungsanspruchs ist gerade von der vorherigen Kündigung der Gesellschaftsbeteiligung abhängig. Dann vermag aber unter keinem Gesichtspunkt einzuleuchten, wie die Zuordnung des nur zukünftig denkbaren Anspruchs als bereits gegenwärtige Rechtswirkung ein Kündigungsrecht für die Nachlaßgläubiger auslösen soll, dessen Ausübung dann dem zuvor nur künftigen Anspruch endgültig zur rechtlichen Existenz verhilft. Die Merkwürdigkeit einer solchen Konstruktion wird von Flume bildhaft dahin zusammengefaßt, der künftige Anspruch auf das Auseinandersetzungsguthaben könne sich nicht nach „Münchhausen-Manier" am eigenen Schopfe zu einem gegenwärtigen Anspruch erheben.[9]

b) Auch ist der Bestandsschutz zu berücksichtigen, den das Gesetz zu Lebzeiten des Gesellschafters gegen den Zugriff eines Privatgläubigers auf die Beteiligung gewährt: Dieser muß als Minimalvoraussetzung für die Kündigung der Gesellschaft einen rechtskräftigen Schuldtitel gegen den Gesellschafter erwirken.[10] Hielte man demgegenüber nach dem Tod des Gesellschafters den Privatgläubiger auch ohne Vollstreckungstitel zur Kündigung der Gesellschaft berechtigt, könnte der Erbe-Nachfolger um seine Beteiligung gebracht werden, obwohl eine – durch richterliches Urteil her-

[6] MünchKomm-Ulmer, 1. Aufl. 1980, § 727 Rz. 27.

[7] Der Begriff des *Auseinandersetzungsanspruchs* bezeichnet i.e.S. diejenige Forderung, welche sich für jeden Gesellschafter nach Liquidation der Gesellschaft ergibt (vgl. §§ 717, 733 Abs. 2 S. 1, 734 BGB; 155 HGB). Er erfaßt i.w.S. auch den Abfindungsanspruch des – bei Fortbestand der Gesellschaft im übrigen – ausscheidenden Gesellschafters (§§ 738 BGB, 105 II HGB). Die Begriffserstreckung findet ihre Rechtfertigung darin, daß das Gesetz das Ausscheiden als partielle Auseinandersetzung behandelt, vgl. nur den Wortlaut des § 738 BGB. Im folgenden wird der Begriff i.w.S. gebraucht.

[8] Unstreitig: Vgl. nur BGH, NJW 1982, 2773; Soergel-Hadding, § 738 Rz. 8; allgemein zur Natur der künftigen Forderung Hahnzog, Rechtsstellung des Zessionars künftiger Forderungen (Diss.), S. 4 ff.; Larenz, Schuldrecht I, § 34 III, S. 584 f.; Nörr/Scheyhing, Sukzessionen, § 9 II, S. 134 ff.

[9] Festschrift Müller-Freienfels, S. 113 (122).

[10] Vgl. § 725 BGB zur GbR; der Zugriff auf die Beteiligung an einer Handelsgesellschaft ist noch weiter eingeschränkt, vgl. § 135 HGB.

zustellende – Gewähr für Bestehen und Durchsetzbarkeit der den Anlaß der Kündigung bildenden Nachlaßverbindlichkeit nicht gegeben ist.[11] Somit ergäbe sich durch den Erbfall eine Besserstellung des Privatgläubigers, die sich jeder Begründung entzieht.

2. Die Auswertung *aller* einschlägigen Zitatstellen läßt jedoch fraglich erscheinen, ob Ulmers Darlegungen tatsächlich so zu verstehen sind, daß die Privatgläubiger des Gesellschafters nach dessen Tode unter erleichterten Bedingungen, d.h. allein aufgrund der Zugehörigkeit der vermögensrechtlichen Ansprüche zum Nachlaß, zur Kündigung der Gesellschaft und damit zum Zugriff auf die Beteiligung berechtigt sein sollen. So hebt Ulmer an anderer Stelle ausdrücklich hervor, daß die Privatgläubiger (nur) unter den in § 135 HGB zusätzlich genannten Voraussetzungen ein Recht auf Kündigung der Gesellschaft erlangen sollen.[12] Daraus ergibt sich, daß auch Ulmer die Privatgläubiger des Gesellschafters als Nachlaßgläubiger nach dem Erbfall nicht von den in § 135 HGB bzw. § 725 BGB aufgestellten Zugriffsschranken dispensieren will, insbesondere nicht vom Erfordernis eines rechtskräftigen Titels. Ob sich hierin eine Modifizierung seines anfänglichen Standpunkts niederschlägt, oder ob Ulmer von Anfang an in diesem Sinne verstanden sein wollte, mag dahinstehen. Zu untersuchen bleibt aber, ob die Abspaltungslehre mit dieser Maßgabe beim Zugriff der Nachlaßgläubiger auf den Anteil praktikabel ist.

a) Bei den *Handelsgesellschaften* OHG und KG bindet § 135 HGB[13] die Kündigung der Gesellschaft und die anschließende Verwertung der Mitgliedschaft des Schuldners zu dessen Lebzeiten an drei Voraussetzungen:[14]

– Der Gläubiger muß gegen den Gesellschafter einen nicht nur vorläufig vollstreckbaren Schuldtitel erwirkt haben.

– Der zukünftige Auseinandersetzungsanspruch des Gesellschafters muß zugunsten des Gläubigers gepfändet und ihm überwiesen worden sein.[15]

– Es muß innerhalb der letzten sechs Monate erfolglos die Zwangsvollstreckung in das bewegliche Vermögen des Gesellschafters versucht worden sein.[16]

Beim Tod des Schuldners/Gesellschafters können sich verschiedene Kon-

---

[11] Flume, Personengesellschaft, § 11 IV, S. 164.

[12] Großkomm. HGB, 3. Aufl., § 139 Rz. 200; aus neuerer Zeit JuS 1986, 856 (860).

[13] Die Vorschrift gilt über § 161 Abs. 2 HGB auch für die KG.

[14] Die in vom Gesetzeswortlaut abweichender Reihenfolge erfüllt werden können! Vgl. BGH, NJW 1982, 2773; OLG Düsseldorf, WM 1981, 1316 (Vorinstanz).

[15] Ausführlich zu Einzelfragen dieser Vollstreckung Ahrens, ZZP 103 (1990), 34 (51).

[16] Nicht notwendig von dem nunmehr pfändenden Gläubiger, vgl. Baumbach/Duden/Hopt, HGB, § 135 Anm. 2) A.; K. Schmidt, GesellschaftsR, § 52 III 8 b, S. 1130.

stellationen ergeben:

aa) Der Gläubiger hat die genannten Voraussetzungen noch zu Lebzeiten des Gesellschafters erfüllt und die Gesellschaft auch bereits durch Erklärung gegenüber allen Gesellschaftern[17] gekündigt. Dann müssen die Erben, die gemäß § 1967 BGB in die Pflichtenlage des Erblassers eintreten, diese Kündigung gegen sich gelten lassen. Eine vom Erblasser getroffene Nachfolgeregelung geht ins Leere, da entweder die Gesellschaft aufgelöst wird (gesetzlicher Regelfall) oder sein Anteil bei Fortsetzung der Gesellschaft unter den übrigen Mitgliedern[18] erlischt.

bb) Der Gläubiger hat zwar die drei der Kündigung vorgeschalteten Erfordernisse erbracht, die Gestaltungserklärung selbst jedoch noch nicht abgegeben. Auch insoweit treten rechtliche Komplikationen nicht auf. Die Erben setzen die gesamte pflichtbelastete Rechtsstellung des Erblassers fort und sind deshalb ebenso wie dieser der Gestaltungsbefugnis des kündigungsberechtigten Gläubigers unterworfen.[19] Dieser kann also ohne zusätzliche Erschwernisse kündigen, an Stelle des verstorbenen Gesellschafters tritt als Erklärungsadressat dessen Erbe–Nachfolger.

cc) Der Gläubiger hat zum Todeszeitpunkt des Gesellschafters bereits einen Titel gegen diesen erwirkt, aber noch nicht die Pfändung und Überweisung des Auseinandersetzungsguthabens. Da die Vollstreckung nur gegen den im Titel bezeichneten Schuldner stattfinden darf (§ 750 Abs. 1 ZPO), kann der Gläubiger nicht ohne weiteres den - bei Zugrundelegung der Abspaltungslehre - nunmehr der Erbengemeinschaft zur gesamten Hand zustehenden zukünftigen Auseinandersetzungsanspruch pfänden und sich überweisen lassen. Möglich ist jedoch die Umschreibung der Vollstreckungsklausel gegen die Miterben gemäß §§ 727 (evtl. i.V.m. 731), 747 ZPO.[20] Im Anschluß daran nimmt das Verfahren nach § 135 HGB seinen gewöhnlichen Verlauf.

dd) Der Gläubiger verfügt noch über keinen Titel gegen den verstorbenen Gesellschafter (1), möglicherweise hat zuvor nicht einmal der Versuch der Vollstreckung in das bewegliche Vermögen stattgefunden (2).

(1) Der als Grundlage eines Vollstreckungstitels in Betracht kommende Anspruch (z. B. aus § 433 Abs. 2 BGB) richtet sich nach dem Tod des Gesellschafter–Erblassers gegen alle seine Erben (§§ 433 Abs. 2, 1967

[17] Die Erklärung gegenüber der Gesellschaft ist nicht ausreichend, BGH LM § 142 Nr. 7.

[18] Zur Zulässigkeit dieser Gestaltung vgl. H. Westermann, PersonengesellschaftsR, Rz. 331; aus der Praxis BGH, NJW 1982, 2773.

[19] Vgl. dazu Bötticher, Festschrift Dölle Bd. I, S. 45 ff.; Larenz, Allgemeiner Teil, § 13 II 7, S. 220.

[20] Baumbach/Lauterbach/Albers/Hartmann, ZPO, § 727 Anm. 1) F.; Zöller–Stöber, ZPO, § 727 Rz. 13.

BGB). Daß sich der zukünftige Auseinandersetzungsanspruch gegen die Gesellschaft[21] im Gesamthandsnachlaß befindet – auf Grundlage der Abspaltungslehre –, hat zweierlei Konsequenzen: Der Nachlaß ist trotz der Gesellschaftersondererbfolge jedenfalls ungeteilt, so daß die Miterben ihr Haftungsbeschränkungsrecht nach § 2059 Abs. 1 BGB ausüben können[22]; der Gläubiger kann jedoch gemäß § 2059 Abs. 2 BGB sämtliche Erben zur Leistung aus dem Nachlaß verklagen (Gesamthandsklage). Nach Rechtskraft eines obsiegenden Urteils steht ihm die Pfändung und Überweisung des zukünftigen Auseinandersetzungsanspruchs offen – §§ 747, 829 ff. ZPO. Damit ist das in § 135 HGB vorgesehene Kündigungsrecht begründet.

(2) Steht der Gläubiger noch völlig am Anfang, hat er also noch keinen erfolglosen Vollstreckungsversuch in das bewegliche Vermögen des Gesellschafters unternommen, so fragt sich, ob diese Voraussetzung überhaupt noch nachholbar ist: Die Rechtspersönlichkeit des Erblasser-Gesellschafters ist erloschen, ein Zugriff auf das bewegliche Vermögen des Erben-Nachfolgers ist wegen § 2059 Abs. 1 BGB kaum durchzusetzen. Den Weg weist eine funktionale Betrachtung des § 135 HGB: Das Vermögen des Erblasser-Gesellschafters ist gänzlich im Nachlaß aufgegangen. Der im Interesse des Bestandsschutzes der Handelsgesellschaft angeordneten nur subsidiären Haftung der Mitgliedschaft (bzw. ihrer vermögensrechtlichen Bezüge) kann auch jetzt noch Rechnung getragen werden, indem der Gläubiger primär auf dasjenige bewegliche Vermögen (= bewegliche Sachen, Forderungen und Rechte)[23] verwiesen wird, das sich außer dem Auseinandersetzungsanspruch im Nachlaß befindet.[24]

Somit stellen sich dem Zugriff eines Nachlaßgläubigers auf die zur vererbten Mitgliedschaft gehörenden vermögensrechtlichen Ansprüche auch bei Zugrundelegung der Abspaltungslehre in keiner der möglichen Fallgestaltungen rechtskonstruktive Hindernisse entgegen. Soweit es die Handelsgesellschaften angeht, erweisen sich die Bedenken Flumes gegenüber der Lehre Ulmers als unbegründet.

b) Bei der *Gesellschaft bürgerlichen Rechts* weicht der Zugriff nach § 725 Abs. 1 BGB auf die Beteiligung eines Gesellschafters zu dessen Lebzeiten in zweierlei Hinsicht vom Vorgehen nach § 135 HGB ab:

– Unterschiedlicher Pfändungsgegenstand: Während § 135 HGB für das Kündigungsrecht die Pfändung des Auseinandersetzungsanspruchs gem. §§ 829 ff. ZPO als Voraussetzung nennt, ist nach § 725 Abs. 1 BGB die

---

[21] Vgl. Ensthaler, Liquidation von Personengesellschaften, S. 50 ff.

[22] Zum Zusammenspiel von Abspaltungslehre und § 2059 Abs. 1 BGB vergleiche bereits oben D II 2.

[23] Vgl. die Überschrift des ersten Titels im zweiten Abschnitt der ZPO (vor §§ 803 ff.).

[24] Vgl. insoweit bereits oben D II 3 und Kieserling, Diss., S. 116 f.

Pfändung des gesamten Gesellschaftsanteils gem. §§ 859 Abs. 1, 857, 829 ff. ZPO erforderlich.

– Die weiteren Anforderungen für die Kündigung der Gesellschaft sind in § 725 BGB gegenüber § 135 HGB wesentlich herabgesetzt: Anders als dort ist ein vorheriger erfolgloser Vollstreckungsversuch in das bewegliche Gesellschaftervermögen entbehrlich, eine Kündigungsfrist nicht zu beachten.

Im Fall des Todes eines Gesellschafters und der Zugrundelegung der Abspaltungslehre bedürfen die Kündigungserleichterungen keiner erhöhten Aufmerksamkeit, da sie sich für den an der Verwertung der Beteiligung interessierten Nachlaßgläubiger ausschließlich günstig auswirken. Schwierigkeiten bereitet dagegen der im Vergleich zu § 135 HGB unterschiedlich bezeichnete Pfändungsgegenstand. Die in § 725 BGB vorausgesetzte Anteilspfändung erweist sich als problematisch, weil nach der Abspaltungslehre nur die gem. § 717 BGB generell übertragbaren vermögensrechtlichen Ansprüche in den (Gesamthands-)Nachlaß fallen, der Anteil selbst aber dem oder den Erben-Nachfolger(n) ohne jeden Nachlaßbezug persönlich zustehen soll und daher jedem Zugriff des Nachlaßgläubigers entzogen ist. Diese Inkompatibilität[25] hat Flume veranlaßt, seine Kritik an der rechtlichen Konstruktion der Abspaltungslehre zu erneuern und zugleich zu unterstreichen.[26] Sie hat Ulmer dazu bewogen, seine Lehre bezüglich der GbR zu modifizieren: Während er zunächst davon ausging, der Nachlaßgläubiger könne unmittelbar über § 725 BGB auf die im (Gesamthands-)Nachlaß befindlichen vermögensrechtlichen Ansprüche zugreifen,[27] hält er nunmehr eine Analogiebildung für geboten.[28]

Zu Unrecht unberücksichtigt bleibt in diesem Zusammenhang allerdings die – auch unabhängig vom Streit um die Abspaltungslehre zu stellende – Frage, ob die in § 135 HGB und § 725 BGB abweichende Terminologie eine unterschiedliche Behandlung in der Sache rechtfertigt, der bei der GbR anders bezeichnete Pfändungsgegenstand also den Zugriff auf die vermögensrechtlichen Ansprüche überhaupt zu vereiteln vermag.

aa) Entstehungsgeschichtlich ist anzumerken, daß noch im Entwurf II eines BGB die Vorläufernorm des späteren § 725 BGB (= E II § 650 a) als Kündigungsvoraussetzung die Pfändung „desjenigen ..., was dem Gesellschafter bei der Auseinandersetzung zukommt ...“ nannte[29]

25 Anders aber offenbar Konzen, ZHR 145 (1981), 29, (44 f.).

26 NJW 1988, 161 f.

27 MünchKomm, 1. Aufl. 1980, § 727 Rz. 27.

28 MünchKomm, 2. Aufl. 1986, § 727 Rz. 27 a mit Fn. 37 (ausführliche Begründung der Analogie).

29 Vgl. Protokolle Bd. II, S. 438.

und insoweit mit Art. 126 ADHGB, der nahezu unverändert als § 135 HGB übernommen wurde, übereinstimmte. Erst die Redaktionskommission änderte die Vorschrift dahingehend, daß nunmehr der Gesellschaftsanteil der Pfändung unterworfen sein sollte. Den Ausschlag für diese Änderung gab allein das Bestreben, eine rechtliche Gleichbehandlung der GbR mit den anderen Gesamthandsgemeinschaften des BGB (Erbengemeinschaft und Gütergemeinschaft) zu erzielen, die eine Anteilspfändung bereits zuließen. Eine sachliche Änderung dagegen war nicht beabsichtigt.[30] Demgetreu führte das RG in einer Entscheidung aus dem Jahre 1908 hinsichtlich zweier nebeneinander an einem GbR–Anteil und an der zukünftigen Auseinandersetzungsforderung bestehenden Pfandrechte aus, beide träfen sachlich das „nämliche" (= dasselbe) Recht, weshalb es auf die Priorität ankomme.[31] Auch in neuerer Zeit wird vertreten, daß die Terminologie „Anteilspfändung" in § 725 ZPO eine „falsa demonstratio" sei, hinter der sich nichts anderes als die globale Pfändung der vermögensrechtlichen Ansprüche aus der GbR–Beteiligung verberge.[32]

bb) Allerdings treten bei der Gesetzesauslegung die subjektiven Vorstellungen des historischen Gesetzgebers mit zunehmender Geltungsdauer der Norm hinter andere, objektiv–teleologische Kriterien zurück.[33] Infolgedessen ist nunmehr als unterschiedlicher Bedeutungsgehalt von Anteilspfändung und Pfändung des Auseinandersetzungsanspruchs ganz überwiegend etabliert, daß nur die Erstgenannte den betroffenen Gesellschafter in der Verfügung über die Mitgliedschaft beschränkt, ihn insbesondere an einer späteren Abtretung hindert, während diese Wirkung dem aus der Pfändung des Auseinandersetzungsanspruchs resultierenden inhibitorium nicht zukommt. Dieser Unterschied ist erheblich, da nach Abtretung der Mitgliedschaft der nur zukünftige Auseinandersetzungsanspruch in der Person des Vollstreckungsschuldners nicht mehr zur Entstehung gelangt und die Pfändung damit leerläuft.[34]

---

[30] Vgl. Mugdan Bd. II, S. 996: „Die Aenderung soll dem Gläubiger ... keine weiteren Rechte geben, als er nach der bisherigen Fassung ... hat". Ausführlich zur Gesetzesgenese auch Paschke, Zwangsvollstreckung in den Anteil eines Gesellschafters (Diss.), S. 56 ff. – Das Bestreben nach Harmonisierung der BGB–Vorschriften führte somit dazu, daß Sachzusammenhänge zwischen den Kodifikationen HGB und BGB zerrissen wurden. Dies ist letztlich wiederum auf die in der Endphase parallele Gesetzesberatung (durch zwei unterschiedliche Kommissionen!) zurückzuführen, die eine zuverlässige Feinabstimmung vereitelte. Vgl. dazu schon die Bemerkungen oben 1. Teil, A.

[31] RGZ 67, 331 (333).

[32] K.Schmidt, JR 1977, 177 ff.; abgeschwächt in GesellschaftsR, § 45 IV 2, S. 976 f.; zustimmend Thomas/Putzo, ZPO, § 859 Anm. 1.

[33] Völlig h.M.: Vgl. nur BVerfGE 1, 299 (312); 11, 126 (130 ff.) – st. Rspr.; BGHZ 46, 74 (80 ff.); MünchKomm–Säcker, Einl. zum BGB Rz. 118 ff.; aus den Methodenlehren: Larenz, S. 330; Pawlowski, Rz. 117 f. und 370; Zippelius, § 4 II/III, S. 18 ff.

[34] BGHZ 97, 392 (394), im Anschluß an BGHZ 88, 205 (206 ff.).

Andererseits darf aber auch das fortschreitende Bemühen von Rechtsprechung und Rechtslehre nicht verkannt werden, die bei der Gesetzesfassung ungewollt entstandenen Divergenzen zwischen § 725 BGB und § 135 HGB systematisch abzubauen: So erachtet die Rechtspraxis mittlerweile eine Pfändung der Anteile von Handelsgesellschaften entsprechend § 859 Abs. 1 ZPO als zulässig,[35] obwohl § 105 Abs. 2 HGB nicht pauschal alle für die GbR geltenden Vorschriften für anwendbar erklärt, sondern ausschließlich auf die einschlägigen Vorschriften des BGB verweist.[36] Dabei soll die Anteilspfändung die Pfändung des zukünftigen Auseinandersetzungsanspruchs i.S.v. § 135 HGB beinhalten;[37] deshalb läßt der BGH mitunter sogar offen, ob es sich bei dem von der Anteilspfändung betroffenen Personenzusammenschluß um eine Handelsgesellschaft oder eine GbR handelt.[38] Läßt sich insoweit von einer Assimilierung des § 135 HGB an § 725 BGB sprechen, ist aber auch eine Näherungsbewegung in entgegengesetzter Richtung zu vermerken. Z.B. wird die in § 135 HGB ausdrücklich enthaltene Einschränkung des Kreises der Pfändungsberechtigten auf Privatgläubiger des Gesellschafters ohne jegliche Problematisierung in den diesbezüglich weniger eindeutigen § 725 BGB hineingelesen.[39] Noch weit darüber hinaus geht es, wenn der BGH in einer neueren Entscheidung[40] konträr zur bis dahin herrschenden Ansicht[41] bei der Pfändung eines GbR–Anteils als Zustellungsadressaten des Pfändungsbeschlusses nicht alle Gesellschafter, sondern die Gesamthand, vertreten durch ihre(n) Geschäftsführer ansieht. Aus der Argumentation des BGH,[42] es bestehe „kein triftiger Grund, weshalb die Pfändung bei der GbR andere Zustellungsempfänger erfordern sollte, als bei den Personenhandelsgesellschaften, ...“ spricht weniger eine Hinwendung zur Lehre von der Teilrechtsfähigkeit der GbR,[43] als das Bemühen, weitere Elemente des § 135 HGB in die Anwendung des § 725 BGB zu integrieren. Dies wird in der Auseinandersetzung des Senats mit Gegenstimmen überaus deutlich: „Ulmer sieht den Grund in dem andersartigen Pfändungsgegenstand des § 135

---

[35] BGH, WM 1972, 81; NJW 1982, 2773; Baumbach/Duden/Hopt, HGB, § 124 Anm. 2) C.; Zöller–Stöber, ZPO, § 859 Rz. 6; zust. Paschke, Diss., S. 113 ff.; Smid, JuS 1988, 613 (618).

[36] Ablehnend zur Anteilspfändung bei OHG/KG deshalb Furtner, MDR 1965, 613 (616); Rupp/Fleischmann, Rpfleger 1984, 223 (224).

[37] Stöber, Forderungspfändung, Rz. 1583; Mümmler, JurBüro 1982, 1607 (1611); dort jeweils auch Muster eines Pfändungs– und Überweisungsbeschlusses.

[38] BGH, WM 1972, 81.

[39] Vgl. nur RGRK–v. Gamm, § 725 Rz. 4; MünchKomm–Ulmer, § 725 Rz. 1; Palandt–Thomas, § 725 Anm. 1).

[40] Urt. des II. ZS v. 21. 4. 1986, BGHZ 97, 392.

[41] Statt vieler MünchKomm–Ulmer, § 725 Rz. 10; Soergel–Hadding, § 725 Rz. 2.

[42] BGHZ 97, 392 (396); zweifelnd Stöber, Forderungspfändung, Rz. 1557.

[43] In diesem Sinne aber U. Koch, NJW 1987, 2483 (2484 f.).

HGB, der von der Pfändung des Anspruchs auf das Auseinandersetzungsguthaben spricht. Entscheidend ist dagegen, daß erst die Pfändung dieses Anspruchs dem Gläubiger das Kündigungsrecht gibt und ihm dadurch – wie im Falle der Anteilspfändung nach § 725 BGB – den Eingriff in das Gesellschaftsgefüge ermöglicht. Aus diesem Grunde ist die Gleichbehandlung beider Gesellschaftsformen geboten.“[44]

Ergibt die Analyse des Verhältnisses von § 135 HGB und § 725 BGB folglich den Befund einer wechselseitigen Angleichung, so muß diesem Befund auch beim Kündigungsrechts des Privatgläubigers eines BGB–Gesellschafters Rechnung getragen werden. Das macht erforderlich, auch bei der GbR – entsprechend der Vorgehensweise nach § 135 HGB – bereits die Pfändung des zukünftigen Auseinandersetzungsanspruchs als hinreichende Voraussetzung für das Recht zur Aufkündigung der Gesellschaft anzuerkennen.[45]

cc) Dieses aufgrund gesamtsystematischer Überlegungen gewonnene Ergebnis vermag sodann bei Anwendung auf ein Einzelproblem der einleitend geschilderten[46] Inkompatibilität zwischen § 725 BGB und Abspaltungslehre abzuhelfen: Bringt zum einen bereits die Pfändung des zukünftigen Auseinandersetzungsanspruchs das Kündigungsrecht des Privatgläubigers zur Entstehung und ist zum anderen gerade dieser Anspruch dem Nachlaß zugeordnet, so stehen dem Vollstreckungszugriff des Nachlaß(privat)gläubigers rechtskonstruktive Hindernisse nicht mehr im Wege. Die Rechtslage stimmt danach für OHG und GbR überein. Bleiben somit Vollstreckung in die vermögensrechtlichen Ansprüche und Kündigung der Mitgliedschaft durch die Privatgläubiger des Erblassers in beiden Fällen möglich, ist Flumes Vorwurf von der „Fiktion eines Kündigungsrechts“ im gesamten Umfang unberechtigt. Die rechtliche Konstruktion der Abspaltungslehre hat sich demgegenüber als schlüssig erwiesen. Eine Aussage über ihren praktischen Wert und ihre Zweckmäßigkeit ist damit allerdings noch nicht getroffen.

---

[44] BGHZ 97, 392 (396 f.).

[45] So bereits jetzt – allerdings ohne eingehende Begründung – Stöber, Forderungspfändung, Rz. 1576; Stein-Jonas-Münzberg, ZPO, § 859 Rz. 9; A. Blomeyer, ZivilprozeßR – Vollstreckungsverfahren, § 65 II 1, S. 299; Marotzke, ZIP 1988, 1509 (1512 Fn. 39); von seinem anders gearteten Ansatz her schlüssig K. Schmidt, GesellschaftsR, § 45 IV 3 c, S. 978. – A.A. die wohl noch h.M.: Smid, JuS 1988, 613 (615); H. Westermann, PersonengesellschaftsR, Rz. 333; MünchKomm-Ulmer, § 725 Rz. 4, 11; RGRK-v. Gamm, § 725 Rz. 2; Staudinger-Keßler, § 725 Rz. 6; der BGH hat hierzu bisher noch keine Aussage getroffen.

[46] Soeben unter b).

II. Kritik an der Gleichsetzung von Vermögenswert des Anteils und Anspruch auf das Auseinandersetzungsguthaben

Die Sondererbfolge in den Personengesellschaftsanteil folgt zwingenden gesellschaftsrechtlichen Erfordernissen und soll die erbrechtliche Vermögensordnung unberührt lassen. Deshalb muß der Wert des Personengesellschaftsanteils Nachlaßgläubigern und weichenden, d.h. nicht zur Nachfolge berufenen Erben zur Befriedigung ihrer rechtlich begründeten Ansprüche zur Verfügung stehen. Dieser unbestrittenen Vorgabe vermag nach Ulmer allein die Zuordnung des Anspruchs auf das Auseinandersetzungsguthaben zum (Gesamthands-)Nachlaß zu entsprechen: Der Auseinandersetzungsanspruch „verkörpere" den Vermögenswert der Beteiligung;[47] er sei der Beteiligung „vermögensrechtliches Äquivalent".[48] Die uneingeschränkte Gleichsetzung von Vermögenswert der Personengesellschaftsbeteiligung und des auf den Anteil entfallenden Auseinandersetzungsanspruchs unterliegt jedoch mehrfachen Bedenken.

1. Neuere Äußerungen Ulmers

Sie steht zunächst im Widerspruch zu neueren Äußerungen Ulmers, mit denen er sein System des Personengesellschaftsrechts fortentwickelte. Danach ist neben den in § 717 S. 2 BGB genannten abtretbaren Ansprüchen noch ein allen Einzelansprüchen zugrundeliegendes, sogenanntes „Vermögensstammrecht" anzuerkennen.[49] Dieses Recht sei Inbegriff aller mit der Mitgliedschaft verbundenen vermögensrechtlichen Ansprüche.[50] Beinhalte somit der Gesellschaftsanteil über die Summe der einzelnen vermögensrechtlichen Ansprüche hinaus noch eine alle Vermögensrechte umfassende Rechtsposition des Gesellschafters, so verkörpere diese den *Vermögenswert der Beteiligung.*[51]

Die ursprüngliche Kennzeichnung des Anspruchs auf das Auseinandersetzungsguthaben (§ 717 S. 2 BGB) als „vermögensrechtliches Äquivalent" der Beteiligung ist danach nicht mehr aufrechtzuerhalten. Diese Erkenntnis hat Ulmer zu einer Änderung seiner Diktion bewogen: Der Anspruch

---

[47] Ulmer, Festschrift Schilling, S. 79 (95); BB 1977, 805 (807); NJW 1984, 1496 (1500 f.

[48] Ulmer, Festschrift Schilling, S. 79 (100).

[49] MünchKomm-Ulmer, § 719 Rz. 5.

[50] MünchKomm-Ulmer, § 717 Rz. 30.

[51] MünchKomm-Ulmer, § 717 Rz. 15; vgl. ferner § 717 Rz. 29 a, 36; § 719 Rz. 5. – Die Begriffe „Vermögenswert der Beteiligung" und „Vermögensstammrecht" werden von Ulmer synonym verwendet.

auf das Auseinandersetzungsguthaben wird von ihm in neuerer Zeit abschwächend nur noch als „wichtigstes Vermögensrecht“[52] oder als „wesentlicher Vermögenswert“[53] der Beteiligung benannt. Diese rein verbalen Korrekturen können jedoch das Entstehen eines Widerspruchs zwischen altem und neuem Ansatz nicht verhindern. Eine Auflösung dieses Widerspruchs könnte auf den ersten Blick zwar dadurch gelingen, daß statt des Auseinandersetzungsanspruchs das nunmehr den Vermögenswert der Beteiligung verkörpernde Vermögensstammrecht dem Nachlaß zugeordnet wird. Dieser Weg bleibt letztlich jedoch versperrt – und wird von Ulmer auch nicht beschritten: Da das Vermögensstammrecht (nach Ulmer) seinem Inhaber bei allen Gesellschafterbeschlüssen mit vermögensrechtlichen Auswirkungen Mitspracherechte gewährt,[54] wäre die Trennung des Stammrechts von der Mitgliedschaft – wie eine Übertragung des ganzen Anteils – nur mit Zustimmung aller Mitgesellschafter zulässig.[55] Eine im Erbgang automatisch eintretende Abspaltung des Vermögensstammrechts von der Mitgliedschaft muß deshalb von vornherein außer Betracht bleiben. Verfehlt wäre es insbesondere, das Vererblichstellen des Anteils im Gesellschaftsvertrag oder durch Gesellschafterbeschluß zugleich als Zustimmung zur Trennung von Mitgliedschaft und Vermögenswert zu werten.

Der Widerspruch zwischen früheren und neueren Ausführungen Ulmers stört besonders deshalb, weil die Existenz eines den Vermögenswert der Beteiligung verkörpernden Vermögensstammrechts zweifelhaft ist. Die Rechtsfigur des Vermögensstammrechts ist keine vollständige Neuschöpfung, sondern eine Verbindung zweier schon zuvor bekannter rechtlicher Ansätze. Kombiniert und fortentwickelt werden – von Ulmer deutlich gekennzeichnet[56] – die auf W. Siebert zurückgehende Konstruktion eines „Gewinnstammrechts“[57] und das von U. Huber geprägte Begriffsverständnis, nach dem der Anteil am Gesellschaftsvermögen i.S.v. § 719 BGB ein subjektives Recht – ein Wertrecht[58] – jedes Gesellschafters darstellt. Beide Anknüpfungen sind Einwänden ausgesetzt.

a) Der Begriff des *Gewinnstammrechts* ist im Hinblick auf die Bestellung eines Nießbrauchs am Gewinn eines Personengesellschafters geprägt

---

[52] Ulmer, JuS 1986, 856 (859).

[53] Ulmer, Festschrift Ruperta Carolina, S. 388 (409); in diesem Sinne auch Hüffer, ZHR 151 (1987), 398 (402), der vom Auseinandersetzungsguthaben als dem „Kern des Vermögenswerts“ spricht.

[54] Hauptsächlich darin ist der Grund für die Konstruktion eines solchen Vermögensstammrechts zu sehen; zur Verdeutlichung vgl. MünchKomm–Ulmer, § 717 Rz. 33.

[55] MünchKomm–Ulmer, § 717 Rz. 15.

[56] Vgl. MünchKomm–Ulmer, § 717 Rz. 15 i.V.m. § 705 Rz. 83; § 719 Rz. 5.

[57] Siebert, BB 1956, 1126; später auch Sudhoff, NJW 1971, 481 (483); Staudinger–Keßler, § 725 Rz. 26.

[58] Vgl. dazu Huber, Vermögensanteil, S. 143 ff., 150, 164 und öfter.

worden. Dabei lautet die Grundannahme, daß eine Nießbrauchsbestellung an den einzelnen Gewinnansprüchen wirtschaftlich wenig Erfolg verspricht: Insoweit ist der Nießbraucher grundsätzlich nur zum Bezug der Zinserträge (= Nutzungen der Gewinne) berechtigt, während er die Gewinne selbst an den Gesellschafter - den Nießbrauchsbesteller - auszahlen muß (vgl. §§ 1030 Abs. 1, 1067 Abs. 1, 1068, 1075 Abs. 1 BGB).[59] Zudem bezieht sich der Nießbrauch am Gewinnanspruch nur auf die nach Maßgabe von Gesetz, Gesellschaftsvertrag und Bilanzfeststellungsbeschluß tatsächlich entstandenen und ausgeschütteten Gewinne; die den (offenen) Rücklagen oder den stillen Reserven zugeführten Erträge werden dagegen nicht erfaßt. Auf die somit besonders wichtige Entscheidung über die Gewinnverwendung hat der am Gewinnanspruch Nießbrauchsberechtigte aber keinerlei Einfluß.[60] Demgegenüber soll die Bestellung eines Nießbrauchs am Gewinnstammrecht geeignet sein, sowohl dem Nießbraucher die Gewinne selbst zur freien Verfügung zuzuweisen als auch ihn vor nachteiligen Abreden über die Gewinnverteilung zu schützen.[61]

Die Zweckschöpfung[62] des Gewinnstammrechts ist jedoch weder konstruktiv zu halten noch besteht für sie ein wirkliches Bedürfnis: Der rechtlichen Konstruktion ist zu entgegnen, daß die Befugnis des Gesellschafters, die Beteiligung an den Gewinnen der Gesellschaft zu verlangen, sich bereits unmittelbar aus seiner Mitgliedschaft im Personenverband ergibt. Es gilt der Satz Flumes: „Das Gewinnbeteiligungsrecht ist integrierender Bestandteil der Mitgliedschaft".[63] Die Anerkennung eines davon abstrahierten, selbständig übertragbaren und belastbaren Rechts zur Gewinnteilhabe würde eine Durchbrechung des mittlerweile gewachsenen Systems der Mitgliedschaftsrechte bedeuten.[64] Der mit dem Gewinnstammrecht angestrebte wirtschaftliche Erfolg, dem Nießbraucher nicht nur die Zinserträge der Gewinne, sondern diese selbst zuzuwenden, läßt sich auch erreichen, indem bei einer Nießbrauchsbestellung an den einzelnen Gewinnansprüchen

---

[59] Zur Erläuterung s. ferner Siebert, BB 1956, 1126; Ensthaler, Liquidation, S. 82; Palandt-Bassenge, § 1068 Anm. 3 b aa.

[60] BGHZ 58, 316 (320 f.); BGH, BB 1975, 295; WM 1985, 1343 f.; Ensthaler, Liquidation, S. 81 f.; Ulmer, Festschrift Fleck, S. 383 (398); MünchKomm-Petzold, § 1068 Rz. 25 f.

[61] Vgl. erneut Siebert, BB 1956, 1126 f.; Sudhoff, NJW 1971, 481 (484).

[62] So ausdrücklich Staudinger-Promberger, Anh. zu §§ 1068, 1069 Rz. 70; Ulmer, Festschrift Fleck, S. 383 (399); vernichtend Schlegelberger-K. Schmidt, HGB, Vor § 335 Rz. 9 („rechtskonstruktive Notlüge") und Heymann-Emmerich, HGB, § 105 Rz. 65 („völlig überflüssige Konstruktion").

[63] Personengesellschaft, § 11 III, S. 160 u. § 17 VI, S. 360 f.; ebenso Huber, Vermögensanteil, S. 414 f.; Rohlff, NJW 1971, 1337 (1341); Ensthaler, Liquidation, S. 84 f.; Staudinger-Promberger, Anh. zu §§ 1068, 1069 Rz. 70.

[64] Vgl. nur K. Schmidt, GesellschaftsR, § 19 III 3, S. 411: „System der Mitgliedschaftspflichten und Mitgliedschaftsrechte".

die Geltung von § 1067 BGB, der den Nießbraucher zur Herausgabe der Gewinne oder zum Wertersatz verpflichtet, abbedungen wird.[65] Zudem ist nach neuerer, stark im Vordringen befindlicher Meinung die Möglichkeit einer Nießbrauchsbestellung am Gesellschaftsanteil selbst (= echter Anteilsnießbrauch[66]) anzuerkennen.[67] Dieser ist i.d.R. darauf gerichtet, dem Nießbraucher die gesamten auf den Anteil entfallenden entnahmefähigen Erträge zu verschaffen.[68] Insoweit ist der Nießbraucher umfassend gegen eine Benachteiligung bei Beschlüssen über die Feststellung und Verwendung der erzielten Gewinne geschützt. Folglich verdient die Figur des Gewinnstammrechts schon für ihren ursprünglichen Anwendungsbereich keine Anerkennung.[69] Ihre Übertragung in andere Bereiche, namentlich die Nutzbarmachung zur Entwicklung eines den Vermögenswert der Personengesellschaftsbeteiligung verkörpernden Vermögensstammrechts, erscheint erst recht nicht empfehlenswert.

b) Soweit Ulmer seine Konstruktion des Vermögensstammrechts als Vermögenswert der Beteiligung auf den von Huber geprägten Terminus des *Wertrechts* stützt, liegt möglicherweise eine Überdehnung dieses Ansatzes vor. Dessen Besonderheit besteht vor allem in einem neuartigen Verständnis des Begriffs „Anteil am Gesellschaftsvermögen" i.S.v. § 719 BGB. Dieser Begriff bringt nach herrschender Auffassung die Teilhabe des Gesellschafters am aktiven Gesellschaftsvermögen zum Ausdruck; „Anteil am Gesellschaftsvermögen" ist danach Synonym für die Mitberechtigung an den der Gesamthand zugeordneten Sachen und Rechten.[70] Diese Mit-

---

[65] MünchKomm-Petzold, 1068 Rz. 24; Hadding in ders./U.H. Schneider, Gesellschaftsanteile als Kreditsicherheit, S. 73; Soergel-Hadding, § 717 Rz. 19; Ensthaler, Liquidation, S. 84; a.A. aber Staudinger-Promberger, Anh. zu §§ 1068, 1069 Rz. 68 i.V.m. § 1067 Rz. 15; MünchKomm-Ulmer, § 705 Rz. 82. – Auf Einzelheiten dieser Diskussion kann nicht eingegangen werden.

[66] An Stelle der von der früher h.L. (vgl. GroßkommHGB-Fischer (3. Aufl.), § 109 Rz. 20; Staudinger-Keßler, § 717 Rz. 27) allein für möglich gehaltenen treuhänderischen Vollrechtsübertragung zu Nießbrauchszwecken!

[67] So zuerst Wiedemann, Übertragung und Vererbung, S. 398 ff.; ihm folgend Huber, Vermögensanteil, S. 415 f.; H. Westermann, PersonengesellschaftsR, Rz. 335; Flume, Personengesellschaft, § 17 VI, S. 360 ff.; Hadding, Gesellschaftsanteile als Kreditsicherheit, S. 66 ff.; MünchKomm-Ulmer, § 705 Rz. 84 f. – Obiter wohl auch BGHZ 58, 316 (318 f.).

[68] K. Schmidt, GesellschaftsR, § 61 III 3, S. 1374 f.; Staudinger-Promberger, Anh. zu §§ 1068, 1069 Rz. 56, 61, 73. – Zur Frage, inwieweit dem Anteilsnießbraucher über die Fruchtziehungsrechte hinaus auch Verwaltungsrechte zustehen, vgl. umfassend Ulmer, Festschrift Fleck, S. 383 (393 ff.).

[69] Die Zahl derer, die die Figur des Gewinnstammrechts befürworten, nimmt ständig ab: Aufgabe der früher bejahenden Ansicht z.B. bei Soergel-Baur, 11. Aufl., § 1068 Anm. 7; Ulmer, Festschrift Fleck, S. 383 (399); abl. ferner Soergel-Stürner, 12. Aufl., § 1068 Rz. 7 b. – Der BGH, BB 1975, 295 (296 r. Sp.), hat die Frage, ob es ein von der Mitgliedschaft zu trennendes Gewinnstammrecht gibt, ausdrücklich dahinstehen lassen.

[70] G. Hueck, GesellschaftsR, § 3 II, S. 20; K. Schmidt, GesellschaftsR, § 47 III 1, S.

berechtigung verkörpert zwar eine wirtschaftliche Beteiligung am Gesellschaftsvermögen. Entgegen der insoweit mißverständlichen Bezeichnung „Anteil“ läßt sie sich jedoch nicht als wertmäßige Quote am Gesellschaftsvermögen erfassen, um so weniger als subjektives Recht des Gesellschafters gegen die Gesamthand (z.B. auf Beteiligung am Gewinn und bei der Auseinandersetzung).[71] Aufschluß über den wirtschaftlichen Wert der Beteiligung gibt vielmehr allein der Kapitalanteil als Rechnungsziffer.[72] Wesentlich anders ist demgegenüber die Sichtweise Hubers: Danach bezieht sich „Gesellschaftsvermögen“ in § 719 Abs. 1 BGB auf das konkrete Reinvermögen, also auf die die Passiva übersteigenden aktiven Vermögenswerte der Gesellschaft. Insoweit sei eine teilbare Größe gegeben, die es ermögliche, jedem Gesellschafter einen quotalen Anteil (= Wertanteil) zuzuordnen.[73] Element des Wertanteils jedes Gesellschafters ist dessen Gewinnbeteiligung.[74] Der Wertanteil wird schließlich als sog. Wertrecht gekennzeichnet, d.h. als ein subjektives Recht, an den Vorteilen des Gesellschaftsvermögens in bestimmtem Ausmaß zu partizipieren.[75]

Um von der Charakterisierung des Anteils am Gemellschaftsvermögen als *Wertrecht* (Huber) zur Herausbildung eines die Gesamtheit der gesellschafterlichen Vermögenspositionen umfassenden *Vermögenswerts der Beteiligung* (Ulmer) zu gelangen, scheint bei oberflächlicher Betrachtung nur noch ein kleiner Schritt erforderlich zu sein. Eine solche Bewertung würde jedoch verkennen, daß Huber trotz Bezeichnung des Anteils i.S.v. § 719 Abs. 1 BGB als Wertrecht dieses gerade nicht als verselbständigtes mitgliedschaftliches Individualrecht einstuft. Im Gegenteil ist nach seiner Konzeption das Wertrecht untrennbar mit der Mitgliedschaft verbunden und kann als deren unselbständiges „Attribut“ nicht unabhängig von ihr übertragen werden.[76] Im Rahmen der §§ 717, 719 BGB ergibt sich somit trotz erheblicher terminologischer Abweichungen gegenüber der herrschenden Auffassung kein wesentlicher sachlicher Unterschied.[77] Zwar läßt

---

1016; Wiedemann, WM-Sonderbeil. 4/1975, 32 f.

[71] Soergel–Hadding, § 719 Rz. 5; Wiedemann, Übertragung und Vererbung, S. 31.

[72] H. Westermann, PersonengesellschaftsR, Rz. 288; K. Schmidt, GesellschaftsR, § 47 III, S. 1016 ff.

[73] Huber, Vermögensanteil, S. 141 ff. (bes. S. 145 f.); der Untersied zwischen einer gesamthänderischen Mitberechtigung und einer solchen nach Bruchteilen reduziert sich somit darauf, daß bei letzterer der einzelne Gegenstand dem Wert nach aufgeteilt werden kann, dagegen bei der Gesamthandsberechtigung die Anteile am Wert des Ganzen bestehen; so ausdrücklich Huber, S. 146.

[74] Huber, S. 150.

[75] Huber, S. 164.

[76] Huber, S. 162 ff.; S. 365.

[77] Die Rechtsfigur des Wertrechts gewinnt eigenständige Bedeutung aber für seine Begriffsbestimmung des Kapitalanteils; vgl. Huber, S. 224 ff; zusammenfassend Duden, ZGR 1973, 360 (367).

sich eine Fortentwicklung des Ansatzes Hubers erwägen, wonach das unselbständige Wertrecht zur übertragbaren Größe wird. Diese Übertragbarstellung scheitert jedoch an zwingenden Grundsätzen des Personengesellschaftsrechts: Das Gesellschaftsvermögen muß stets der Gesamthand, d.h. dem jeweiligen Gesellschafterkreis zugeordnet sein.[78] Hielte man mit Ulmer die Übertragung eines den Inbegriff aller vermögensrechtlicher Ansprüche der Mitgliedschaft bildenden Vermögensstammrechts (= Vermögenswert der Beteiligung) auf einen Nichtgesellschafter für zulässig, wäre damit die ausschließliche Gesamthandszuständigkeit zunichte gemacht.[79] Folglich ist zu konstatieren, daß sich die Konstruktion Ulmers eines Vermögenswerts der Beteiligung in keiner Weise auf den von Huber gezeichneten Entwurf des Wertrechts zu stützen vermag.

Stehen also weder das Gewinnstammrecht Sieberts noch das Wertrecht Hubers als tragfähiges Fundament für die Rechtsfigur des Vermögenswerts der Beteiligung zur Verfügung, so sollte auf diese in Zukunft ganz verzichtet werden.[80] Damit ließe sich der eingangs geschilderte, der Lehre Ulmers immanente Widerspruch schlüssig auflösen. Für die weiteren Erörterungen soll deshalb wieder an die ursprüngliche Gleichsetzung „Wert der Gesellschaftsbeteiligung = Anspruch auf das Auseinandersetzungsguthaben“ angeknüpft werden. Jedoch bestehen auch an der Gültigkeit dieser Äquivalenzbeziehung Zweifel.

2. Die Wertbestimmung eines zukünftigen Anspruchs

Geht die Mitgliedschaft unmittelbar im Wege der Sondererbfolge vom Erblasser auf den oder die Erben über, bleibt der Anteil unverändert erhalten. Ein Abfindungsanspruch entsteht nicht[81] – gerade hierin liegt aus Sicht der an einer Vermeidung von Liquiditätsabflüssen interessierten Gesellschafter Sinn und Zweck der unmittelbaren Rechtsnachfolge. Die Zuordnung des Auseinandersetzungsanspruchs zum Nachlaß als „gegenständliche Verkörperung der Mitgliedschaft“ entpuppt sich somit als Sicherung der Nachlaßgläubiger und weichenden Erben durch eine nur zukünftige Forderung. Diese wird zum gegenwärtigen Anspruch erst bei

– Auflösung der Gesellschaft im ganzen (Auseinandersetzungsanspruch gemäß §§ 734 BGB, 155 HGB) oder bei

---

[78] Vgl. BGHZ 86, 367 (370); Wiedemann, WM-Sonderbeil. 4/1975, 33.

[79] Soergel-Hadding, § 719 Rz. 5; Wiedemann, Übertragung und Vererbung, S. 54.

[80] Ansätze dazu sind bereits in der Lehre Ulmers erkennbar, vgl. ders. in Festschrift Fleck, S. 383 (399 f.).

[81] BGH, NJW 1981, 1095 (1096); K. Schmidt, GesellschaftsR, § 45 V 4, S. 992; Palandt-Thomas, § 738 Anm. 1.

– Ausscheiden des Erben-Nachfolgers bei Fortbestand der Gesellschaft im übrigen (Abfindungsanspruch gemäß §§ 738 Abs. 1 S. 2 BGB, 105 Abs. 2 HGB = Auseinandersetzungsanspruch i.w.S.[82]).[83]

Bereits begrifflich bereitet die Vorstellung Schwierigkeiten, der *gegenwärtige* Wert der Gesellschaftsbeteiligung könne durch den *zukünftigen* Auseinandersetzungsanspruch angemessen repräsentiert werden.[84] Dies gilt nur eingeschränkt für die Nachlaßgläubiger, die nach dem oben Gesagten[85] grundsätzlich nach § 725 BGB oder § 135 HGB die Möglichkeit zur Kündigung der Gesellschaft haben und damit „aus eigener Kraft" die zukünftige Forderung aktualisieren können. Jedoch nimmt Ulmer für die Abspaltungslehre zugleich in Anspruch, diese könne die „wertmäßige Auseinandersetzung zwischen Nachfolger in den Anteil und weichenden Erben" erleichtern.[86] Dieses Postulat soll an einem Beispiel überprüft werden: Erblasser E hinterläßt ein Vermögen im Wert von 1,6 Mio. DM und setzt seine Kinder K_1 – K_4 zu je 1/4 als Erben ein. Bestandteil der Erbschaft ist eine Kommanditbeteiligung, in die gemäß einer in Gesellschaftsvertrag und Testament enthaltenen qualifizierten Nachfolgeklausel K_2 dem E nachfolgt.

Nach der Abspaltungslehre gehört der dem Anteil zugeordnete zukünftige Auseinandersetzungsanspruch zum Gesamthandsnachlaß. Der zukünftige Anspruch ist dem K_2 bei der Erbteilung (§§ 2042 ff. BGB) im Wege der Abtretung (§ 398 BGB) unter Anrechnung auf seine Erbquote (1/4 = 400.000 DM) zu übertragen.[87] Diese Anrechnung ist nur möglich, wenn sich für den Auseinandersetzungsanspruch ein Wertansatz treffen läßt.[88] Darüber, wie der gegenwärtige Wert eines zukünftigen Anspruchs – dessen Entstehen von z.T. unvorhersehbaren wirtschaftlichen Entwicklungen

---

[82] Zur Bezeichnung „Auseinandersetzungsanspruch i.w.S." vgl. bereits oben E I 1, Fn. 7.

[83] Von der Entstehung des Auseinandersetzungsanspruchs zu unterscheiden ist dessen Fälligkeit; diese soll nach h.M. grundsätzlich erst mit Feststellung einer auf den Zeitpunkt der Auflösung/des Ausscheidens bezogenen Abschichtungsbilanz eintreten: vgl. BGH, NJW-RR 1989, 865 f.; 1988, 1249; 1987, 1386 f.; Heymann-Emmerich, HGB, § 138 Rz. 10; Staudinger-Keßler, § 738 Rz. 15; A. Hueck, OHG, § 29 II 5 a, S. 458; a.A. MünchKomm-Ulmer, § 738 Rz. 15; Palandt-Thomas, § 738 Anm. 2 c bb, die § 271 BGB anwenden.

[84] Vgl. Wiedemann, Übertragung und Vererbung, S. 212 i.V.m. S. 209 f.

[85] Vgl. E I.

[86] Ulmer, NJW 1984, 1496 (1500).

[87] Vgl. Ulmer, Festschrift Schilling, S. 79 (95); BB 1977, 805 (807; 808 r. Sp.).

[88] Dieser Wertansatz muß auf den Zeitpunkt bezogen sein, in dem erstmals von einem der Erben die Erbteilung verlangt werden konnte; vgl. Palandt-Edenhofer, § 2048 Anm. 6; Soergel-Wolf, § 2048 Rz. 11. Grundsätzlich ist also der Zeitpunkt des Todes des Erblassers maßgeblich (§ 2042 Abs. 1 BGB). – Zur Wertermittlung bei der Erbschaftsteuer siehe Troll, BB 1990, 674.

abhängig und daher ungewiß ist – zu berechnen sein soll, geben weder Ulmer noch andere Befürworter der Abspaltungslehre Auskunft. Der zutreffende Schluß aus diesem Schweigen lautet, daß eine solche Berechnung nicht durchführbar ist und letztlich doch auf den gegenwärtigen Anteilswert abgestellt werden muß. Diese Einsicht weckt starke Zweifel an der These, die Zuordnung des künftigen Auseinandersetzungsanspruchs zum Nachlaß sei mit Vorteilen für die Auseinandersetzung (i.S.v. §§ 2042 ff. BGB) zwischen weichenden Erben und Erbe–Nachfolger verbunden. Abschließend ergibt sich vielmehr der Eindruck, daß es sich bei der von Ulmer in Aussicht gestellten Erleichterung um eine nur scheinbare handelt.

3. Auseinandersetzungsanspruch und Vollwert des Anteils im Verhältnis zu Nachlaßgläubigern und weichenden Erben

Die Ansicht, der Auseinandersetzungsanspruch verkörpere den Vermögenswert des Anteils, ist schließlich noch unter einem weiteren Aspekt auf ihre Tauglichkeit zu überprüfen. Diese wäre beeinträchtigt, wenn sich herausstellte, daß einerseits der Auseinandersetzungsanspruch nicht den vollen Wert des Anteils verkörpert, andererseits aber Nachlaßgläubiger und weichende Erben verlangen können, daß bei der Berechnung und Befriedigung ihrer Ansprüche der vererbte Anteil mit seinem wahren Wert in Ansatz gebracht wird.

a) Auseinandersetzungsanspruch und Anteilswert

aa) Der Anspruch bei Auflösung der Gesellschaft (Auseinandersetzungsanspruch i.e.S.)

Bei der BGB–Gesellschaft setzt sich dieser zusammen aus den Ansprüchen auf Rückerstattung der Einlagen und auf Beteiligung an einem sich – nach Rückerstattung der Einlagen und Berichtigung der Gesamthandsverbindlichkeiten – eventuell ergebenden Überschuß (vgl. §§ 733 Abs. 1, 2; 734 BGB).[89] Dem HGB ist die Einlagenrückerstattung bei Auflösung der Gesellschaft fremd.[90] Gemäß §§ 149, 155 HGB ist das gesamte Gesellschaftsvermögen zu versilbern und ein sich nach Schuldenberichtigung

[89] Der Fall, daß sich im Zuge der Schlußabrechnung ein Verlust herausstellt, bleibt aus Vereinfachungsgründen außer Betracht. Insoweit ist § 735 BGB zu beachten.

[90] Das ergibt sich schlüssig bereits aus dem Fehlen einer entsprechenden Anordnung im Gesetz; ausdrücklich Baumbach/Duden/Hopt, HGB, § 155 Anm. 2.

ergebender Überschuß unter die Gesellschafter zu verteilen.[91] Anders als bei den Handelsgesellschaften sieht § 733 Abs. 3 BGB bei der GbR die Versilberung des Gesellschaftsvermögens nur insoweit vor, wie dies zur Schuldentilgung und Einlagenrückerstattung erforderlich ist. Das überschüssige Vermögen ist – soweit wie möglich – in Natur zu teilen (731 S. 2 i.V.m. §§ 752 f. BGB). Allerdings sind die §§ 733 Abs. 3, 731 BGB abdingbar; bei Erwerbsgesellschaften soll von einer abweichenden, auf völlige Versilberung des Gesellschaftsvermögens gerichteten Vereinbarung sogar stillschweigend auszugehen sein.[92] Deshalb kann letztlich für alle Personengesellschaften die vollständige Umsetzung des Gesellschaftsvermögens in Geld als Regelfall der Liquidation angenommen werden. Daraus folgt, daß der Auseinandersetzungsanspruch bei Auflösung der Gesellschaft (§§ 733, 734 BGB; 155, 161 Abs. 2 HGB) den Liquidationswert des Gesellschaftsanteils vermittelt. Denn der Liquidationswert ist gerade definiert als der Erlös, der sich nach der Abwicklung des Unternehmens durch Verkauf der Vermögensgegenstände und Begleichung der Verbindlichkeiten ergibt.[93]

bb) Der Anspruch bei Ausscheiden eines Gesellschafters aus der fortbestehenden Gesellschaft (Abfindungsanspruch)

Nach dem Wortlaut des Gesetzes (§§ 738 Abs. 1 S. 2 BGB; 105 Abs. 2 HGB) hat der ausscheidende Gesellschafter Anspruch auf dasjenige, was ihm bei einer auf den Ausscheidenszeitpunkt fingierten Auflösung der Gesellschaft zufließen würde. Dies legt nahe, dem Gesellschafter auch beim Ausscheiden den Liquidationswert seines Anteils zuzuweisen. Abweichend vom Wortlaut sehen jedoch Rechtsprechung[94] und h. L.[95] für die Berechnung des Abfindungsanspruchs grundsätzlich den tatsächlichen Wert des lebenden Unternehmens („going concern") einschließlich der stillen Reser-

---

[91] Zur Konzeption dieses Abwicklungsverfahrens K. Schmidt, ZHR 153 (1989), 270 (293 ff.).

[92] Vgl. Palandt–Thomas, § 733 Anm. 3; Soergel–Hadding, § 733 Rz. 9; Staudinger–Keßler, § 734 Rz. 5; zweifelnd Ensthaler, Liquidation, S. 35 Fn. 1; MünchKomm–Ulmer, § 733 Rz. 15.

[93] BGH, NJW 1973, 509 (510); Großfeld, Unternehmensbewertung, S. 107.

[94] BGHZ 17, 130 (136); BGH WM 1971, 1450; BB 1974, 151; WM 1979, 432; NJW 1985, 192 (193).

[95] K. Schmidt, GesellschaftsR, § 50 IV 1, S. 1088; H. Westermann, PersonengesellschaftsR, Rz. 434; Heymann–Emmerich, HGB, § 138 Rz. 23; Soergel–Hadding, § 738 Rz. 10; MünchKomm–Ulmer, § 738 Rz. 24; Baumbach/Duden/Hopt, HGB, § 138 Anm. 5 A. – A.A. Flume, Personengesellschaft, § 12 I, S. 170; Marotzke, AcP 184 (1984), 541 (572).

ven und des good will als maßgebend an.[96] Diese Sichtweise sei geboten, weil der Gesellschafter „bis zu seinem Ausscheiden an dem tatsächlichen Wert des lebenden Unternehmens beteiligt war und ... nunmehr sein Anteil an dem gesamten Gesellschaftsvermögen den verbleibenden Gesellschaftern zugewachsen ist".[97] Das danach eigentlich berechtigte Verlangen des Ausscheidenden nach Abfindung zum Vollwert seines Anteils steht in der Praxis jedoch unter dem Vorbehalt abfindungsbeschränkender Klauseln im Gesellschaftsvertrag (Abfindungsklauseln). Diese sind wegen der dispositiven Natur des § 738 BGB grundsätzlich zulässig.[98] Ihre Häufigkeit kann möglicherweise schon aus Vielzahl und Intensität der in der Literatur veröffentlichten Stellungnahmen gefolgert werden.[99] Einen zuverlässiges Bild vermittelt darüber hinaus die von W. Morck Mitte der siebziger Jahre durchgeführte empirische Untersuchung, bei der die Abfindungsregelungen von 365 Personenhandelsgesellschaften untersucht wurden:[100] In 233 Gesellschaften (= 63, 8%) war die Abfindung auf die Bilanzwerte beschränkt, d.h. die stillen Reserven und der Firmenwert blieben unberücksichtigt (Buchwertklausel[101]). 93 Gesellschaftsverträge (= 25,6%) sahen eine Abfindung nach dem Substanzwert des Unternehmens – also dem Saldo aus dem Wert der im Unternehmen arbeitenden Gegenstände und der Verbindlichkeiten – vor; zu Lasten des Ausscheidenden nicht in Rechnung gestellt wird dabei der aufgrund des Fortbestehens der Gesellschaft im Unternehmen angelegte Zukunftserfolgswert.[102] Insgesamt war also in 89,4% aller Fälle die Abfindung des ausscheidenden Gesellschafters gegenüber dem wahren Wert seines Anteils spürbar herabgemindert. Zusam-

---

[96] Welche Methoden zur Berechnung des Werts des lebenden Unternehmens anzuwenden sind, ist nach wie vor höchst umstritten; auf Einzelheiten ist hier nicht einzugehen. – Einführend zu den zur Wahl stehenden Ansätzen K. Schmidt, HandelsR, § 4 II 2, S. 64 ff.; Heymann-Emmerich, HGB, § 138 Rz. 26 ff.; Ensthaler, Liquidation, S. 145 ff.; Reimann, FamRZ 1989, 1248 (1249 f.); umfassd. Großfeld, Unternehmensbewertung, S. 35 ff.

[97] BGHZ 17, 130 (136).

[98] So bereits RGZ 122, 140 (150); 145, 289 (293).

[99] Vgl. nur die Übersicht bei K. Schmidt, GesellschaftsR, § 50 IV 2, S. 1092.

[100] Morck, Die vertragliche Gestaltung der Beteiligung an Personen-Handelsgesellschaften, S. 507 ff. Die Erhebung wurde im Bezirk der IHK Nürnberg bzw. der Handwerkskammer Mittelfranken durchgeführt.

[101] Sie ist in den Grenzen von § 138 Abs. 1 und § 723 Abs. 3 BGB zulässig; vgl. zuletzt BGH, ZIP 1989, 768 und 770; grundlegend zuvor BGH, NJW 1979, 104; NJW 1985, 192 (193); Soergel-Hadding, § 738 Rz. 13. – Der von einer wirksamen Buchwertklausel betroffene Gesellschafter realisiert nicht einmal den auf seinen Anteil entfallenden Liquidationswert des Unternehmens, da dieser immerhin die stillen Reserven umfaßt.

[102] Zum Substanzwert vgl. Großfeld, Unternehmensbewertung, S. 28 f.; 99 ff.; wegen der statischen, auf die Summe der Einzelwerte abstellenden Betrachtungsweise dürfte die Abfindungsberechnung nach den Substanzwerten annähernd zur Realisierung des Liquidationswerts des Anteils führen; vgl. K. Schmidt, HandelsR, § 4 II 2, S. 65.

menfassend erscheint deshalb die Aussage berechtigt, daß der Abfindungsanspruch des ausscheidenden Gesellschafters regelmäßig nicht den vollen Wert des Gesellschaftsanteils verkörpert.[103]

b) Die Bewertung des Anteils im Verhältnis zu Nachlaßgläubigern und weichenden Erben

aa) Das Gesetz sieht für den Zugriff der Nachlaßgläubiger auf den vererbten Gesellschaftsanteil den Weg über die Pfändung des Anteils[104] und die anschließende Kündigung der Gesellschaft nach §§ 725 BGB/135 HGB vor. Die Ausübung des Kündigungsrechts löst die Gesellschaft auf und bringt den Anspruch auf das Auseinandersetzungsguthaben zur Entstehung. Knüpft das Gesetz damit die Verwertung des Anteils verbindlich an die Auflösung der Gesellschaft, so erweist sich die mit der Zuweisung (nur) des Auseinandersetzungsanspruchs verbundene Beschränkung der Nachlaßgläubiger auf den Liquidationswert des Anteils als schlüssig. Insoweit verkörpert das Auseinandersetzungsguthaben vollständig den von den Nachlaßgläubigern realisierbaren Anteilswert. Berücksichtigt werden müssen allerdings auch vom gesetzlichen Regelfall abweichende Gestaltungen. Zu denken ist vorrangig an eine in vielen Gesellschaftsverträgen enthaltene Bestimmung, wonach die Kündigung des Gläubigers[105] nicht zur Auflösung der Gesellschaft, sondern nur zum Ausscheiden des von der Pfändung betroffenen Gesellschafters bei Fortsetzung der Gesellschaft im übrigen führen soll.[106] Eine solche Fortsetzungsklausel ist analog §§ 736 BGB, 138 HGB zulässig;[107] fehlt sie, kann bei den Handelsgesellschaften gleiche Wirkung sogar noch nachträglich durch einen aus Anlaß einer konkreten Pfändungsmaßnahme ad hoc gefaßten Fortsetzungsbeschluß der nicht betroffenen Gesellschafter erzielt werden (§ 141 Abs. 1 HGB). Kommt es zur Fortsetzung der Gesellschaft, erfaßt das Pfändungspfandrecht des Gläubigers den Abfindungsanspruch (§§ 738 Abs. 1 S. 2 BGB i.V.m. 105 Abs. 2 HGB) des ausgeschiedenen Gesellschafters.[108] Da dieser Anspruch

---

[103] So auch BGHZ 65, 22 (27); Soergel–Hadding, § 738 Rz. 1 und 8.

[104] Daß Pfändungsgegenstand bei den Handelsgesellschaften das Auseinandersetzungsguthaben ist, wurde bereits oben E I 1 a hervorgehoben.

[105] Die folgenden Ausführungen gelten generell für Privatgläubiger des Gesellschafters, denn Gläubiger des Erblasser–Gesellschafters i.S.v. §§ 725 BGB/135 HGB sind zugleich Nachlaßgläubiger des Erben–Nachfolgers; vgl. Heymann–Emmerich, HGB, 135 Rz. 7.

[106] Vgl. Münchener Vertragshandbuch–Oldenburg, Bd. 1 GesellschaftsR, S. 84 u. 89 f.; dort wird die Vereinbarung einer entsprechenden Klausel als Regel empfohlen.

[107] Allg.M.; statt aller RGRK–v.Gamm, § 725 Rz. 6; Baumbach/Duden/Hopt, HGB, § 135 Anm. 4 C.

[108] Soergel–Hadding, § 725 Rz. 8; Hueck, OHG, § 24 II 4, S. 370; Paschke, Diss., S. 121.

nach dem zuvor gewonnenen Befund nahezu ausnahmslos durch Abfindungsklauseln unter den Vollwert des Anteils herabgemindert ist, stellt sich die Frage nach der Wirksamkeit der Abfindungsbeschränkungen gegenüber den Nachlaßgläubigern. Die Antwort darauf wird von Rechtsprechung[109] und Lehre[110] im wesentlichen einheitlich gegeben: Die Abfindungsklausel definiert den vermögensrechtlichen Gehalt der Mitgliedschaft, den der Gesellschafter selbst bei einem kündigungsbedingten Ausscheiden realisieren könnte. Die Rechtsstellung des Pfändungspfandgläubigers ist von der seines Vollstreckungsschuldners abhängig; mehr Rechte als diesem kann ihm das Vorgehen nach §§ 725 BGB/135 HGB also nicht verschaffen. Deshalb sind gesellschaftsvertragliche Abfindungsbeschränkungen grundsätzlich auch für die Gläubiger des Gesellschafters maßgebend. Etwas anderes gilt nur hinsichtlich solcher Klauseln, die – indem sie ausschließlich für den Fall der Gläubigerkündigung Wirksamkeit beanspruchen – unmittelbar auf eine Beeinträchtigung der Gläubigerinteressen abzielen. Entsprechende Bestimmungen sind nach § 138 Abs. 1 BGB nichtig.[111] Müssen sich somit die Nachlaßgläubiger im Regelfall auf die dem Erben–Nachfolger nach der jeweiligen Abfindungsregelung zustehenden Vermögensrechte verweisen lassen, sind sie auch insoweit durch die Zuordnung des Abfindungsanspruchs zum Nachlaß äquivalent gesichert.

Aus Sicht der Nachlaßgläubiger erweist sich folglich die von der Abspaltungslehre vertretene Gleichsetzung von Anteilswert und Auseinandersetzungsguthaben (i.w.S.) solange als gerechtfertigt, wie der Zugriff auf den Beteiligungswert des Erben–Nachfolgers ausschließlich über die Kündigung der Gesellschaft und die Verwertung der Einzelansprüche möglich ist. Ein Vorbehalt gegen die Äquivalenzbehauptung würde sich aber ergeben, wenn für die Realisierung des Anteilswertes durch die Gläubiger ein Weg eröffnet wäre, der ohne Kündigung und damit ohne Zerschlagung der Gesellschaft bzw. Mitgliedschaft auskäme. Näher in Betracht zu ziehen ist dabei vor allem eine Möglichkeit: Der Anteil kann im Einzelfall·

---

[109] BGHZ 65, 22 (24 ff.) – die Entscheidung betrifft einen gepfändeten GmbH–Anteil; da jedoch die tragende Begründung u.a. aus einem Vergleich mit dem Personengesellschaftsrecht gewonnen wird (aaO., 26), lassen sich die dort getroffenen Aussagen uneingeschränkt übertragen.

[110] H. Westermann, PersonengesellschaftsR, Rz. 451; MünchKomm–Ulmer, § 725 Rz. 5; Huber, Vermögensanteil, S. 348; Hueck, OHG, § 24 II 4, S. 370 f.; Paschke, Diss., S. 208.

[111] H.M.: BGHZ 65, 22 (27); K. Schmidt, GesellschaftsR, § 50 IV 2 c, S. 1095; H. Westermann, PersonengesellschaftsR, Rz. 451; Palandt–Heinrichs, § 138 Anm. 3 b ee. – A. A. aber Heckelmann, Abfindungsklauseln, S. 116 ff. und MünchKomm–Ulmer, § 738 Rz. 34, die grds. von der Gültigkeit gläubigerbenachteiligender Abfindungsklauseln ausgehen und die Gläubiger zunächst auf die Anfechtungsmöglichkeiten nach §§ 3 Abs. 1 Nr. 1 AnfG, 31 Nr. 1 KO verweisen.

durch den Gesellschaftsvertrag frei übertragbar ausgestaltet sein.[112] Insofern ist daran zu denken, den Anteil nicht nur gemäß § 859 ZPO zu pfänden, sondern ihn *als solchen* durch freihändige Veräußerung *zu verwerten* (vgl. §§ 857 Abs. 5, 844 ZPO).[113] Wenn der Veräußerungserlös dem wahren Wert des Anteils entspricht, kann der pfändende Gläubiger auf diesen Vollwert zugreifen. Die Gleichsetzung von Anteilswert und Auseinandersetzungsguthaben wäre damit widerlegt. Für die Zulässigkeit der Verwertung des Anteils selbst durch freihändige Veräußerung könnte folgender Gedankenschluß sprechen: Der historische Gesetzgeber hielt bei Anordnung der eingeschränkten – d.h. nur auf den Auseinandersetzungsanspruch bezogenen – Verwertbarkeit des Anteils diesen ohne Ausnahme für unübertragbar. Nachdem die Übertragbarkeit auch von Personengesellschaftsanteilen grundsätzlich anerkannt ist,[114] könnte sich die Anerkennung der Verwertbarkeit der Mitgliedschaft selbst durch freihändige Veräußerung als konsequente Fortführung dieser dogmatischen Entwicklung darstellen.[115] Demgegenüber überwiegen jedoch eine Reihe von Zweifeln. So existiert – vorbehaltlich reformerischer Bemühungen de lege ferenda, zumindest Kommanditanteile an Börsen handelbar zu machen[116] – kein Markt für Personengesellschaftsanteile. Die freie, auf Erzielung des Vollwerts des Anteils gerichtete Verwertbarkeit könnte sich somit schon aus praktischen Gründen als illusorisch erweisen.[117] Unter rechtlichen Gesichtspunkten ist darauf hinzuweisen, daß auch bei fungibler Ausgestaltung des Personengesellschaftsanteils dessen Übertragung an solche Personen aufgrund der gesellschaftsrechtlichen Treuepflicht unzulässig ist, deren Aufnahme in den Personenverband den anderen Gesellschaftern aus objek-

---

[112] BGH, WM 1961, 303 (304); Fehlzitat insoweit bei MünchKomm-Ulmer, § 719 Rz. 21 m. Fn. 41 und Soergel-Hadding, § 719 Rz. 15: „WM 1968"! – Vgl. ferner BGH, NJW-RR 1989, 1269.

[113] Für zulässig halten dies: Furtner, MDR 1965, 613 (617); Stöber, Forderungspfändung, Rz. 1573; Rupp/Fleischmann, Rpfleger 1984, 223 (224); Stein-Jonas-Münzberg, ZPO, § 859 Rz. 8; K. Schmidt, GesellschaftsR, § 45 IV 2 b/3d, S. 977 f.; ders., JR 1977, 177 (178); MünchKomm-Ulmer, § 719 Rz. 49. – Zur freihändigen Veräußerung als „andere(r) Art der Verwertung" vgl. Baumbach/Lauterbach-Hartmann, ZPO, § 844 Anm. 2 A.

[114] Spätestens seit BGHZ 13, 179 (185 f.); 44, 229 (231).

[115] In diesem Sinne K. Schmidt, GesellschaftsR, aaO. (wie Fn. 67).

[116] Angesprochen ist damit der im Auftrag der Landesregierung Baden-Württemberg erstellte Bericht der Kommission „Zweiter Börsenmarkt": vgl. dazu Claussen, GmbH-Rdsch. 1988, 417 ff.; Schwark, NJW 1987, 2041 (2044 f.); Hennerkes/May, BB 1988, 2393 (2396 f.).

[117] Vgl. Kollhosser/Heß, BankInformation 5/1983, 31 (37 f.); Huber, Vermögensanteil, S. 346 f.

tiven Gründen[118] nicht zugemutet werden kann.[119] Gerade diese Grenzziehung könnte bei einer freihändigen Veräußerung – die nicht selten der Gerichtsvollzieher durchführen würde[120] – kaum beachtet werden. Sofern dem entgegnet wird,[121] die Personengesellschaft sei nicht schutzwürdiger als die Erbengemeinschaft oder Bruchteilsgemeinschaft – deren Anteile können unstreitig im Wege der freien Veräußerung verwertet werden –, beruht diese Auffassung eher auf starker Überzeugung denn auf nachvollziehbaren Argumenten. Zwar trifft zu, daß auch die Beteiligten an einer Erben– oder Bruchteilsgemeinschaft bei der Verwaltung zusammenwirken müssen (§§ 2038 Abs. 1, 744 f. BGB) und insoweit ein Bedürfnis nach Überfremdungsschutz besteht. Dieses wiegt bei den genannten Vermögensgemeinschaften jedoch ungleich geringer als bei der Personengesellschaft: Der an einer Erben– oder Bruchteilsgemeinschaft Beteiligte kann i.d.R. jederzeit einseitig deren Auflösung herbeiführen (§§ 2042 Abs. 1, 749 Abs. 1 BGB); diese „Notbremse“ zieht zudem keinerlei wirtschaftliche Einbußen nach sich, da die Teilung nach den §§ 750 ff./2042 Abs. 2 BGB stets den wirklichen Wert des Bruchteils bzw. Erbanteils realisiert. Die Meinung, die bei freier Übertragbarkeit des Personengesellschaftsanteils auch dessen Verwertbarkeit durch freihändige Veräußerung nach §§ 857 Abs. 5, 844 ZPO für möglich hält, ist folglich abzulehnen.[122]

Existiert also keine Möglichkeit für die Gläubiger, den vollen Wert des Anteils zu realisieren, erhält der zunächst nur vorläufige Befund dauerhaften Bestand: Im Verhältnis zu den Nachlaßgläubigern verkörpert der Auseinandersetzungsanspruch den Anteilswert. Deshalb sind die Nachlaßgläubiger durch die Zuordnung der Auseinandersetzungsforderung zum Nachlaß äquivalent geschützt.

bb) Die Frage nach der Bewertung des Gesellschaftsanteils stellt sich erneut im Hinblick auf die Ausgleichsansprüche, die anläßlich der Gesellschafternachfolge zwischen den Miterben entstehen können.[123] Grundsätz-

---

[118] Z.B.: Mangelnde fachliche Eignung; schwere Krankheit, die eine Mitarbeit verhindert; hohes Alter; etc.

[119] Vgl. BGH, ZIP 1982, 309 (310), Nörr/Scheyhing, Sukzessionen, § 19 I 2, S. 257; Wiedemann, Übertragung und Vererbung, S. 58, 61 f.; MünchKomm–Ulmer, § 719 Rz. 23.

[120] Vgl. Zöller–Stöber, ZPO, § 844 Rz. 6; Baumbach/Lauterbach–Hartmann, ZPO, § 844 Anm. 2 A.

[121] Rupp/Fleischmann, Rpfleger 1984, 223 (224 f.).

[122] So auch Hackenbroch, Verpfändung von Mitgliedschaftsrechten, S. 105 f. und – obiter, daher ohne Begründung – BGHZ 97, 392 (394): „Denn der Pfändungspfandgläubiger kann den Anteil nicht durch Veräußerung verwerten, sondern nur das Gesellschaftsverhältnis kündigen...“

[123] Die Bewertung des Gesellschaftsanteils ist in gleicher Weise von Bedeutung für die Berechnung des Zugewinns nach § 1376 BGB und der Pflichtteilsansprüche (§ 2311 BGB); vgl. Wiedemann, Übertragung und Vererbung, S. 213; Heckelmann, Abfindungs-

lich nicht denkbar sind solche Ausgleichsansprüche bei Geltung einer einfachen Nachfolgeklausel. Diese stellt den Anteil für alle Miterben vererblich, so daß jeder von ihnen selbständig die Mitgliedschaft des Erblassers zu einem der jeweiligen Erbquote entsprechenden Teil erwirbt. Eine unterschiedliche Beteiligung am wirtschaftlichen Wert der Mitgliedschaft läßt sich insoweit immer auf die letztwillige Verfügung des Erblassers oder die Vorschriften über die gesetzliche Erbfolge zurückführen.[124] Regelmäßig akut werden Ausgleichsansprüche aber bei der qualifizierten Nachfolge in den Gesellschaftsanteil. Der als Nachfolger berufene Erbe muß sich bei der Auseinandersetzung mit den weichenden Erben (§§ 2042 ff. BGB) den Wert der Beteiligung auf seine Erbquote – d.h. auf den ihm zustehenden Teil des Nachlaßwerts – anrechnen lassen. Greift der Anteilswert über die Erbquote hinaus, ist er den Miterben ausgleichspflichtig.[125] Welcher Wert ist nun bei der Auseinandersetzung der Miterben für den Anteil anzusetzen? Nicht weiterzuführen vermag der Hinweis auf die Maßgeblichkeit des objektiven Verkehrswerts,[126] da – wie bereits ausgeführt – ein solcher für den nicht marktfähigen Personengesellschaftsanteil nur selten ermittelt werden kann. Überlegenswert erscheint, auf bereits Bekanntes zurückzugreifen und wie im Verhältnis zu den Nachlaßgläubigern auch gegenüber den Miterben den Wert des Abfindungsguthabens als ausschlaggebend anzusehen. Damit blieben jedoch wesentliche Unterschiede zwischen diesen beiden Gruppen von Nachlaßbeteiligten unberücksichtigt: Der vermögensmäßige Gehalt der Mitgliedschaft reduziert sich aus Sicht der Nachlaßgläubiger auf den Wert des Abfindungsguthabens, weil die Wertrealisierung an die Auflösung der Gesellschaft oder – im Fall der Fortsetzungsklausel – an das Ausscheiden des Gesellschafters geknüpft ist. Wird jedoch die Mitgliedschaft vom Nachfolger fortgeführt, fließen diesem in vollem Umfang die Vorteile der „lebenden" Gesellschaftsbeteiligung zu; insbesondere der Ertragswert des Anteils kommt ihm als gegenwärtiger Vermögenswert tatsächlich zugute.[127] Dies spricht dafür, im Verhältnis der Miterben den wahren Wert des Anteils in Ansatz zu bringen. Andererseits kann der Erbe–Nachfolger gezwungen sein, zur Befriedigung der Ausgleichsansprüche die Beteiligung zu kündigen, wobei er sich seinerseits auf den i.d.R. stark eingeschränkten Abfindungsanspruch verweisen lassen muß. Sofern man dieser Möglichkeit

---

klauseln, S. 222. – Rspr. und Lit. zu §§ 1376, 2311 BGB können daher in dem hier interessierenden Zusammenhang uneingeschränkt herangezogen werden; inzident auch BGH, NJW-RR 1989, 30 (31).

[124] Sofern die Erbquote eines Miterben aufgrund letztwilliger Verfügung des Erblassers weniger als die Hälfte des gesetzlichen Erbteils beträgt, können allerdings Pflichtteilsrestansprüche entstehen (vgl. §§ 2305, 2306 BGB).

[125] Zum Rechtsgrund dieser Ausgleichungspflicht s. o. 1. Teil, B II 2.

[126] Palandt-Edenhofer, § 2048 Anm. 6; Soergel-Wolf, § 2048 Rz. 11.

[127] Vgl. Heckelmann, Abfindungsklauseln, S. 202; Ulmer, ZGR 1972, 324 (340 f.).

eine erhöhte Wahrscheinlichkeit zumißt, erweist sich die Berücksichtigung des vollen Anteilswerts als unbillig. Angesichts des Dilemmas ist eine solche Fülle von Lösungen entwickelt worden, daß sich schließlich fast jeder denkmögliche Ansatz im Schrifttum wiederfindet.[128] Vertreten werden höchst gegensätzliche Positionen

- Bewertung des Anteils zum Vollwert unter Außerachtlassung von Abfindungsbeschränkungen

- Bewertung des Anteils ausschließlich zum Klauselwert,

aber auch vermittelnde Lösungen

- vorläufiger Wertansatz in Höhe des Klauselwerts, nachträgliche Erhöhung bei späterer Realisierung des Vollwerts

- vorläufiger Wertansatz in Höhe des Vollwerts, nachträgliche Herabsetzung bei späterem - nicht willkürlichem - Ausscheiden des Nachfolgers.

Für die Praxis sind zwei im Abstand von neun Jahren ergangene Entscheidungen des BGH von Bedeutung.[129] Das Gericht zieht die fehlende freie Verwertbarkeit der Personengesellschaftsbeteiligung ebenso in Betracht wie den Umstand, daß der Erbe–Nachfolger sich bei seinem Ausscheiden i.d.R. gravierende Abfindungsbeschränkungen entgegenhalten lassen muß. Diese Beschränkungen beeinträchtigten jedoch nicht die vermögenswerte Nutzung der Beteiligung. Die Nutzungsmöglichkeit sei aber für die Anteilsbewertung letztlich ausschlaggebend. Deshalb müsse bei der Wertberechnung des Anteils grundsätzlich dessen Vollwert in Ansatz gebracht werden; anderes - nämlich die Maßgeblichkeit des Klauselwerts - gelte nur dann, wenn bereits am Bewertungsstichtag eine Kündigung der Beteiligung erfolgt war[130] oder diese dem Erben–Nachfolger aufgrund des Gesellschaftsvertrages jederzeit ohne dessen Willen entzogen werden kann.[131] Abgesehen von diesen Ausnahmen könne sich die Abfindungsklausel lediglich (geringfügig) wertmindernd auswirken. Die Entscheidungen des BGH verdienen nicht nur wegen ihrer quasi–präjudiziellen Wirkung Beachtung. Für den Verzicht auf die in der Literatur vorgeschlagenen nur vorläufigen Lösungen spricht, daß die erbrechtliche Wertverteilung dem Stichtagsprinzip folgt.[132] Z.B. wird für ein im

---

[128] Umfassende Übersicht bei Piltz/Wissmann, NJW 1985, 2673 (2681 ff.); Reimann, FamRZ 1989, 1248 (1250 ff.); Soergel-Dieckmann, § 2311 Rz. 4 - 9; Heckelmann, Abfindungsklauseln, S. 199 ff.; Ulmer, ZGR 1972, 324 (338 ff.).

[129] BGHZ 75, 195 (199 ff.) - IV. ZS., Urt. v. 10. 10. 1979; BGH, NJW-RR 1989, 30 (31) - II. ZS., Urt. v. 9. 5. 1988; vgl. ergänzend BGH, NJW 1987, 321 f.; BGH, IV a. ZS, Beschl. v. 18. 9. 1985 (unveröfftl., Nachweis bei Schmidt-Kessel, WM-Sonderbeil. 8/1988, S. 15).

[130] Nur insoweit einschränkend BGHZ 75, 195 (201).

[131] So die Fallgestaltung in BGH, NJW-RR 1989, 30.

[132] Vgl. §§ 1934 b Abs. 1 S. 1 , 2311 Abs. 1 S. 1 BGB; ferner BGHZ 7, 134 (135, 138);

Nachlaß befindliches Aktienpaket nach einhelliger Ansicht der am Tage des Erbfalles geltende Kurswert angesetzt, ohne daß die zukünftige Kursentwicklung Berücksichtigung findet.[133] Für Personengesellschaftsanteile kann aber nichts anderes gelten als für kapitalistischen Anteilsbesitz. Deshalb vermag die Prognoseunsicherheit darüber, ob und wie lange der Erbe-Nachfolger die Beteiligung fortführen kann, eine nur interimistische Wertberechnung, die die Möglichkeit späterer Zu- oder Abschläge einschließt, nicht zu rechtfertigen. Der Ansatz des Vollwerts erscheint deshalb als sachgerecht, weil die Abfindungsklausel für den Erben-Nachfolger nicht ausschließlich Risiken birgt. Sie beinhaltet vielmehr zugleich die bereits gegenwärtig vermögenswerte Chance, daß ein anderer Gesellschafter gegen Abfindung zum Klauselwert ausscheidet, während der Anteil des Ausscheidenden dem Erben-Nachfolger (und den anderen verbleibenden Gesellschaftern) zum wahren Wert anwächst (§ 738 Abs. 1 S. 1 BGB).[134]

In Übereinstimmung mit dem BGH ist daher bei der erbrechtlichen Wertverteilung der Personengesellschaftsanteil mit seinem Vollwert in Ansatz zu bringen. Daraus folgt, daß im Verhältnis der Miterben der Abfindungsanspruch keinesfalls den Vermögenswert der Beteiligung verkörpert.[135] Das gesteht inzident auch Ulmer ein, indem er den nicht nachfolgeberechtigten Erben Ausgleichsansprüche zubilligt, die sich am wahren Wert des Anteils orientieren.[136] Damit entsteht aber erneut eine innere Widersprüchlichkeit der Abspaltungslehre: Nach ihr fällt der Anteil selbst nicht in den Nachlaß, sondern geht unmittelbar in das nicht nachlaßgebundene Privatvermögen des Erben-Nachfolger über; Nachlaßbestandteil wird nur der Anspruch auf das Auseinandersetzungs- oder Abfindungsguthaben. Warum der wahre Anteilswert trotz fehlender Nachlaßzugehörigkeit Bemessungsgrundlage für am Nachlaßwert ausgerichtete Ausgleichsansprüche sein kann, bleibt schleierhaft.

4. Zusammenfassung zu II.

Die von der Abspaltungslehre vorgenommene Gleichsetzung von Vermögenswert des Anteils und Anspruch auf das Auseinandersetzungsguthaben (i.w.S.) trifft nur stark eingeschränkt zu:

1. Durch neuere Stellungnahmen Ulmers ergeben sich logisch-begriffliche Unklarheiten, die sich nur durch Verzicht auf bestimmte

---

Heckelmann, Abfindungsklauseln, S. 205 ff.

[133] Huber, Vermögensanteil, S. 348; Staudinger-Ferid-Cieslar, § 2311 Rz. 40.

[134] Piltz/Wissmann, NJW 1985, 2673 (2683).

[135] Ebenso Heymann-Emmerich, HGB, § 138 Rz. 41.

[136] Ulmer, Festschrift Schilling, S. 79 (102 f.).

Rechtsfiguren (Stammrecht, übertragbares Wertrecht) wieder auflösen ließen.

2. Es fehlt an einer Anleitung für die Wertberechnung eines zukünftigen Auseinandersetzungs- bzw. Abfindungsanspruchs; letztlich muß doch auf den gegenwärtigen Anteilswert abgestellt werden.

3. Schließlich erweist sich die Gleichsetzung von Vermögenswert der Beteiligung und Anspruch auf das Auseinandersetzungsguthaben nur im Verhältnis zu den Nachlaßgläubigern, nicht aber gegenüber den weichenden Erben als gerechtfertigt.

III. Der Schutz der Nachlaßgläubiger und der Miterben vor Entziehung oder Beeinträchtigung der abgespaltenen vermögensrechtlichen Ansprüche

Da nach herkömmlicher Lehre Gesellschaftsanteil und Vermögensrechte dem Erben–Nachfolger einheitlich außerhalb der Gesamthandsbindung zugeordnet sind, kann dieser unmittelbar mit dem Anfall der Erbschaft frei über den wirtschaftlichen Wert der Beteiligung verfügen,[137] ohne zuvor etwaige Nachlaßschulden oder Ausgleichsansprüche von Miterben befriedigen zu müssen. Verfährt der Erbe–Nachfolger in dieser Weise und hat er zudem kein nennenswertes Eigenvermögen, können Nachlaßgläubiger und Miterben ihre berechtigten Ansprüche nicht realisieren. Die Abspaltungslehre trägt dem Sicherungsbedürfnis der übrigen Nachlaßbeteiligten im Ansatz wesentlich besser Rechnung als die herkömmliche Auffassung. Denn obgleich die zukünftige Auseinandersetzungsforderung nach dem zuvor Gesagten[138] den Vermögenswert des Anteils nur unvollständig verkörpert, wird mit der Zuordnung dieser Forderung zum gesamthänderisch gebundenen Nachlaß doch eine Sicherheit geschaffen, die für die Ansprüche von Nachlaßgläubigern und Miterben häufig hinreichend sein wird.

Ein wirklicher Vorzug der Abspaltungslehre ergibt sich hieraus jedoch nur, wenn die geschaffene Sicherheit von Dauer ist. Zweifel knüpfen sich daran, daß der Gesellschaftsanteil in der Hand des Erben–Nachfolgers seines vermögensrechtlichen Gehalts zwar weitgehend entkleidet, mit der Abspaltung der übertragbaren Ansprüche aber keineswegs ein Verfügungsverbot über den Anteil verbunden ist. Der Erbe–Nachfolger kann folglich – sofern der Gesellschaftsvertrag diese Möglichkeit eröffnet – seinen Anteil weiterübertragen; seine Gläubiger können den Anteil pfänden (§ 859 ZPO). Fraglich ist, ob die Rechtszuständigkeit der Erbengemeinschaft für den zukünftigen Auseinandersetzungsanspruch durch eine den Anteil betreffende Verfügung unberührt bleibt oder ob der Anspruch von einer solchen Verfügung „mitgezogen" und damit der Erbengemeinschaft entzogen wird. In diesem Zusammenhang ist bedeutsam, daß sich hinsichtlich des Schicksals eines *rechtsgeschäftlich* vorausabgetretenen Auseinandersetzungsanspruchs bei späterer Verfügung über den Anteil eine mittlerweile ständige Rechtsprechung des BGH (II. ZS.) gebildet hat.[139] Zusammenfassend heißt es im zuletzt ergangenen Urteil:[140] „Die Vorausab-

---

[137] Beispiele: Er kündigt die Beteiligung und verwendet den Abfindungsbetrag zur Tilgung eigener Schulden. – Er tritt den zukünftigen Abfindungsanspruch seiner Bank zur Sicherung eines Kredits ab (Sicherungszession).

[138] Soeben unter II.

[139] BGHZ 88, 205 (206 ff.); 97, 392 (394); 104, 351. – Die erst- und drittgenannte Entscheidung betreffen einen GmbH-Anteil.

[140] BGHZ 104, 351 (353).

tretung der Abfindungsforderung wird ... regelmäßig hinfällig, wenn der Gesellschafter seinen Geschäftsanteil an einen Dritten abtritt, bevor in seiner Person die Abfindungsforderung entstanden ist. Aufgrund dieser Anteilsübertragung erwirbt der Dritte die Forderung als nunmehriger Inhaber des ihr zugrundeliegenden Geschäftsanteils zu vollem Recht, sofern die gesetzlichen ... Voraussetzungen hierfür bei ihm selbst verwirklicht sind. Diese Rechtsfolge, daß nämlich die Vorausabtretung des künftigen Abfindungsanspruchs ins Leere geht, ist nicht auf den Fall beschränkt, daß der Gesellschafter selbst später seinen Geschäftsanteil einem Dritten abtritt.“ Der II. Zivilsenat erklärt sodann den für die Anteilsübertragung geprägten Grundsatz als auf die Anteilspfändung übertragbar. Bei der Personengesellschaft führt diese regelmäßig zum Erlöschen der Mitgliedschaft (vgl. §§ 725 BGB, 135 HGB). Der Auseinandersetzungsanspruch kommt somit zwar tatsächlich in der Person des Zessionars zur Entstehung, jedoch nur belastet mit dem Pfändungspfandrecht, das sich an ihm als dem Surrogat des Anteils fortsetzt.[141] Die Ansicht der Rechtsprechung zum Verhältnis von rechtsgeschäftlicher Vorausabtretung der Auseinandersetzungsforderung und späterer Verfügung über den Anteil wird von der h.L.,[142] insbesondere von Ulmer, [143] geteilt. Welche Konsequenzen ergeben sich hieraus für eine auf dem Erbgang beruhende Abspaltung der Auseinandersetzungsforderung vom Anteil? Sollte diese Forderung der Erbengemeinschaft in entsprechender Anwendung der zur rechtsgeschäftlichen Zession entwickelten Grundsätze durch Verfügung über den Anteil entzogen werden können, wäre die Eignung der Abspaltungslehre zur Sicherung des Anteilswerts für den Nachlaß erheblich beeinträchtigt. Der BGH (II. ZS.) hält die beiden Fälle für nicht vergleichbar, ohne diese Ansicht allerdings zu begründen;[144] statt dessen wird lediglich auf Äußerungen Ulmers verwiesen.[145] Dieser hebt als wesentlichen Unterschied hervor, daß der Erbe–Nachfolger die Auseinandersetzungsforderung nicht vorweg abgetreten, sondern nie erlangt habe; daher könne die erbrechtliche Abspal-

[141] Vgl. die Erwägungen bei BGHZ 104, 351 (354) zum vergleichbaren Fall der Einziehung des GmbH–Anteils. – Zur Erstreckung des Pfändungspfandrechts am Anteil auf die Auseinandersetzungsforderung vgl. BGH, WM 1972, 81 (82); Wiedemann, Übertragung, S. 426 f.

[142] Flume, Personengesellschaft, § 11 IV, S. 162 u. § 17 III, S. 354; ders., NJW 1988, 161 (162); Wiedemann, Übertragung, S. 299 ff.; Soergel–Hadding, § 717 Rz. 8; Hadding, Festschrift Steindorff, 31 (42 ff.); Hackenbroch, Verpfändung von Mitgliedschaftsrechten, S. 148 ff.; ders., Festschrift FH für Finanzen NRW, S. 93 (110); K. Müller, Sicherungsabtretung von GmbH–Anteilen, S. 86; Paschke, Diss., S. 11 ff. – a.A. Marotzke, ZIP 1988, 1509 ff.; Ensthaler, Liquidation, S. 72 f.; Hueck, OHG, § 16 V 1, S. 232; Staudinger–Keßler, § 725 Rz. 18; G.–W. Zimmer, Diss., S. 35 ff.

[143] MünchKomm–Ulmer, § 717 Rz. 29, 29 a, 35, 40.

[144] BGH, NJW 1985, 1953 (1954 a.E.); JZ 1987, 880.

[145] Ulmer, NJW 1984, 1496 (1501 f.); ders., JuS 1986, 856 (860).

tung des Auseinandersetzungsanspruchs im Gegensatz zur rechtsgeschäftlichen Zession durch eine spätere Anteilsübertragung nicht wirkungslos werden.[146] Zudem seien derartige Verfügungen des Erben-Nachfolgers „wenig wahrscheinlich". Angesichts des Bedrohungsgehalts, der von einer – keinesfalls völlig auszuschließenden – Gleichbehandlung rechtsgeschäftlicher Zession und erbrechtlicher Abspaltung für die Lehre Ulmers ausgeht, enthält diese Begründung jedoch zu wenig Substanz, um sich mit ihr allein zufrieden geben zu können. Insbesondere ist anzumerken, daß für das BGH-Urteil vom 25. 2. 1985[147] der von Ulmer als „wenig wahrscheinlich" bezeichnete Sachverhalt einer Verfügung des Erben über den Anteil gerade entscheidungserheblich war. Deshalb erscheint eine eingehendere Untersuchung erforderlich; in deren Rahmen ist zunächst danach zu fragen, ob Gründe für eine Gleichbehandlung sprechen. Nur im Fall einer bejahenden Antwort sind zusätzlich die von der Rechtsprechung zum Verhältnis von rechtsgeschäftlicher Vorausabtretung der Einzelforderung und späterer Anteilsabtretung entwickelten Grundsätze auf ihre Gültigkeit abzuklopfen.

1. Erbrechtliche Abspaltung und rechtsgeschäftliche Vorausabtretung des Auseinandersetzungsanspruchs

Das Problem, ob die BGH-Rechtsprechung zur fehlenden Beständigkeit einer rechtsgeschäftlichen Vorausabtretung des Auseinandersetzungsanspruchs auf erbrechtliche Sachverhalte übertragen werden kann, läßt sich darauf reduzieren, ob die Abspaltung der Auseinandersetzungsforderung im Erbgang der rechtsgeschäftlichen Vorauszession desselben Anspruchs gleichzustellen ist. Diese Frage könnte leichter beantwortet werden, wenn Ulmer in seinen zur Begründung der Abspaltungslehre erschienenen Abhandlungen mitgeteilt hätte, auf welcher rechtlichen Grundlage die im Erbgang erfolgende Trennung der übertragbaren vermögensrechtlichen Ansprüche vom Anteil und ihre Zuordnung zum Nachlaß beruhen soll. Ein entsprechender Hinweis findet sich jedoch nirgends. Verschiedentlich wird bereits die Nichterfüllung dieser – angesichts des unorthodoxen konstruktiven Ansatzes schlechthin zu bejahenden – Darlegungspflicht zum Anlaß genommen, die Abspaltungslehre zu verwerfen.[148] Soweit soll an dieser Stelle nicht gegangen werden. Immerhin ergibt sich aus dem Schweigen Ulmers die Legitimation, selbst nach einer möglichen rechtlichen Veranke-

---

[146] Gleichlautend U. Koch, BB 1987, 2106 (2107); Götte, DNotZ 1988, 603 (610).

[147] BGH, NJW 1985, 1953.

[148] Bommert, BB 1984, 178 (181); Flume, Personengesellschaft, § 18 II, S. 381; ders., NJW 1988, 161.

rung für die Abspaltung der vermögensrechtlichen Ansprüche im Erbgang zu suchen.[149]

Allgemein wird es für sachgerecht erachtet, einen Forderungsübergang, der sich nicht auf den Willen der Beteiligten gründet, an die vertraglichen Zessionsregeln anzubinden.[150] Speziell für das in Frage stehende erbrechtliche Problem ist deshalb der Vorschlag zu unterbreiten, die Trennung der Vermögensrechte vom Anteil als cessio legis aufzufassen; über § 412 BGB würden dann die für die rechtsgeschäftliche Forderungszession geltenden Vorschriften und Grundsätze auf die erbrechtliche Anspruchsabspaltung entsprechende Anwendung finden. Allerdings fordert § 412 BGB eine gesetzliche Vorschrift, die den vom Willen der Beteiligten unabhängigen Forderungsübergang anordnet. Da die Trennung des Auseinandersetzungsanspruchs vom Anteil im Augenblick des Erbgangs erfolgt, kommt als solche Vorschrift allein § 1922 BGB in Betracht. Zwar besteht grundsätzlich Einhelligkeit darüber, daß für die erbrechtliche Gesamtrechtsnachfolge § 412 BGB und damit Abtretungsrecht gerade nicht gilt.[151] Dieser Standpunkt erfaßt jedoch nur den Normalfall der „vertikalen" Gesamtvermögenssukzession vom Erblasser auf den oder die Erben. Insoweit besteht aufgrund der detaillierten Regelung der §§ 1922 ff. BGB kein Normenbedarf, der über § 412 BGB gedeckt werden müßte.[152] Kommt es aber bei Zugrundelegung der Lehre Ulmers innerhalb des Nachlasses („horizontal") zur Abspaltung und zum Übergang von Einzelrechten, trifft die Verneinung des § 412 BGB in ihrer Pauschalität nicht mehr zu. Erbe-Nachfolger und Erbengemeinschaft stehen sich wie verschiedene Rechtsträger gegenüber; zwar ist die Erbengemeinschaft nur Sondervermögen und nicht Rechtssubjekt, doch sind rechtsgeschäftliche Beziehungen zwischen der Miterbengemeinschaft als Trägerin des Sondervermögens und einzelnen Miterben möglich.[153] Bereits dies legt nahe, die erbrechtliche Abspaltung des Auseinandersetzungsanspruchs gemäß §§ 1922, 412 BGB parallel zur rechtsgeschäftlichen Zession zu behandeln.[154] Unterstützend wirkt die Überlegung, daß beide Vorgänge Sicherungszwecken dienen: Die erbrechtliche Abspaltung der vermögensrechtlichen Ansprüche soll Nach-

---

[149] Soweit damit der Lehre Ulmers „auf die Sprünge" geholfen wird, ist dies noch nicht gleichbedeutend mit einer Zustimmung zu ihr!

[150] Eingehend Nörr/Scheyhing, Sukzessionen, § 13 I 1, S. 210.

[151] Erman-H.P. Westermann, § 412 Rz. 2; MünchKomm-Roth, § 412 Rz. 15; Palandt-Heinrichs, § 412 Anm. 1.

[152] Zum Kriterium des Normenbedarfs vgl. Nörr/Scheyhing, Sukzessionen, § 13 V 1, S. 227 f.

[153] Nörr/Scheyhing, Sukzession, § 15 I 2, S. 238 sprechen deshalb von einem „Quasi-Rechtssubjekt"; vgl. ferner MünchKomm-Dütz, § 2032 Rz. 27 f.; Staudinger-Werner, vor § 2032 Rz. 13 f.

[154] Spiritus, Diss., S. 173; Marotzke, ZIP 1988, 1509 (1511).

laßgläubigern und ausgleichungsberechtigten Miterben Sicherheit für die Befriedigung ihrer Ansprüche gegen den Nachlaß bieten, die Vorausabtretung i.d.R. Sicherheit für einen Kredit leisten, den der Zessionar dem Zedenten/Gesellschafter gewährt.[155] Diesen Gedanken hat bereits Flechtheim, der „Urvater" der Abspaltungslehre,[156] mit der Feststellung zusammengefaßt, der Erbe–Nachfolger habe bis zur Erbauseinandersetzung die Stellung eines Gesellschafters, der die übertragbaren Vermögensrechte (an die Erbengemeinschaft [Ergänzung des Verf.]) *abgetreten* habe.[157] Für eine Anwendung des § 412 BGB und der für die Zession kraft Rechtsgeschäfts geltenden Grundsätze auf die erbrechtliche Abspaltung besteht schließlich ein konkretes rechtliches Schutzbedürfnis seitens der vom erbrechtlichen Anteilsübergang betroffenen Personengesellschaft:[158] Z.B. müssen dem Auseinandersetzungsanspruch des jeweiligen Anteilsinhabers (Erblasser; Erbe–Nachfolger) gegenüber begründete Gegenrechte auch im Verhältnis zur Miterbengemeinschaft als Forderungsinhaberin bestehen bleiben (§ 404 BGB). Eine bereits im Zeitpunkt der Forderungsabspaltung zugunsten der Gesellschaft bestehende Aufrechnungslage[159] muß über den Erbfall hinaus perpetuiert werden (§ 406 BGB). Schließlich ist zu gewährleisten, daß von der Gesellschaft in Unkenntnis der Abspaltung an den Erben–Nachfolger erbrachte Erfüllungsleistungen auch gegenüber der Erbengemeinschaft Tilgungswirkung haben (§ 407 BGB). Letztlich gebietet also die wertende Abwägung der beteiligten Interessen, die Abspaltung der Auseinandersetzungsforderung dem § 412 BGB zu unterwerfen. Damit steht der rechtliche Gleichlauf von Forderungsabspaltung im Erbgang und rechtsgeschäftlicher Vorausabtretung allerdings erst dem Grundsatz nach fest. Für den Einzelfall der nachträglichen Anteilsabtretung ist deshalb noch einmal auf das bereits genannte Argument Ulmers zu rekurrieren – der Erbe–Nachfolger habe die Auseinandersetzungsforderung nicht vorauszediert, sondern diese nie erlangt – und zu fragen, ob sich insoweit doch ein zwingender Grund für eine differenzierende Behandlung von rechtsgeschäftlicher und erbrechtlicher Forderungsabspaltung ergibt. Die Argumentation Ulmers ist um Bildhaftigkeit bemüht: Hat der Erbe–Nachfolger nie etwas anderes als einen seiner Vermögensrechte bereits „entkleideten" Gesellschaftsanteil innegehabt, erscheint durchaus naheliegend, daß er durch eine Anteilsabtretung nur weniger bewirken kann als ein Ge-

[155] Vgl. zur Sicherungsfunktion der rechtsgeschäftlichen Zession nur den Tatbestand von BGHZ 88, 205; ferner Riegger, BB 1972, 115; Marotzke, ZIP 1988, 1509 (1510).

[156] Vgl. dazu oben 2. Teil, C II, Fn. 6.

[157] Düringer/Hachenburg/Flechtheim, HGB, § 139 Rz. 15 (S. 842).

[158] Zum Schuldnerschutz bei Gesamtrechtsnachfolge vgl. allg. MünchKomm-Roth, § 412 Rz. 16.

[159] Vgl. zur Veranschaulichung den Sachverhalt der Entscheidung BGH, NJW 1989, 453.

sellschafter, der bis zur Vorauszession der Auseinandersetzungsforderung zunächst Inhaber des „unversehrten“ Anteils war. Nicht jede bildhafte Gedankenführung muß jedoch logisch sein. Dies zeigt der Vergleich mit einer Konstellation, in der bereits der Erblasser zu Lebzeiten seinen zukünftigen Auseinandersetzungsanspruch abgetreten hatte. Auch dann erhält der Erbe–Nachfolger nur einen der Vermögensrechte „entkleideten“ Anteil. Dennoch kann er den Anteil mit der Wirkung abtreten, daß die Vorausabtretung der Einzelforderung hinfällig wird; denn der Erbe ist vollständig in die Rechtsstellung des Erblassers eingerückt, und dessen entsprechendes Vorgehen zu Lebzeiten hätte diese Rechtsfolge nach den allgemeinen Grundsätzen ausgelöst. Argumentum a fortiori kann dann aber nichts anderes gelten, wenn der Anteil erst im Erbgang der Vermögensrechte „entkleidet“ wird. Das auf eine Differenzierung zwischen erbrechtlicher Forderungsabspaltung und rechtsgeschäftlicher Vorauszession drängende Argument Ulmers geht somit eindeutig fehl.

Die Abspaltungslehre vermag das vorgegebene Ziel, die umfassende Sicherung des Anteilswerts für den Nachlaß, folglich nur noch dann ohne weitere Einschränkung zu erreichen, wenn sich die vom BGH zum Verhältnis von Vorausabtretung des Auseinandersetzungsanspruchs und späterer Anteilsabtretung entwickelten Grundsätze als unzutreffend erweisen. Obwohl es sich insoweit um die herrschende Ansicht handelt, erscheint eine Überprüfung angesichts einer ganzen Anzahl z.T. eingehend begründeter Gegenstimmen[160] als sachgerecht.

2. Überprüfung der BGH–Rechtsprechung zum Verhältnis von Anteilsübertragung und rechtsgeschäftlicher Vorausabtretung der Auseinandersetzungsforderung

a) Prioritätsprinzip

Bedenken gegen den postulierten Vorrang der Anteilsabtretung könnten aus dem Prioritätsprinzip folgen, wonach von zwei sich widersprechenden Verfügungen nur die zeitlich erste wirksam wird. Das Prioritätsprinzip bezieht sich jedoch nur auf Verfügungen über dasselbe Recht.[161] Auseinandersetzungsanspruch und Gesellschaftsanteil sind demgegenüber verschiedene Rechte, deren Verhältnis dadurch gekennzeichnet ist, daß das eine von ihnen – der Gesellschaftsanteil – Rechtsgrundlage für die Entstehung des anderen – der Auseinandersetzungsforderung – ist. Überle-

---

[160] Siehe bereits Fn. 142 a.E.

[161] V. Tuhr, Bd. II/1, § 60 V, S. 392; BGHZ 30, 149 (151) u. 238 (240); 32, 362 (369 f.); Münzberg, JZ 1989, 253; Flume, Rechtsgeschäft, § 11, S. 143.

gungen zum Prioritätsprinzip führen also nicht weiter.[162] Hilfreicher ist ein Vergleich mit dem Verhältnis von Forderungsabtretung und späterer Vertragsübernahme[163] (Bsp.: Zession einer Kaufpreisforderung, spätere Übertragung des Kaufvertrages). Auch dort handelt es sich um das Rangproblem von Abtretung einer einzelnen Forderung und späterer Übertragung des Rechtsverhältnisses, das die Rechtsgrundlage jener Einzelforderung bildet. Tatsächlich: Obwohl der Streit um die Rechtsnatur der Mitgliedschaft in der Personengesellschaft – Rechtsverhältnis oder (darüber hinaus) subjektives Recht?[164] – anhält, besteht an der strukturellen Vergleichbarkeit von Vertragsübernahme und Übertragung des Gesellschaftsanteils kein Zweifel.[165]

b) „Nemo plus iuris transferre potest quam ipse habet"

Folglich knüpft das tragende Argument gegen den Vorrang einer späteren Anteilsabtretung an entsprechende Überlegungen zur Vertragsübernahme[166] an: Der Gesellschafter könne dem Zessionar des Anteils nicht mehr Rechte verschaffen, als er selbst innehabe. Da er sich des Auseinandersetzungsanspruchs begeben habe, könne der neue Gesellschafter den Anteil nur seiner Vermögensrechte entkleidet erwerben.[167]

aa) Dem Argument liegt die Anschauung zugrunde, daß unmittelbar mit der Abtretung des Auseinandersetzungsanspruchs dieser aus dem Vermögen des Gesellschafters ausgeschieden sei. Ob dieses Verständnis zutrifft, ist allerdings fraglich. Die bezeichnete Wirkung tritt sicherlich bei der Abtretung einer bereits gegenwärtigen Forderung ein; diese wechselt unmittelbar mit Zustandekommen des Abtretungsvertrags in die Rechtszuständigkeit des Zessionars über. Beim Anspruch auf das Auseinander-

---

[162] Hackenbroch, Festschrift FH Finanzen NRW, S. 93 (110); Hadding, Festschrift Steindorff, S. 31 (43). – Irreführend ist die Diktion des Urt. BGHZ 104, 351 (352 f.).

[163] Vertragsübernahme ist die rechtsgeschäftliche Übertragung der Parteistellung eines Schuldverhältnisses in der Weise, daß die neue Partei alle Rechte und Pflichten übernimmt, die nach dem – identisch bestehenbleibendem – Vertrag für die ausscheidende Partei begründet sind. Ihre Zulässigkeit ist allg. anerkannt, vgl. BGHZ 96, 302 (307 f.); 95, 88 (94); Erman-H.P.Westermann, vor § 414 Rz. 2; Palandt-Heinrichs, § 398 Anm. 10. – Dort auch Näheres zur rechtstechnischen Durchführung.

[164] Zusammenfassend Lutter, AcP 180 (1980), 84 (97 ff.); dezidiert für die Lehre vom Rechtsverhältnis neuestens wieder Hadding, Festschrift Steindorff, S. 31 (33 ff.).

[165] BGHZ 44, 229 (231); Hackenbroch, Festschrift FH Finanzen NRW, S. 93 (100); H. Pieper, Vertragsübernahme, S. 67 ff.; Nörr/Scheyhing, Sukzessionen, § 16, S. 248; Hadding, Festschrift Steindorff, S. 31 (39).

[166] H. Pieper, Vertragsübernahme, S. 171 f.

[167] Marotzke, ZIP 1988, 1509 (1514); Ensthaler, Liquidation, S. 72; G.-W. Zimmer, Diss., S. 37; Spiritus, Diss., S. 202.

setzungsguthaben handelt es sich jedoch nach ganz h.M.[168] um ein zukünftiges Recht.[169] Die Abtretung zukünftiger Forderungen (= Vorausabtretung) ist dadurch gekennzeichnet, daß der Zeitpunkt des Verfügungsgeschäfts (= Abtretungsvertrag) und der Eintritt des beabsichtigten rechtlichen Erfolgs auseinanderfallen: Der Übergang der Forderung ist auf den Zeitpunkt hinausgeschoben, in dem die zur Vollendung ihres Entstehungstatbestands noch fehlenden Elemente verwirklicht sind.[170] Daraus folgt, daß die Vorausabtretung eine unmittelbare Rechtsänderung zunächst nicht herbeiführt;[171] ihr rechtlicher Erfolg beschränkt sich einstweilen auf die bereits gegenwärtige Sperrwirkung für weitere Verfügungen über dasselbe Recht.[172] Nach dieser Überlegung leuchtet die Prämisse, bereits das Zustandekommen des Abtretungsvertrages lasse den Auseinandersetzungsanspruch aus dem Vermögen des Zedenten ausscheiden, nicht mehr recht ein.[173]

bb) Gegen die These, der Gesellschafter könne den Anteil nach der Vorausabtretung des Auseinandersetzungsanspruchs nur noch seiner Vermögensrechte entkleidet übertragen, besteht aber noch ein weiteres Bedenken. Der gegen Rspr. und h.L. gerichtete Vorwurf, niemand dürfe mehr Rechte übertragen, als ihm zum Verfügungszeitpunkt noch zukämen, könnte sich letztlich gegen die Kritiker selbst wenden. Substantiiert wird dieser Vorbehalt durch folgende Überlegung: Zwar steht die nur sukzessive Tatbestandsverwirklichung bei der Vorausabtretung (Abtretungsvertrag + Verfügungsmacht + Forderungsentstehung = Forderungsübergang) ihrer Gültigkeit nicht entgegen. Jedoch müssen die Voraussetzungen für die Wirksamkeit der Abtretung zumindest in einem Zeitpunkt einmal alle gemeinsam vorliegen.[174] Damit wird zwingend erforderlich, daß der Zedent

---

[168] BGHZ 88, 205 (206 f.); Flume, Personengesellschaft, § 11 IV, S. 162; MünchKomm-Ulmer, § 717 Rz. 29 a; Soergel-Hadding, § 717 Rz. 11 - a.A. RGZ 60, 126 (130); Palandt-Thomas, § 717 Anm. 2 c.

[169] Die h.M. ist auch bestens begründbar: Ein gegenwärtiges Recht liegt nur vor, wenn der gesamte Tatbestand gegeben ist, an den die Rechtsordnung die Entstehung des Rechts knüpft (Hahnzog, Diss., S. 5). Der „Gesamttatbestand" des Auseinandersetzungsanspruchs ist erst vollendet, wenn die Gesellschaft aufgelöst und ein verteilungsfähiger Überschuß festgestellt worden ist. Folglich ist der Auseinandersetzungsanspruch z.Zt. des Bestehens der Gesellschaft nur ein zukünftiger.

[170] BGHZ 30, 238 (240); 32, 367 (369 f.); Larenz, SchR I, § 34 III, S. 585; Serick, Bd. IV, § 47 II 2 b, S. 277; RGRK-Weber, § 398 Rz. 70.

[171] Dennoch handelt es sich um eine Verfügung; denn dafür reicht aus, daß ein Rechtsgeschäft unmittelbar auf die Herbeiführung einer Rechtsänderung *gerichtet* ist.

[172] Vgl. Flume, Rechtsgeschäft, § 11/5 c, S. 144.

[173] Vgl. Hahnzog, Diss., S. 27.

[174] Diese, für das Verständnis der Vorausabtretung elementare Erkenntnis wird im Schrifttum äußerst unzureichend verdeutlicht; treffend aber AlternKomm-Ott, § 398 Rz. 6 f.

im Entstehungszeitpunkt der Forderung noch ihr Gläubiger ist und diese zu eigener Verfügungsmacht erwirbt.[175] Zwar scheint dieser Satz mühelos falsifizierbar zu sein, indem man bei Forderungsentstehung einen Direkterwerb des Zessionars annimmt. Insoweit ändert sich jedoch nicht das Ergebnis, sondern nur die Formulierung - dahin gehend, daß der Zedent die Forderung bei Hinwegdenken der Vorausabtretung zu eigener Verfügungsmacht hätte erwerben müssen.[176] Somit gilt nach beiden Sätzen, daß der Zedent für das wirksam Werden der Vorausabtretung noch bis zum Zeitpunkt der Forderungsentstehung Partei des Rechtsverhältnisses sein muß, aus dem das abgetretene Recht hervorgeht.[177] Im gesellschaftsrechtlichen Kontext bedeutet dies: Scheidet ein Gesellschafter durch Übertragung des Anteils aus der Gesellschaft aus, kann er - selbst bei Außerachtlassung der Vorausabtretung - nicht mehr Gläubiger der Auseinandersetzungsforderung werden. Hält man dennoch die Forderungsentstehung in der Person des Zessionars weiterhin für möglich und verweist damit den Erwerber des Gesellschaftsanteils auf einen der Vermögensrechte im wesentliche „beraubte" Mitgliedschaft,[178] so könnte der Altgesellschafter dem Zessionar des Auseinandersetzungsanspruchs ein Recht verschaffen, daß er selbst keinesfalls mehr zu erwerben vermochte. Gerade damit würde also der Grundsatz „nemo plus iuris transferre potest ... " im Verhältnis von Altgesellschafter und Forderungszessionar beeinträchtigt.[179] Insoweit würde sich der gegen die h.M. erhobene Einwand zwangsläufig in ein Argument gegen die abweichenden Stimmen selbst verkehren.

cc) In den bisherigen Ausführungen[180] ist allerdings außer Betracht geblieben, daß dem Gesellschafter einer Personengesellschaft möglicherweise bereits während des Bestehens der Gesellschaft im Hinblick auf den zukünftigen Auseinandersetzungsanspruch ein *Anwartschaftsrecht* zusteht. Träfe dies zu, läge eine schon gegenwärtige Rechtsposition vor, die - da im Zweifel im Zuge der zunächst noch nicht wirksamen Vorausabtretung mitübertragen[181] - bereits mit der Abtretung aus dem Vermögen des Ze-

---

[175] Vgl. Larenz, Allg. Teil, § 18 II c, S. 323; ders., SchR I, § 34 III, S. 586.

[176] V. Tuhr, Bd. II/1, § 60 V, S. 392; Hahnzog, Diss., S. 62; Nörr/Scheyhing, Sukzessionen, § 22 III, S. 275 f. - Da sich der Streit um Durchgangs- oder Direkterwerb vorliegend nicht auswirkt, ist auf Einzelheiten nicht einzugehen; vgl. aber Serick, Bd. IV, § 47 IV, S. 317 ff. (umfsd.); Palandt-Heinrichs, § 398 Anm. 4 c.

[177] BGH, WM 1973, 489; V. Tuhr, Bd. I, § 12 II, S. 221; Nörr/Scheyhing, Sukzessionen, § 9 III 2, S. 140; RGRK-Weber, § 398 Rz. 71

[178] Siehe Ensthaler, Hueck, Marotzke, Staudinger-Keßler, aaO. (oben Fn. 142 a.E.).

[179] Zusammenfassend Münzberg, JZ 1989, 253 (254 r. Sp.); Hadding, Festschrift Steindorff, S. 31 (43).

[180] Unter aa) und bb).

[181] Daß die zunächst unwirksame Vollrechtsübertragung die Übertragung eines bereits existenten Anwartschaftsrechts einschließt, ist im Verhältnis von (Mobiliar-)Eigentum und Eigentumsanwartschaft anerkannt, vgl. BGHZ 50, 45 (48); 35, 85 (91); 20, 88 (101);

denten ausgeschieden und als Vorstufe des Vollrechts unmittelbar in das Vermögen des Zessionars übergegangen wäre.[182] Zugleich bliebe das Erfordernis der Verfügungsmacht auf den Zeitpunkt der Übertragung der Anwartschaft beschränkt.[183] Damit könnten sich die mit dem Auseinanderfallen von Verfügungszeitpunkt und Eintritt der Verfügungswirkung verbundenen Probleme entschärfen.

Bei Beantwortung der Frage, ob dem Gläubiger einer zukünftigen Forderung bereits ein Anwartschaftsrecht an dieser zusteht, wird danach differenziert, ob das der zukünftigen Forderung zugrundeliegende Rechtsverhältnis bereits existent ist (z.B. zukünftige Mietzinsforderung aus einem bereits geschlossenen Mietvertrag) oder nicht (z.B. Kaufpreisforderung aus einem noch abzuschließenden Kaufvertrag). Nur im ersten Fall wird dem Gläubiger bereits vor Forderungsentstehung ein Anwartschaftsrecht zuerkannt, das bei Vorausabtretung des Vollrechts auf den Zessionar übergeht.[184] Nach dieser Typisierung müßte dem Inhaber des zukünftigen Auseinandersetzungsanspruchs – zunächst dem Gesellschafter, später, nach der Vorausabtretung, dem Zessionar – eine Forderungsanwartschaft zustehen; denn die Rechtsgrundlage für jenen Anspruch ist bereits mit Abschluß des Gesellschaftsvertrages gelegt.[185]

Dieses Ergebnis darf jedoch nicht allzu früh als gesichert eingeordnet werden. Zweifel ergeben sich auf verschiedenen Ebenen.

(1) Zunächst handelt es sich bei dem Begriff des „Anwartschaftsrechts“ um keine zauberkräftige Formel, die nach Bedarf jede beliebige Rechtsstellung in eine gesicherte Erwerbsposition verwandeln könnte: Der Bestandsschutz einer Rechtsposition ist nicht Folge, sondern Vorausset-

---

Serick, Bd. I, § 11 III 1, S. 257; Palandt-Bassenge, § 929 C a. Für das Verhältnis von Forderung und Forderungsanwartschaft kann nichts anderes gelten.

[182] Vgl. Serick, Bd. IV, § 47 IV 4, S. 331. – Mißverständlich BGH, NJW 1989, 453; die Entscheidung steht zudem im Widerspruch zum Urt. BGHZ 104, 351 (352 f.) [ders. Senat]; insoweit zutr. Marotzke, ZIP 1988, 1509 (1512).

[183] Vgl. Nörr/Scheyhing, Sukzessionen, § 9 III 3, S. 141.

[184] Hahnzog, Diss., S. 102 ff.; Serick, Bd. IV, § 47 I 3, S. 265 u. § 47 IV 4, S. 331; Nörr/Scheyhing, Sukzessionen, § 9 III, S. 139 ff.; Soergel–Zeiss, § 398 Rz. 11; unklar Larenz (SchR I, § 34 III, S. 585), der für die Fälle bestehender Rechtsgrundlage synonym von „Anwartschaft“ und „Erwerbsaussicht“ spricht. – Z.T. wird ausschließlich erörtert, ob dem Zessionar der zukünftigen F. ein AnwartschaftsR zusteht (vgl. Soergel–Zeiss aaO.); dieser Ansatz ist jedoch nicht ganz zutr., da Voraussetzung für ein AnwartschaftsR des Zessionars ein solches des Gläubigers/Zedenten ist.

[185] Explizit für ein AnwartschaftsR nur Huber, Vermögensanteil, S. 395; Hackenbroch, Festschrift FH Finanzen NRW, S. 93 (97); davon abgesehen, läßt das gesellschaftsrechtliche Schrifttum die erforderlichen Querbezüge zum allgemeinen Schuldrecht bisher noch vermissen; weitere Stellungnahmen zur Problematik „Auseinandersetzungsanspruch und Anwartschaftsrecht“ fehlen deshalb.

zung eines jeden Anwartschaftsrechts.[186] Ein pauschal mit der Rechtsfigur des Anwartschaftsrechts begründetes Ergebnis vermag deshalb nicht zu überzeugen;[187] vielmehr bedarf es auch insoweit, als der Rechtsgrund für die zukünftige Forderung schon gelegt ist, in jedem Einzelfall einer gesonderten Untersuchung.[188]

(2) Eine solche Analyse bezüglich des zukünftigen Auseinandersetzungsanspruchs zeigt, daß sich Zweifel gegen seine Klassifizierung als Anwartschaftsrecht auch ohne grundsätzliche Infragestellung dieser Rechtsfigur ergeben. Ausreichend ist bereits, die überwiegend anerkannte Definition des Anwartschaftsrechts als Maßstab anzulegen. Danach liegt ein Anwartschaftsrecht vor, wenn von dem mehraktigen Entstehungstatbestands eines Rechts bereits so viele Erfordernisse erfüllt sind, daß von einer gesicherten Rechtsposition des Erwerbers gesprochen werden kann, die der andere an der Entstehung des Rechts Beteiligte nicht mehr einseitig zu zerstören vermag.[189] Mit dem Abschluß des Gesellschaftsvertrages ist erst ein einziger Schritt auf dem Weg zur wirksamen Entstehung des Auseinandersetzungsanspruchs vollzogen. Zwar mag das Zustandekommen der Rechtsgrundlage für den zukünftigen Anspruch in anderen Fällen – z.B. bei zukünftigen Ansprüchen aus einem Miet- oder Dienstverhältnis – zur Annahme einer Forderungsanwartschaft bereits hinreichen. Während jedoch dort Entstehungszeitpunkt und Höhe der Forderungen mit großer Sicherheit voraussehbar sind,[190] herrscht über die entsprechenden Determinanten des zukünftigen Auseinandersetzungsanspruchs – also den Zeitpunkt der Auflösung der Gesellschaft bzw. des Ausscheidens eines Gesellschafters und die Geschäftsentwicklung bis zu diesem Zeitpunkt – völlige Ungewißheit. Hinzu kommt noch ein Weiteres: Die Gesellschafter beeinflussen durch ihre Beschlüsse (z.B. über die Gewinnverwendung, über die Bildung stiller Reserven etc.) zwangsläufig die Höhe des Auseinandersetzungs- oder Abfindungsguthabens.[191] Sie können ihre weitgehende Dispositionsbefugnis insbesondere über die die Abfindung eines ausscheidenden Ge-

---

[186] Medicus, JuS 1967, 385 (388 f.); ders., Bürgerl. R., Rz. 456, 487; MünchKomm-Roth, § 398 Rz. 64; Palandt-Bassenge, § 929 Anm. 6 B a.

[187] MünchKomm-H.P. Westermann, § 455 Rz. 42; Kollhosser, JZ 1985, 370 (371). – Ähnliche Tendenzen offenbart auch die BGH-Rspr.: Während in einem frühen Urteil zur *(fehlenden) Konkursfestigkeit der Vorausabtretung* noch extensiv mit der Rechtsfigur des Anwartschaftsrechts argumentiert wurde (NJW 1955, 544), fehlt der Begriff in einem neueren Entscheid (NJW 1989, 1282 ff.) gänzlich.

[188] Serick, Bd. IV, § 47 I 3, S. 265.

[189] BGHZ 45, 186 (189); 49, 197 (201); BGH, NJW 1955, 544; Palandt-Heinrichs, Einf. v. § 158 Anm. 3 b; Serick, Bd. IV, § 47 I 3, S. 264.

[190] Bsp.: A tritt B im Januar Mietzinsansprüche aus der Vermietung seines Hauses vom 1. 4. bis zum 1. 12. des Jahres ab: Über Entstehungszeitpunkt und Höhe der Forderungen bestehen kaum Zweifel.

[191] Ensthaler, Liquidation, S. 66.

sellschafters betreffenden Vorschriften auch gezielt dazu einsetzen, Höhe und Fälligkeit der Einzelguthaben nachteilig zu verändern.[192] Tritt dann noch nach dem Gesellschaftsvertrag die Möglichkeit einer Mehrheitsentscheidung hinzu – deutlicher: die Möglichkeit einer Entscheidung gegen den Willen des nachteilig betroffenen Gesellschafters –, so erweist sich die dem Gesellschafter zustehende zukünftige Forderung als eine Rechtsposition, die vor Eingriffen der anderen am Rechtsverhältnis Beteiligten keineswegs geschützt ist. Insgesamt spricht also sehr viel mehr gegen als für die These, jeder Gesellschafter habe bereits während der werbenden Tätigkeit der Gesellschaft ein Anwartschaftsrecht an dem zukünftigen Auseinandersetzungsanspruch inne.

(3) Doch selbst wenn man die Anforderungen für die Bejahung eines Anwartschaftsrechts stark herabsetzte – etwa auf ein nur wenig oberhalb der bloßen Erwerbsaussicht ansiedelndes Niveau – und damit den Gesellschafter zweifelsfrei zum Anwartschaftsberechtigten qualifizierte, bliebe fraglich, ob eine Widerlegung des Postulats der BGH-Rspr. vom Vorrang der Anteilsübertragung vor der Zession der Auseinandersetzungsforderung gelänge. Die Ursache für solche Zweifel liegt in der „schuldrechtlichen Schwäche“[193] des Anwartschaftsrechts. Dieses Schlagwort bringt zum Ausdruck, daß auch in der Hand des Zweiterwerbers das Anwartschaftsrecht von dem zugrundeliegenden schuldrechtlichen Verhältnis abhängig bleibt. Da die Verfügungsbefugnis darüber ausschließlich den Vertragsparteien zusteht, fehlt dem Anwartschaftsrecht Immunität[194] gegen Eingriffe der Vertragsparteien in das schuldrechtliche Gefüge, die zu Lasten des Zweiterwerbers ein Erstarken des Anwartschaftsrechts zum Vollrecht vereiteln. Erörtert wird die Gefährdung des Anwartschaftsrechts durch Änderung des Basisrechtsverhältnisses vorrangig für die Anwartschaft aus bedingter Übereignung (§§ 929, 158 S. 1 i.V.m. 455 BGB). Insoweit ist z.B. anerkannt, daß das Anwartschaftsrecht erlischt, wenn der zugrundeliegende Kaufvertrag durch Anfechtung vernichtet oder durch Rücktritt in ein Abwicklungsverhältnis umgestaltet wird; schließlich können die Parteien ein Erlöschen des Anwartschaftsrechts sogar durch einverständliche Aufhebung des Vertrages herbeiführen, sofern dies nicht in Schädigungsabsicht geschieht (§§ 138, 826 BGB).[195] Das Problem stellt sich in gleicher Weise auch bei der Forderungsanwartschaft, bei der Anwartschaft auf den gesellschaftsrechtlichen Auseinandersetzungsanspruch[196] sogar in zugespitzter

---

[192] Dazu bereits oben E II 3 a bb.

[193] Zur Terminologie s. Serick, Bd. I, § 11 II 1, S. 252 f.

[194] Zur Terminologie s. MünchKomm-H.P. Westermann, § 455 Rz. 60.

[195] Vgl. BGHZ 35, 85 (94); 75, 221 (225), dazu Serick, Bd. I, § 11 II 1, S. 252 f.; Loewenheim, JuS 1981, 725; MünchKomm-H.P. Westermann, § 455 Rz. 59 f. – Sehr weitgehend zuletzt BGHZ 92, 280 (293), vgl. dazu Kollhosser, JZ 1985, 370 ff.

[196] Um die folgenden Ausführungen nicht mit einer im Übermaß konjuktivischen Dar-

Form; denn dort bleibt es nicht bei dem allgemeinen, in seiner Tragweite nicht völlig ausgeloteten Satz, daß die Parteien des Grundverhältnisses dieses weithin frei gestalten können,[197] sondern ein gesellschaftsrechtlicher Grundsatz sorgt für rechtliche Verbindlichkeit: Selbst für solche Maßnahmen im Grundverhältnis 'Gesellschaftsvertrag', die zielgerichtet auf den Bestand des Anwartschaftsrechts einwirken, verbietet sich die Annahme eines Zustimmungsrechts des Forderungszedenten (=Anwartschaftszweiterwerbers), weil die Anerkennung eines solchen Rechts diesem als Nichtmitglied des Personenverbands ein Mitverwaltungsrecht in der Gesellschaft verschaffen und somit gegen das *Abspaltungsverbot* verstoßen würde.[198]

Folglich können die Gesellschafter – darunter der Forderungszedent – auch nach einer Anwartschaftsübertragung solche Vorschriften des Gesellschaftsvertrages ändern, die unmittelbar die Entstehung und Berechnung des Auseinandersetzungsanspruchs betreffen.[199][200] Zu denken ist vornehmlich an Vereinbarungen, die den Auseinandersetzungsanspruch des Gesellschafters verringern; seltener, immerhin aber möglich ist die Übernahme aller Gesellschaftsanteile durch den Zedenten mit der Folge, daß ein Auseinandersetzungsanspruch gänzlich entfällt.[201] Liegt die Übertragung der Gesellschafterstellung auf gleicher Ebene, d.h. vereitelt sie ebenfalls den Vollrechtserwerb des Anwartschaftszweiterwerbers? Dafür spricht: Vor der antezipierten Abtretung des Auseinandersetzungsanspruchs ist die Erstarkung der Anwartschaft am Auseinandersetzungsanspruch an die Voraussetzung geknüpft, das der Gesellschafter zur Zeit der Auflösung des Personenverbandes noch dessen Mitglied ist. Da die Übertragung der Anwartschaft deren rechtliche Identität unberührt läßt,[202] ändert sich diese „Bedingung“[203] für den Anwartschaftszweiterwerber nicht. Die Übertragung

---

stellung sprachlich zu belasten, wird dessen Existenz für die folgenden Überlegungen kurzzeitig als wahr unterstellt.

197 Wiedemann, Übertragung, S. 305; Hackenbroch, Festschrift FH für Finanzen NRW, S. 93 (108).

198 Hueck, OHG, § 17 IV 2, S. 256; Riegger, BB 1972, 115 (116); Ensthaler, Liquidation, S. 66. – Allg. zum Abspaltungsverbot K. Schmidt, GesellschaftsR, § 19 III 4, S. 414 ff.

199 H.M.: John in: Hadding/U.H. Schneider, Gesellschaftsanteile als Kreditsicherheit, S. 99; H. Westermann, PersonengesellschaftsR, Rz. 326; MünchKomm–Ulmer, § 717 Rz. 35; Soergel–Hadding, § 717 Rz. 15. – A.A. RGRK–v. Gamm, § 717 Rz. 7.

200 Allerdings wird das der Vorausabtretung des Auseinandersetzungsanspruchs zugrundeliegende Rechtsgeschäft häufig die Verpflichtung des Zedenten beinhalten, an solchen, dem Zessionar nachteiligen Beschlüssen nicht mitzuwirken. Doch ist damit nur das rechtliche Dürfen, nicht aber das rechtliche Können beschränkt (§ 137 BGB); vgl. auch Ensthal (Fn. 198), S. 68 und Hackenbroch (Fn. 197), S. 109.

201 Hackenbroch, Festschrift FH für Finanzen NRW, S. 93 (108).

202 Vgl. dazu schon v. Tuhr, Bd. I, § 12 I, S. 219 f.

203 Die Anführungszeichen sollen andeuten, daß es sich um keine Bedingung i.S.v. §§ 158 ff. BGB handelt; vgl. Münzberg, JZ 1989, 253 r.Sp.

des Gesellschaftsanteils macht deren Erfüllung jedoch unmöglich; die Auswechslung des Gesellschafters stellt sich somit aus Sicht des Anwartschaftszweiterwerbers als besonders schwerwiegender Eingriff in das schuldrechtliche Grundverhältnis dar, der das Anwartschaftsrecht in seiner Hand verfallen läßt. Allerdings sind gegen diese Gedankenführung auch Einwände möglich: Immerhin wird dem Anwartschaftsrecht aus der Abtretung künftiger Forderungen dingliche Wirkung zugeschrieben;[204] deshalb könnte es zugunsten des Anwartschaftszweiterwerbers gleichgültig sein, in wessen Person die Voraussetzungen für die Entstehung des Vollrechts eintreffen, sondern ausreichen, daß diese von irgendjemandem - also etwa vom Erwerber des Gesellschaftsanteils realisiert werden. Als Unterstreichung dieses Gedankens könnte der Hinweis dienen, daß beim Anwartschaftsrecht aus Eigentumsvorbehaltskauf die Bedingung der Kaufpreiszahlung nicht allein durch den Vorbehaltskäufer (= Anwartschaftsersterwerber) erfüllt werden kann, sondern die Zahlung durch einen beliebigen Dritten (gem. § 267 BGB) die Erstarkung des Anwartschaftsrechts zum Vollrecht in der Person des Anwartschaftszweiterwerbers herbeizuführen vermag.[205] Beide Argumente greifen jedoch letztlich nicht durch: Weil das Vollrecht selbst - die Auseinandersetzungsforderung - kein dingliches Recht ist, kann auch die als Vorstufe bestehende Anwartschaft keine dingliche Natur besitzen.[206] Daß beim Eigentumsvorbehaltskauf gleichgültig ist, wer den Bedingungseintritt herbeiführt, ist zwar richtig; doch trifft der Vergleich letztlich nicht zu, weil auch der Vollrechtserwerb des Anwartschaftszweiterwerbers durch Zahlung nach § 267 BGB als selbstverständlich voraussetzt, daß der Vorbehaltskäufer (= Anwartschaftsersterwerber) noch Partei des Kaufvertrages ist.

Die Überlegungen zum Anwartschaftsrecht lassen sich zusammenfassen: Sehr fraglich ist bereits, ob der zukünftige Anspruch auf das Auseinandersetzungsguthaben in der Hand des Gesellschafters ein Anwartschaftsrecht begründet. Selbst wenn man die Entstehung eines Anwartschaftsrechts anerkennt, erweist sich die Übertragung der Gesellschafterstellung - des Basisrechtsverhältnisses - als Konkretisierung der schuldrechtlichen Schwäche des Anwartschaftsrechts, die jedenfalls die Forderungsanwartschaft zu Lasten des Vorauszessionars zu Fall bringt. Die Rechtsfigur des Anwartschaftsrecht führt also keineswegs zu einer Wiederbelebung der gegen die Rechtsprechung des BGH erhobenen Einwände aus dem Prioritätsprinzip und dem Grundsatz „nemo plus iuris transferre potest ...“.

---

[204] Explizit BGH, NJW 1955, 544.

[205] BGHZ 75, 221 (228); BGH, NJW 1954, 1325 (1328);

[206] Medicus, JuS 1967, 385 (389).

c) Ergebnisse der abweichenden Meinungen

Vor einer abschließenden Bewertung ist noch ein Blick auf die Ergebnisse zu werfen, welche die von der Rspr. des BGH abweichenden Meinungen erzielen. Insoweit überrascht, daß die Ablehnung des Vorrangs der Übertragung der Gesellschafterstellung gegenüber der Vorausabtretung der Auseinandersetzungsforderung keinen der Autoren dazu führt – wie man eigentlich vermuten sollte –, den Anteilserwerber auf einen der Vermögensrechte vollständig „beraubten" Anteil zu verweisen. Vielmehr wird nach vermittelnden Lösungen Ausschau gehalten: Z.T. wird versucht, § 573 BGB, der die Wirksamkeit von Vorausverfügungen über den Mietzins bei Veräußerung des Mietgrundstücks (§ 571 BGB) betrifft, für eine Analogie nutzbar zu machen.[207] Danach soll der Erwerber des Gesellschaftsanteils die Vorausabtretung des Auseinandersetzungsanspruchs nur dann gegen sich gelten lassen müssen, wenn er sie kannte. Dagegen soll seine Unkenntnis zu einer Aufteilung des Auseinandersetzungsanspruchs führen; dabei könne der Anspruchszessionar nur dasjenige fordern, was dem Altgesellschafter bei einer auf den Zeitpunkt der Anteilsübertragung fingierten Auflösung der Gesellschaft zugekommen wäre.[208] Weitere gelangen zu dem gleichen Ergebnis aufgrund einer anderen Überlegung.[209] Sie betrachten die Rechtslage bei der „unechten" Anteilsübertragung durch Doppelvertrag, also durch den rechtlich unverbundenen, zeitlich jedoch koordinierten Austritt des alten und Eintritt des neuen Gesellschafters.[210] In diesem Fall entsteht kraft Gesetzes (§ 738 Abs. 1 S. 2 BGB) eine Abfindungsforderung zugunsten des ausscheidenden Gesellschafters (= Forderungszessionar), während der eintretende Gesellschafter später einen Auseinandersetzungsanspruch nur nach Maßgabe dessen geltend machen kann, was die Gesellschaft im Zeitraum seiner Mitgliedschaft erwirtschaftet hat. Beim derivativen Anteilserwerb durch Übertragung der Mitgliedschaft gemäß §§ 398, 413 BGB sei die Interessenlage letztlich gleich zu bewerten; deshalb sei auch insoweit eine Teilung des Auseinandersetzungsanspruchs auf den Stichtag des Gesellschafterwechsels anzuerkennen.

Beide Ansätze sind jedoch Zweifeln ausgesetzt. Bei § 573 BGB handelt es sich um eine speziell für das Mietrecht konzipierte Ausnahmeregelung, die vordringlich nicht den Zessionar der Mietzinsforderungen schützen, sondern den Mieter vor doppelter Inanspruchnahme bewahren will.[211] Der Vorschrift liegen somit z.T. sozialpolitisch motivierte Wer-

---

[207] Marotzke, ZIP 1988, 1509 (1516 ff.) im Anschluß an nur kurz skizzierte Überlegungen R. Fischers in ZHR 130 (1968), 359 (363 f.).

[208] Marotzke, ZIP 1988, 1517 l.Sp.

[209] Huber, Vermögensanteil, S. 392 (395 f.); Ensthaler, Liquidation, S. 72 f.

[210] Vgl. BGHZ 44, 229 (231); G. Hueck, GesellschaftsR, § 10 III 1, S. 69.

[211] Staudinger–Sonnenschein, § 573 Rz. 1; Palandt–Putzo § 573 Anm. 1.

tungen zugrunde, die sich keinesfalls außerhalb des Mietrechts übertragen lassen.[212] Die Befürworter einer Gleichsetzung von derivativem Anteilserwerb und „unechter" Anteilsübertragung durch Doppelvertrag verkennen, daß die Differenzierung zwischen den beiden rechtlichen Konstruktionen nicht nur rein theoretischer Natur ist, sondern die Wahl der einen oder anderen wesentliche praktische Auswirkungen hat. So ist in der Zweipersonengesellschaft ein Gesellschafterwechsel nur durch eine „echte" Anteilsübertragung möglich. Denn während der derivative Anteilserwerb die Identität der Gesellschaft unberührt läßt,[213] würde ein Doppelvertrag zumindest für eine logische Sekunde zum Verbleib nur eines Gesellschafters und damit zur Auflösung der Gesellschaft führen.[214] Auch bleiben an der Beteiligung bestellte dingliche Rechte – z.B. ein Pfandrecht oder ein Nießbrauch – von einer Übertragung des Anteils nur dann unversehrt, wenn diese sich im Wege des derivativen Erwerbs vollzieht.[215] Schon aufgrund dieser materiellen Unterschiede fehlt dem Postulat, die Interessenlage sei für beide Begründungswege jeweils identisch, ein tragfähiges Fundament. Zudem würde die Aufteilung des Auseinandersetzungsanspruchs erhebliche praktische Schwierigkeiten hervorrufen; denn sie würde die übrigen, an der Vorausabtretung nicht beteiligten Gesellschafter zu einer „außerplanmäßigen" Abfindungsberechnung zwingen, die durch die unmittelbare Anteilsübertragung gerade vermieden werden sollte.[216]

Nach alledem erweist sich die BGH-Rspr. zum Verhältnis von Anteilsübertragung und rechtsgeschäftlicher Vorausabtretung der Auseinandersetzungsforderung als zutreffend. Der Vorrang der Anteilsübertragung hat nicht nur die besseren begrifflich-systematischen Argumente für sich, sondern er trägt zudem der im Spannungsverhältnis von Altgesellschafter, Anspruchszessionar und Anteilserwerber vorgegebenen Interessengewichtung angemessen Rechnung: Aus Sicht des Zessionars kommt der Vorausabtretung des Auseinandersetzungsanspruchs wegen der Ungewißheit über die wirtschaftliche Entwicklung der Gesellschaft und wegen der für die Gesellschafter fortbestehenden Möglichkeit, die Berechnungs- und Auszahlungsmodalitäten der Forderung zu ändern, allemal ein spekulatives Moment zu.[217] Die Vereitelung seines Anspruchs durch Über-

---

[212] Die Analogiefähigkeit verneinen – allerdings weitgehend ohne Begründung – auch v. Tuhr, Bd. I, § 12 I, S. 221 Fn. 6 b; Nörr/Scheyhing, Sukzessionen, § 22 III, S. 275 Fn. 14. – Vgl. ferner BGHZ 88, 205 (208) und BGH, NJW 1990, 1113 (1116).

[213] Statt aller: K. Schmidt, GesellschaftsR, § 45 II 4, S. 968.

[214] MünchKomm-Ulmer, § 719 Rz. 14; Soergel-Hadding, § 719 Rz. 11. – Gleiches gilt für die Fallgestaltung BGHZ 44, 229 (231): Auswechslung sämtlicher Gesellschafter unter Wahrung der Verbandsidentität.

[215] Wiedemann, Übertragung, S. 52.

[216] Hackenbroch, Verpfändung von Mitgliedschaftsrechten, S. 150 f.

[217] Hackenbroch, Festschrift FH Finanzen NRW, S. 93 (111).

tragung des Gesellschaftsanteils stellt sich für ihn letztlich nur als besondere Spielart des sich realisierenden Spekulationsrisikos dar. Insoweit hätte er sich im übrigen wirkungsvoll durch die Vereinbarung mit dem Zedenten schützen können, daß auch die Entgeltsforderung aus einer künftigen Anteilsveräußerung in die Vorausabtretung einbezogen sein sollte.[218] Zugleich sichert der Vorrang der Anteilsübertragung die Bedeutung der Rechtsform „Personengesellschaft" gegenüber den körperschaftlich organisierten Gesellschaftsformen. Denn die Möglichkeit der Übertragung der Mitgliedschaft als einer einheitlichen Rechtsposition ist für die Personengesellschaften in jahrzehntelangen dogmatischen Auseinandersetzungen[219] regelrecht „erkämpft" worden, um – wie bei den Kapitalgesellschaften – den natürlichen und notwendigen Wechsel im Personenkreis der Gesellschafter zu ermöglichen, ohne den Bestand der Gesellschaft und der von ihr aggregierten Werte (Vermögen, Know-How, etc.) zu gefährden.[220] Für einen Personengesellschafter, der – gleich aus welchem Grund – aus dem Personenverband ausscheiden will, würde die wegen des fehlenden Markts für Personengesellschaftsanteile ohnehin schon mühselige Suche nach einem Nachfolger aber zusätzlich erschwert, müßte jeder potentielle Anteilserwerber grundsätzlich damit rechnen, aufgrund einer – von ihm häufig nicht sicher nachzuprüfenden – Vorausabtretung der nach § 717 S. 2 BGB übertragbaren Rechte auf eine der Vermögenswerte entkleidete Mitgliedschaft verwiesen zu werden. Die „Fungibilität der Mitgliedschaft" hätte dann alsbald nur noch auf dem Papier Bestand.

---

218 Hackenbroch, wie vorige Fn.

219 Umfsd. zur Rechtsentwicklung Flume, Personengesellschaft, § 17 I/II, S. 345 ff.; K. Schmidt, GesellschaftsR, § 45 III, S. 970 ff.

220 Wiedemann, Übertragung, S. 44 ff.

3. Zusammenfassung zu III.; Auswirkungen auf die Abspaltungslehre

Eine rechtsgeschäftliche Vorausabtretung des Auseinandersetzungsanspruchs geht ins Leere, wenn später der Gesellschaftsanteil übertragen wird. Die (nach Ulmer) im Erbgang erfolgende Abspaltung der vermögensrechtlichen Ansprüche vom Anteil ist der rechtsgeschäftlichen Abtretung gleichzustellen. Nachlaßgläubiger und Miterben können sich also nicht uneingeschränkt darauf verlassen, daß ihnen trotz Sondervererbung der Mitgliedschaft deren Vermögenswert zur Sicherung ihrer Ansprüche gegen den Nachlaß zur Verfügung steht. Damit ist eine der Grundannahmen der Abspaltungslehre, aus der sich zugleich ihr wesentlicher Vorzug ergibt, schwerwiegend erschüttert.

IV. Die Abspaltungslehre – ein Rückschritt hinter BGHZ 68, 225?

Die zweite Leitentscheidung des II. BGH-Zivilsenats zum Verhältnis von Erb- und Gesellschaftsrecht vom 10. 2. 1977 ist von Wissenschaft und Kautelarjurisprudenz gleichermaßen als willkommene Befriedung jahrzehntelanger dogmatischer Auseinandersetzungen begrüßt worden.[221] Auch heute besteht Übereinstimmung darüber, daß die von diesem Urteil in seinen tragenden Gründen markierten Eckpunkte im Interesse der Rechtssicherheit[222] nicht mehr angetastet werden sollten. Es gilt anzufragen, ob die Abspaltungslehre diesen verbindlichen Konsens zu bewahren vermag.

1. Die Stellung des Erben-Nachfolgers in der Personengesellschaft bei qualifizierter Nachfolge

Zu den wichtigen rechtsfortbildenden Elementen der Entscheidung gehörte die Anerkennung der Vollnachfolge bei der qualifizierten Nachfolgeklausel:[223] Ist von mehreren Erben nur einer durch den Gesellschaftsvertrag zur Nachfolge in die Mitgliedschaft berufen, erwirbt er die gesamte Mitgliedschaft; die früher behauptete[224] Beschränkung des Erwerbs durch den Wert seiner Erbquote wurde fallengelassen.[225]

Die nach der Abspaltungslehre eintretende Trennung von Mitgliedschaft und Vermögensrechten könnte mit Sinn und Zweck dieser Rechtsfortbildung unvereinbar sein. Zwar führt die Lehre Ulmers keineswegs den zwischen 1957 und 1977 von den Kautelarjuristen zu beachtenden Rechtszustand wieder herbei; denn der vollständige Übergang der Mitgliedschaft auf den Nachfolger bleibt erhalten. Mußte sich dieser gemäß der früheren Rspr. nach dem Anfall der Erbschaft bemühen, den Rest des ursprünglich vom Erblasser gehaltenen Gesellschaftsanteils von den übrigen Gesellschaftern zu erwerben, kommt es bei Geltung der Abspaltungslehre „nur" darauf an, die Rückübertragung des zukünftigen Auseinandersetzungsanspruchs – also eines einfachen Forderungsrechts – durch die Miterbengemeinschaft zu erreichen. Gleichwohl bleibt ein großes Unbehagen. Denn für die Rechtsfortbildung zur Vollnachfolge bestand ein übergreifendes Motiv, das bis heute Gültigkeit besitzt. Dieses lautet, daß der Erbe-Nachfolger

---

[221] Vgl. Wiedemann, JZ 1977, 689; Ulmer, BB 1977, 805; Priester, DNotZ 1977, 359.

[222] Zur überragenden Bedeutung der Rechtssicherheit im Bereich des Gesellschaftsrechts vgl. bereits die Ausführungen im 2. Teil, C III – V.

[223] BGHZ 68, 225 (237 f.).

[224] BGHZ 22, 186 (193 ff.).

[225] Zu den Einzelheiten vgl. die Ausführungen im 1. Teil, B II 2.

nach dem Erbfall in der Gesellschaft sofort die Rechtsposition soll einnehmen können, die zuvor der Erblasser innehatte; dazu gehört auch, daß der Erbe-Nachfolger dem Personenverband unmittelbar wieder als voll handlungsfähiges Mitglied zur Verfügung steht.[226]

Die Erfüllung dieses Postulats scheint auf dem Boden der Abspaltungslehre kaum möglich zu sein. Zwar ist der Erbe-Nachfolger sogleich zur gesamten Hand an den zum Gesellschaftsvermögen gehörenden Sachen, Forderungen und Rechten mitberechtigt; denn die Beteiligung an der Gesamthandsgemeinschaft ist mit der Mitgliedschaft in einer Personengesellschaft notwendig verbunden.[227] Doch da die vermögensrechtlichen Bezüge seiner Mitgliedschaft vorläufig der Miterbengemeinschaft zugeordnet sind, ist der Erbe-Nachfolger wertmäßig am Gesellschaftsvermögen nicht beteiligt: Bei einer Liquidation der Gesellschaft, die in die Phase zwischen Erbfall und Übertragung der Vermögensrechte durch die Erbengemeinschaft an den Erben-Nachfolger fiele, wäre dieser z.B. nicht zu berücksichtigen. Der Erbe-Nachfolger wird nach der Abspaltungslehre also zunächst *Gesellschafter ohne Kapitalanteil.* Freilich ist diese Rechtsfigur grundsätzlich anerkannt,[228] auch wenn manche sie als „merkwürdig“ bezeichnen.[229] Doch handelt es sich um eine reine Zweckschöpfung, deren Anwendungsbereich sehr eng, nämlich auf zwei Fälle begrenzt ist: Zum einen wird die Konstruktion des „Gesellschafters ohne Kapitalanteil“ bei GmbH & Co KG-Gründungen für die Beteiligung der GmbH gewählt, um - wie kaum anders zu erwarten - zugunsten steuerlicher Vorteile die Vermögensbeteiligung der GmbH an der KG möglichst gering zu halten.[230] Zum anderen dient sie in Familiengesellschaften der Beteiligung familienfremder Dritter; insoweit werden unter restloser Ausschöpfung des privatautonomen Gestaltungsspielraums - grds. gilt der Gleichbehandlungsgrundsatz! - im Interesse des Fortbestands des Familienunternehmens[231] zwei Klassen von Gesellschaftern geschaffen.[232] Die Figur des Gesellschafters ohne Kapitalanteil erweist sich im Bereich der Vererbung von Personengesellschaftsanteilen somit als Fremdkörper.[233] Insoweit bedarf es nicht einmal eines Eingehens darauf, ob sich aus dem fehlenden Kapitalanteil zwingend die Stellung eines „Gesellschafter minderen Rechts“ ergibt, mit der

---

[226] Siebert, Gesellschaftsvertrag und ErbR, S. 42 f.; Hueck, JZ 1957, 222 (223); G. und D. Reinicke, NJW 1957, 561 (563 f.); im Anschluß daran BGHZ 68, 225 (237 f.).

[227] Siebert, Gesellschaftsvertrag und ErbR, S. 6.

[228] Huber, Vermögensanteil, S. 289 ff.; K. Schmidt, GesellschaftsR, § 47 III 1, S. 1017; H. Westermann, PersonengesellschaftsR, Rz. 29.

[229] Heymann-Emmerich, HGB, § 120 Rz. 26.

[230] Huber, Vermögensanteil, S. 291 f.

[231] Vgl. zu diesem Topos zuletzt Hennerkes/May, NJW 1988, 2761 (2766).

[232] Huber, Vermögensanteil, S. 313.

[233] Vgl. bereits Kieserling, Diss., S. 27.

Folge, daß dieser der freien Ausschließung durch seine Mitgesellschafter unterliegt.[234] Denn die Stellung als Gesellschafter ohne Kapitalanteil ist für den Erben-Nachfolger keine endgültige, sondern auf den Zeitpunkt auflösend befristet, in dem ihm die Vermögensrechte der Mitgliedschaft von der Miterbengemeinschaft übertragen werden. Trotzdem ist die faktische Beeinträchtigung der Position des Erben-Nachfolgers unverkennbar: Zum einen kann er sich in der wichtigen Einarbeitungsphase nicht darauf konzentrieren, mit der neuen Aufgabe vertraut zu werden, sondern muß sich als ein moderner „Peter Schlemihl ohne Schatten"[235] in Verhandlungen mit seinen Miterben um die Vervollständigung seiner Beteiligung bemühen. Zum anderen ist nicht auszuschließen, daß die übrigen Gesellschafter ihm zunächst das Stimmrecht bei den Gesellschafterbeschlüssen bestreiten. Zwar gehört das Stimmrecht zu den gesellschaftlichen Mitverwaltungsrechten, die auch nach der Abspaltungslehre unmittelbar auf den Erben-Nachfolger übergehen.[236] Doch werden die Stimmrechte sehr häufig durch den Gesellschaftsvertrag nach Maßgabe der (festen) Kapitalanteile verteilt.[237] Zumindest insoweit mag sich der Erbe-Nachfolger genötigt sehen, sein Stimmrecht bis zur Vervollständigung seiner Beteiligung ruhen zu lassen.

Nach alledem erreicht der Erbe-Nachfolger nicht unmittelbar dieselbe rechtliche Stellung, die zuvor der Erblasser in der Gesellschaft innehatte; vielmehr ist seine Position zunächst deutlich geschwächt.

2. Die Berücksichtigung der Unverträglichkeit von Personengesellschaft und Miterbengemeinschaft

Ein weiterer Schwerpunkt der Entscheidung BGHZ 68, 225 liegt in der endgültigen Festschreibung der Rechtsprechung zur Sondererbfolge:[238] Nicht die Miterbengemeinschaft als solche, sondern jeder einzelne im Gesellschaftsvertrag als Nachfolger zugelassene Erbe wird Mitglied der Gesellschaft. Auch aus diesem Gesichtspunkt folgen Bedenken gegen die Abspaltungslehre. Unmittelbar gerät sie mit dem Prinzip der Sondererbfolge nicht in Konflikt; denn die Erbengemeinschaft wird keineswegs Mitglied in

---

234 Bejahend Flume, Personengesellschaft, § 10 III, S. 137 ff. u. § 12 III, S. 178 ff.; abl. BGH, NJW 1981, 2565 (2566 f.); NJW 1989, 2685 (2686); differenzierend K. Schmidt, GesellschaftsR, § 16 II 4 b, S. 348 u. § 50 III 4 b, S. 1085 f.

235 Den Vergleich zu dieser Märchengestalt zieht Flume, DB 1983, 2271 (2272).

236 Vgl. MünchKomm-Ulmer, § 727 Rz. 27 a i.V.m. § 717 Rz. 1.

237 H. Westermann, PersonengesellschaftsR, Rz. 158; Frenz, MittRhNotK 1988, 1 (2); Baumbach/Duden/Hopt, HGB, § 120 Anm. 3 A; Heymann-Emmerich, HGB, § 120 Rz. 30.

238 AaO., 237.

der Personengesellschaft, sondern lediglich Inhaberin eines einzelnen, von § 717 S. 2 BGB ausdrücklich übertragbar gestellten Vermögensrechts. Sinn und Zweck der Sondererbfolge sind jedoch nicht auf den Ausschluß der Erbengemeinschaft von der Mitgliedschaft beschränkt: Weiterreichend sollen die rechtlichen Sphären von Erbengemeinschaft und Personengesellschaft völlig getrennt werden. Denn es liegt im Interesse der Gesellschaft, wenn das Unternehmen mit der Abwicklung des Nachlasses nichts zu tun hat, diese sich vielmehr außerhalb abspielt.[239] Dagegen erscheint auf Grundlage der Abspaltungslehre eher wahrscheinlich, daß die Abwicklung des Nachlasses in die alltäglichen Vorgänge der Gesellschaft hineinwirkt. Zur Verdeutlichung soll wiederum der Fall einer qualifizierten Nachfolge in die Beteiligung dienen: Dabei geht die Mitgliedschaft auf den Erben-Nachfolger über, der Auseinandersetzungsanspruch wird getrennt davon der Miterbengemeinschaft zur gesamten Hand zugeordnet. Auf dem Weg zwischen diesem Abspaltungsvorgang und der „Wiedervereinigung" von Mitgliedschaft und Verwaltungsrechten in der Hand des Erben-Nachfolgers verbergen sich einige Hindernisse, die die Erreichung des angestrebten Ziels wesentlich erschweren oder sogar zunichte machen können.

a) Dabei droht Gefahr zunächst von der Möglichkeit zur freien Verfügung über Miterbenanteile (§ 2033 Abs. 1 BGB). Veräußert einer der Miterben seinen Anteil an einen Dritten, können die Verhandlungen über die Übertragung der zur Mitgliedschaft gehörenden Vermögensrechte aus dem Nachlaß auf den Erben-Nachfolger persönlich aus dessen Sicht plötzlich mit einem „unliebsamen Fremden"[240] zu führen sein. Zwar gewährt das Vorkaufsrecht des § 2034 BGB einen gewissen Schutz. Doch muß der Erbe-Nachfolger zu dessen Ausübung einen einstimmigen Beschluß der übrigen Miterben erreichen (§ 513 S. 1 BGB);[241] zudem steht die Ausübung des Vorkaufsrechts unter dem Vorbehalt der Finanzierbarkeit, und dieser kann bei einem wertvollen Nachlaß zur unüberwindlichen Sperre werden.

Mildernd gegenüber dem Eindringen eines unliebsamen Dritten wirkt sich aus, daß diesen alle Beschränkungen und Beschwerungen treffen, die der Erblasser den Miterben auferlegt hat.[242] Da die testamentarische Bestimmung einer qualifizierten Nachfolge nach Auffassung der Abspaltungslehre[243] zugleich die Teilungsanordnung (§ 2048 BGB) beinhaltet, daß der – in den Gesamthandsnachlaß fallende – gesellschaftliche Auseinandersetzungsanspruch dem Erben-Nachfolger unter Ausschluß der

---

[239] Wiedemann, Übertragung und Vererbung, S. 212 a.E.; Kieserling, Diss., S. 30 f.

[240] Terminologie bei Erman-Schlüter, § 2033 Rz. 2.

[241] Zur Anwendbarkeit der §§ 504 ff. BGB auf das Vorkaufsrecht der Miterben s. Brox, ErbR, Rz. 457; Palandt-Edenhofer, § 2034 Anm. 1.

[242] MünchKomm-Dütz, § 2033 Rz. 26; Erman-Schlüter, § 2033 Rz. 5.

[243] Vgl. Ulmer, Festschrift Schilling, S. 79 (95).

übrigen Erben zu übertragen sei, bleibt der Anteilserwerber insoweit rechtlich gebunden.

b) Allerdings bereitet die Durchsetzung der bezeichneten Teilungsanordnung schon im Normalfall, d.h. unabhängig von der möglichen Übertragung eines Miterbenanteils, Schwierigkeiten. Diesbezüglich ist daran zu erinnern, daß die Teilungsanordnung eine wertmäßige Begünstigung des daraus berechtigten Miterben nicht beabsichtigt.[244] Der Erbe-Nachfolger darf also bei der Verteilung der übrigen Nachlaßgegenstände nur in geringerem Umfang als seine Miterben berücksichtigt werden. Dabei kann das richtige Maß nur getroffen werden, wenn der Wert des Auseinandersetzungsanspruchs bekannt ist. Die Wertberechnung dieses zukünftigen Anspruchs ist jedoch – wie sich in anderem Zusammenhang bereits gezeigt hat[245] – nicht durchführbar, sie läuft im Grunde auf die Feststellung des gegenwärtigen Anteilswerts hinaus. Die Personengesellschafter, denen im Interesse ihres Unternehmens daran gelegen ist, daß der Erbe-Nachfolger möglichst bald auch den Vermögensanteil seiner Mitgliedschaft und damit endlich den „Vollstatus" eines Gesellschafters erlangt, müssen also in aller Eile eine Anteilsbewertung vornehmen (lassen). Wird dann bei der Erbauseinandersetzung zwischen den Miterben noch die Bewertung anderer Nachlaßgegenstände streitig, ergibt sich damit ein ganzer Verbund von Bewertungsfragen, die sich gleichermaßen wechselseitig bedingen wie gegenseitig verzögern. Auf diese Weise kann es nicht nur Monate, sondern Jahre dauern, bis der angestrebte Endzustand – Vereinigung von Mitgliedschaft und Vermögensrechten – erreicht ist.

c) Noch gravierendere Probleme entstehen, wenn ein gültiges Testament des Erblassers nicht vorhanden ist, sondern der Erbe-Nachfolger aufgrund der gesellschaftsvertraglichen Nachfolgeregelung und seiner gesetzlichen Erbenstellung in die Mitgliedschaft einrückt. Denn in diesem Fall fehlt es an einer Teilungsanordnung, die die Miterben zur Übertragung des gesellschaftlichen Auseinandersetzungsanspruchs auf den Erben-Nachfolger rechtlich verpflichtete.[246] Dieser ist dann darauf angewiesen, eine entsprechende vertragliche Einigung mit seinen Miterben zu erzielen,[247] von deren gutem Willen und Einsichtsvermögen er damit abhängig wird.[248] Gelingt die Einigung nicht, kommt es gemäß §§ 2042, 752 BGB zur Teilung des Anspruchs in Natur, d.h. jedem Miterben wird die Forderung antei-

---

[244] Dazu bereits oben 1. Teil, B II 2.

[245] Oben 3. Teil, E II 2.

[246] Vgl. den kurzen Hinweis von Flume, Festschrift Müller-Freienfels, S. 113 (121 Fn. 31).

[247] Zum gegenüber den gesetzlichen Erbauseinandersetzungsregelungen vorrangigen Auseinandersetzungsvertrag BGHZ 40, 115; Palandt-Edenhofer, § 2042 Anm. 3.

[248] Vgl. Kieserling, Diss., S. 30 f.

lig seiner Erbquote zugewiesen.[249] Finden sich die Miterben nicht noch später – dann nicht mehr als Erbengemeinschaft, sondern als Einzelpersonen – zur Übertragung ihrer Forderungsbruchteile auf den Nachfolger in die Mitgliedschaft bereit, kann dieser endgültig nicht mehr die Position in der Gesellschaft einnehmen, die früher der Erblasser innehatte. Sofern sich ein Miterbe bei der Nachfolgeregelung im Gesellschaftsvertrag übergangen fühlte, mag er die Teilung der Auseinandersetzungsforderung in Natur sogar als eine willkommene, sich nachträglich eröffnende Gelegenheit ansehen, doch noch zumindest am vermögensmäßigen Gehalt der Mitgliedschaft beteiligt zu werden. Für den Erben–Nachfolger vermag Abhilfe auch nicht die Erhebung der Teilungsklage zu schaffen.[250] Denn diese ist nur begründet, wenn der als Klageantrag vorzulegende Teilungsplan den anzuwendenden Auseinandersetzungsregeln entspricht[251] – und als solche kommen bei Fehlen von Anordnungen des Erblassers oder einer vertraglichen Einigung der Miterben nur die hinsichtlich ihrer Rechtsfolge gerade unerwünschten §§ 2042, 749 ff. BGB in Betracht. Dagegen ist das Gericht zu einer Rechtsgestaltung im Sinne einer Auseinandersetzung „ex aequo et bono", die zugunsten des Erben–Nachfolgers die Zusammengehörigkeit von Mitgliedschaft und Vermögensrechten berücksichtigen könnte, nicht befugt.[252]

d) Den entwickelten Szenarien läßt sich entgegenhalten, daß es „so nicht kommen kann", wenn die Erben bei der Erbauseinandersetzung kooperativ zusammenwirken und sich die nicht zur Nachfolge Berufenen den Belangen der Personengesellschaft nur halbwegs aufgeschlossen zeigen. Doch würde ein solcher Einwand zweierlei verkennen: Zum einen ist bei der qualifizierten Nachfolge ein Konflikt zwischen dem Erben–Nachfolger und den nicht zur Nachfolge berufenen Miterben stets latent angelegt; denn zumindest bei florierenden Gesellschaften werden die von der Mitgliedschaft Ausgeschlossenen nur selten die den Nachfolger treffenden Ausgleichspflichten als wirklich angemessenen Gegenwert für ihren – erzwungenen – Verzicht auf die Unternehmensteilhabe empfinden. Zum anderen sollte die Herausbildung der Sondererbfolge bereits die abstrakte Möglichkeit ausschließen, daß kollidierende Miterbeninteressen schädliche Stoßwellen auf die Belange der Personengesellschaft zurückwerfen.

---

[249] Allg. zur Naturalteilung von Forderungen MünchKomm–K. Schmidt, § 752 Rz. 19.

[250] Dazu Brox, ErbR, Rz. 496; Erman–Schlüter, § 2042 Rz. 3, 14. – Vgl. ferner § 27 ZPO.

[251] Vgl. MünchKomm–Dütz, § 2042 Rz. 70.

[252] Staudinger–Werner, § 2042 Rz. 41; Soergel–M.Wolf, § 2042 Rz. 8.

3. Zusammenfassung zu IV.

Die Abspaltungslehre weist dem zum Nachfolger in die Mitgliedschaft bestimmten Erben zunächst nur die geschwächte Position eines „Gesellschafters ohne Kapitalanteil“ zu. Durch die Gesamthandsbindung des gesellschaftsrechtlichen Auseinandersetzungsanspruchs erhält die Erbengemeinschaft wieder direkten Einfluß auf das Schicksal der vererbten Gesellschaftsbeteiligung. Zugleich bedroht die ernsthafte Möglichkeit einer Verquickung von Erbauseinandersetzung und Unternehmensbelangen die Handlungsfähigkeit der vom Erbfall betroffenen Personengesellschaft.

Wesentliche Teile des durch BGHZ 68, 225 gesicherten rechtlichen Terrains werden damit preisgegeben.

V. Die Entscheidung des II. BGH-Zivilsenats vom 25. 5. 1987

Das Urteil BGH II ZR 195/86[253] ist die vorletzte höchstrichterliche Entscheidung im Schnittfeld von Erb- und Gesellschaftsrecht, der die Abspaltungslehre zugrundeliegt. Die Entscheidung ist ausschließlich auf Ablehnung gestoßen, die besonders schwer wiegt, weil sie nicht nur von erklärten Gegnern der Abspaltungslehre,[254] sondern sogar von ihren Befürwortern[255] geäußert wurde. Sofern sich diese Kritik im folgenden als berechtigt erweist, ist der Frage nachzugehen, ob es sich insoweit um einen bloßen „Ausrutscher“ des erkennenden Senats handelt, oder ob in dem Urteil spezifische Schwächen der Abspaltungslehre – gewissermaßen rechtliche „Konstruktionsfehler“ – ihren Niederschlag gefunden haben.

Der Entscheidung lag ein gut überschaubarer Sachverhalt zugrunde: Der Erblasser war einer der beiden persönlich haftenden Gesellschafter einer aus zwei Stämmen (= dem des Erblassers und dem seines Bruders) bestehenden Familien-KG. § 12 des Gesellschaftsvertrages eröffnete für den Fall des Todes eines Gesellschafters die Möglichkeit zur Fortsetzung der Gesellschaft mit dessen Erben, sofern diese nur in gerader Linie mit ihm verwandt seien. Der Erblasser und seine Ehefrau hatten sich in einem gemeinschaftlichen Testament wechselseitig zu Alleinerben und die beiden gemeinsamen Söhne zu Schlußerben des Letztversterbenden eingesetzt (Berliner Testament). Die Söhne klagten auf Feststellung, daß sie durch Abgabe einer Eintrittserklärung Mitglieder der Gesellschaft geworden waren.

[253] JZ 1987, 880 = NJW-RR 1987, 989 = JR 1988, 205.

[254] Flume, NJW 1988, 161 (163); Marotzke, JR 1988, 184.

[255] Ulmer, JZ 1987, 881; U. Koch, NJW 1989, 2662 (2668). – Vgl. ferner Götte, DNotZ 1988, 603.

Im Ansatz durfte über die Rechtslage nach dem Tode des Erblassers keine Ungewißheit bestehen: Die alleinerbende Ehefrau konnte nicht in die Gesellschaft einrücken, weil im Gesellschaftsvertrag der Anteil für sie nicht vererblich gestellt war. Die von der im Gesellschaftsvertrag enthaltenen Nachfolgeklausel begünstigten Söhne konnten nicht unmittelbar Gesellschafter werden, weil sie den Erblasser nicht beerbt hatten. Mit dessen Tod erlosch folglich die Mitgliedschaft, der Abfindungsanspruch gelangte zur Entstehung und fiel in den Nachlaß. Dennoch konnten die Söhne durch ihre Eintrittserklärung die Mitgliedschaftsstellung erlangt haben, weil gesicherte Leitlinien für diesen typischen Fall eines Fehlschlags der erbrechtlichen Nachfolge eine ergänzende Auslegung des Gesellschaftsvertrages nahelegen, die i.d.R. dazu führt, den zweifelsfrei als Nachfolgern gewünschten Personen - hier also den Söhnen - ein Eintrittsrecht zuzuerkennen.[256] Als dafür hinderlich konnte sich jedoch der feststehende Wille des Erblassers erweisen, der auf die Verwirklichung dreier z.T. widerstreitender Ziele gerichtet war:

- Der Gesellschaftsanteil sollte dem Familienstamm,
- die Einkünfte daraus der Ehefrau zufallen;
- zugleich sollten Privatgläubiger der Nachfolger an einer Vollstreckung in den Gesellschaftsanteil gehindert sein.[257]

Im Gegensatz zum Berufungsgericht meinte der BGH, diese „Quadratur des Kreises“[258] durchführen zu können, indem er den klagenden Söhnen ein Eintrittsrecht in die Gesellschaft gewährte, die vermögensrechtlichen Ansprüche der Mitgliedschaft in Anlehnung an die Abspaltungslehre aber der Witwe und damit dem Nachlaß zusprach. Dieses Ergebnis stützte sich auf folgende Konstruktion: Der Erblasser sei bei Geltung einer Eintrittsklausel rechtlich nicht gehindert gewesen, „den Klägern seinen Anteil am Gesellschaftsvermögen in der Zeit, bevor dieser ohnehin an sie als Erben der zuletzt versterbenden Ehefrau fiel, nur für die Dauer ihrer Mitgliedschaft oder bis zur Auflösung der Gesellschaft testamentarisch zu vermachen.“ - Der in den Nachlaß gefallene Abfindungsanspruch sei den Söhnen aber „nur mit der Maßgabe zuzuwenden, daß der Erbin die Früchte, also der Gewinnanspruch und der künftige Anspruch auf das Auseinandersetzungsguthaben, verbleiben.“ Mit seinem Beitritt erhielte der Nachfolger eine Stellung, die derjenigen aufgrund unmittelbarer erbrechtlicher Nachfolge (i.S.d. Abspaltungslehre) gleichstehe: „Er bringt als Einlage das Erlöschen des schon

---

[256] BGH, NJW 1978, 264 (265); OLG Frankfurt, NJW-RR 1988, 1251 (1252); MünchKomm-Ulmer, § 727 Rz. 43 f.; Soergel-Hadding, § 727 Rz. 36; H. Westermann, PersonengesellschaftsR, Rz. 462, 555 ff.; vgl. ferner die Ausführungen oben im 1. Teil, B V.

[257] Vgl. die Entscheidungsgründe BGH, JZ 1987, 880 r.Sp.

[258] Terminologie von Ulmer, JZ 1987, 882 l.Sp.

entstandenen Abfindungsanspruches ein und erlangt mit seinem Beitritt einen Gesellschaftsanteil, der seiner im Nachlaß verbleibenden künftigen Gewinn- und Abfindungsansprüche entkleidet ist." – Das Zusammenspiel von – jeweils durch Auslegung gewonnenem – gesellschaftsvertraglichem Eintrittsrecht und testamentarischem Vermächtnis vollziehe sich rechtlich in der Weise, daß „der mit dem Ausscheiden des Erblassers entstehende Abfindungsanspruch auflösend und zugleich die künftigen Gewinn- und Abfindungsansprüche aufschiebend bedingt in den Nachlaß fallen."[259]

Befremden erweckt zunächst die Feststellung, der Erblasser habe den klagenden Söhnen seinen „Anteil am Gesellschaftsvermögen" vermachen können. Denn „Anteil am Gesellschaftsvermögen" ist ein Synonym für „Gesellschaftsanteil";[260] dieser mußte mangels einer unmittelbaren Nachfolge aber gerade erlöschen. In den Nachlaß fallen und als Gegenstand eines Vermächtnisses in Betracht kommen konnte nur der beim Tod des Erblassers entstandene Abfindungsanspruch (vgl. §§ 738 Abs. 1 S. 2 BGB, 105 Abs. 2, 161 Abs. 2, 177, 138 HGB). Da der erkennende Senat diesen Zusammenhang wenige Sätze zuvor selbst dargestellt hatte, bleibt nur der Schluß übrig, daß sich insoweit eine terminologische Unschärfe eingeschlichen hat.[261] Größere Schwierigkeiten bereitet die Vorstellung des II. Zivilsenats, der Abfindungsanspruch könne den Söhnen dergestalt zugewandt werden, daß der Erbin – und damit dem Nachlaß – die zukünftigen vermögensrechtlichen Ansprüche verblieben. Damit ist offenbar an eine Erfüllung des Vermächtnisses gedacht, bei der die beschwerte Erbin den in den Nachlaß gefallenen Abfindungsanspruch unter „Auskoppelung" (= abzüglich) zukünftiger Ansprüche auf Gewinn und Auseinandersetzung an ihre Söhne als Vermächtnisnehmer abtritt.[262] Eine solche Abspaltung der zukünftigen Vermögensrechte ist jedoch rechtskonstruktiv unmöglich; denn die zukünftigen vermögensrechtlichen Ansprüche entspringen nicht mehr dem erloschenen Anteil des Erblassers, sondern den in Befolgung des Eintrittsrechts durch Rechtsgeschäft unter Lebenden neu gebildeten Anteilen der Söhne.[263] Etwas anderes würde allerdings gelten, wenn den Überlegungen des Senats die Rückbesinnung auf eine überkommene Rechtsprechung des Reichsgerichts zugrundeliegt: Diese ging davon aus, daß der Gesellschaftsanteil mit dem Tode des Erblassers zunächst nicht vollständig erlösche, sondern sich bis zur Entscheidung über die Ausübung des Ein-

[259] Sämtliche Zitate finden sich im Entscheidungsabdruck JZ 1987, 881 l.Sp.

[260] Soergel-Hadding, § 719 Rz. 5; MünchKomm-Ulmer, § 719 Rz. 3; Wiedemann, GesellschaftsR I, § 5 II 1, S. 256 ff.

[261] Marotzke, JR 1988, 186.

[262] Vgl. Ulmer, JZ 1987, 882.

[263] Insoweit übereinstimmend Ulmer, JZ 1987, 882; Flume, NJW 1988, 164; Marotzke, JR 1988, 187.

trittsrechts zunächst nur in einem Schwebezustand befinde, während dessen Dauer er weder den übrigen Gesellschaftern, noch den Erben, noch den Eintrittsberechtigten zustehe.[264] Wollte der BGH sich diese Prämisse zu eigen machen,[265] hätten die eintretenden Söhne den ursprünglichen Gesellschaftsanteil des Erblassers übernehmen und dessen Mitgliedschaft unmittelbar weiterführen können; insoweit wäre eine Abspaltung der zukünftigen Vermögensansprüche dann wieder in Betracht gekommen. Eine kontextbezogene Auslegung der Entscheidungsgründe ergibt jedoch nichts dafür, daß der Senat auf ein „Remake“ der Konstruktion des Reichsgerichts hinauswollte. Seine Ausführungen sind im Gegenteil vom Bemühen gezeichnet, eine Kontinuität zu den jüngeren Urteilen des BGH herzustellen, insbesondere zur für die Eintrittsklausel grundlegenden Entscheidung BGH II ZR 214/75,[266] in der die frühere RG-Auffassung mit eingehenden Ausführungen abschließend verworfen wurde. Unabhängig davon hätte ein gangbarer Weg zur getrennten Zuordnung von vererbtem Abfindungsanspruch und künftigen, aus den neu gebildeten Anteilen entspringenden Vermögensrechten möglicherweise aber darin bestanden, kraft Auslegung in das Vermächtnis, das die Erbin zur Übertragung des Abfindungsanspruches an die Söhne verpflichtete, eine Auflage hineinzulesen, welche die letzteren wiederum zur Abtretung ihrer künftigen Ansprüche an den Nachlaß veranlaßte.[267] Letztlich scheitert aber auch dieser Ansatz: Denn bekanntlich begründet die Auflage kein subjektives Recht des Begünstigten (§ 1940 BGB); hätte die Erbin die Übertragung der Vermögensrechte aus den neu gebildeten Gesellschaftsanteilen der Söhne aber nicht erzwingen können, ist kaum anzunehmen, daß eine solche Auslegung des Testaments dem Willen des Erblassers gerecht geworden wäre.[268]

Die Aufspaltung des Abfindungsanspruchs in einen gegenwärtigen und zukünftigen Teil und die getrennte Zuweisung an den Familienstamm einerseits, die Erbin andererseits, erweist sich folglich als nicht realisierbar. Bereits damit steht fest, daß die Eintrittsklausel den vom Erblasser an seine Nachfolgeregelung gestellten Anforderungen nicht gerecht werden konnte. Auf die weitere Frage, ob die zukünftigen vermögensrechtlichen Ansprüche durch die vom BGH befürwortete Konstruktion wirksam vor dem Pfändungszugriff der Privatgläubiger der Nachfolger geschützt waren, kommt es dann nicht mehr an.[269] Somit durfte der II. Zivilsenat der

---

[264] RGZ 145, 289 (293); 170, 98 (108).

[265] Dieser Auffassung ist Götte, DNotZ 1988, 610 f.

[266] BGH, NJW 1978, 264 (265 f.).

[267] So die Überlegung Ulmers, JZ 1987, 882; der BGH hat diese Möglichkeit nicht erörtert.

[268] Marotzke, JR 1988, 188 Fn. 44.

[269] Auch insoweit verneinend Ulmer, JZ 1987, 882 r.Sp.; Flume, NJW 1988, 164 l.Sp.;

fehlgeschlagenen erbrechtlichen Nachfolgeklausel keineswegs im Wege der ergänzenden Auslegung des Gesellschaftsvertrags die Bedeutung einer Eintrittsklausel zuerkennen. Mit seltener Klarheit läßt sich feststellen, daß das Gericht eine falsche Entscheidung getroffen hat.

Ist nun das unzutreffende Urteil unmittelbar auf die grundsätzliche Befürwortung der Abspaltungslehre durch den erkennenden Senat zurückzuführen? Ein Zusammenhang besteht unabweisbar: Die Abspaltungslehre hat im Bereich der erbrechtlichen Nachfolge erstmalig eine Differenzierung zwischen Gesellschaftsanteil und Vermögensrechten eingeführt. Indem allein die letztgenannten quasi als „vermögensmäßige Stellvertreter" des Anteils in den Nachlaß fallen, kommt es zu einer Verselbständigung des Abfindungsanspruchs. An diese Verselbständigung versucht die BGH-Entscheidung anzuknüpfen – mit dem Ziel, eine weitgehende Gleichschaltung der rechtlichen Folgen von Nachfolge- und Eintrittsklausel zu erreichen. Dabei verläßt das Gericht die Ebene der Abspaltungslehre, indem es – über die Verselbständigung von Vermögensrechten und Anteil hinausgehend – dem Abfindungsanspruch auch nach Erlöschen des Anteils ein „Eigenleben" zuspricht: Der eine Abfindungsanspruch soll durch Aufspaltung in „auflösend bedingtes gegenwärtiges" und ein „aufschiebend bedingtes künftiges" Recht alle die Funktionen übernehmen können, die bei erbrechtlicher Nachfolge nur Anteil und Vermögensrecht gemeinsam zu erfüllen vermögen.

Damit erscheint folgender Schluß zutreffend und zulässig: Der Abspaltungslehre liegt ein rechtlicher Konstruktionsfehler, der gleichsam „automatisch" zu Fehlentscheidungen wie derjenigen des BGH vom 25. 5. 1987 führen müßte, nicht zugrunde. Durch ihre unterschiedliche Behandlung von rechtlich Zusammenhängendem bereitet sie jedoch einen Boden, auf dem auch rechtlich absonderliche Blüten[270] gedeihen können, die insbesondere unter den bei der Unternehmensnachfolge beratend tätigen Notaren größte Verunsicherung auslösen.[271]

Marotzke, JR 1988, 185 f.

[270] Terminologie von Flume, NJW 1988, 163 r.Sp.

[271] Vgl. nur Götte, DNotZ 1988, 603 (612).

Teil 4

Resümee und abschließende Stellungnahme zum Streit über die Nachlaßzugehörigkeit des vererbten Personengesellschaftsanteils

Den Ausgangspunkt bildete die Erkenntnis, daß eine Differenzierung zwischen Erbschafts- und Nachlaßzugehörigkeit in Wortlaut, Entstehungsgeschichte und Systematik des Bürgerlichen Gesetzbuches keine Stütze findet. Das Modell Ulmers und des II. BGH-Zivilsenats, das gerade auf dieser Differenzierung aufbaut, wurde deshalb als Vorschlag zu einer gesetzesübersteigenden Rechtsfortbildung charakterisiert, dem gegenüber der herkömmlichen Lehre, die die Gesellschaftsbeteiligung gesetzestreu einheitlich dem Nachlaß zuordnet, nur dann der Vorrang gebührt, wenn er zu einer besseren Lösung der vielfältigen Rechtsprobleme im Grenzbereich des Gesellschafts- und Erbrechts fähig ist.[1]

Eindeutige Vorzüge weist die Abspaltungslehre bei der Bewahrung des Systems der erbrechtlichen Haftung auf. Dies gilt insbesondere für den Bereich der §§ 2058 ff. BGB: Daß die vermögensrechtlichen Bezüge der Mitgliedschaft vom Anteil abgespalten und der Gesamthandsbindung unterworfen werden, schließt eine Nachlaßteilung bereits begrifflich aus; im Gegensatz zur herkömmlichen Lehre droht den Erben nicht ein unwillkürlicher Verlust der Einrede der beschränkten Erbenhaftung.[2]

Der aus dieser hohen Problemlösekompetenz folgende „Vormarsch“ der Lehre Ulmers und des II. Zivilsenats hat sich im weiteren Verlauf der Untersuchung jedoch nicht fortsetzen können. Zwar haben die Vorwürfe Flumes, die Abspaltungslehre sei nur mit Hilfe „rechtlicher Fiktionen“ durchführbar, keine Bestätigung gefunden.[3] Doch hat sich gerade die das Fundament der Trennung von Gesellschaftsanteil und vermögensrechtlichen Ansprüchen bildende Prämisse, die Zuordnung der Vermögensrechte zum Gesamthandsnachlaß

– erleichtere die Auseinandersetzung zwischen Erbe–Nachfolger und weichenden Erben und

---

[1] 3. Teil, B II 4.

[2] 3. Teil, D II.

[3] 3. Teil, E I.

– tue dem Sicherungs- und Befriedigungsbedürfnis der Nachlaßgläubiger Genüge,

als unzutreffend erwiesen; die Sicherung der Ansprüche von Nachlaßgläubigern und Miterben bereitet vielmehr in gleicher Weise Probleme wie nach herkömmlicher Lehre. Denn der nach § 717 BGB abspaltbare Auseinandersetzungsanspruch verkörpert im Verhältnis der Miterben keineswegs den Wert der Mitgliedschaft.[4] Und der Schutz der Nachlaßgläubiger entpuppt sich als ein nur scheinbarer, weil die Sicherungszwecken dienende Zuordnung der Vermögensrechte ins Leere geht, wenn der Erbe-Nachfolger über seinen Gesellschaftsanteil im Wege der Abtretung oder Verpfändung verfügt.[5] Ausschließlich zu Lasten der Abspaltungslehre fällt ins Gewicht, daß sie die von der Entscheidung BGHZ 68, 225 herbeigeführten, allgemein als verbindlich akzeptierten Klärungen in wesentlichen Teilen wieder in Frage stellt: Dem Grundsatz der Vollnachfolge läuft zuwider, daß der Erbe-Nachfolger nur „Gesellschafter ohne Kapitalanteil" wird und damit zunächst eine im Vergleich zum Erblasser geschwächte Rechtsposition erhält.[6] Mit Sinn und Zweck der Sondererbfolge nicht vereinbar ist die Verquickung der Belange von Personengesellschaft und Miterbengemeinschaft.[7]

Schließlich hat sich am Beispiel des Urteils BGH, JZ 1987, 880 gezeigt, daß die mit der Aufspaltung bisher einheitlicher Rechts- und Verwaltungszuständigkeiten verbundene Komplizierung der Rechtslage in der alltäglichen Rechtspraxis nur schwer beherrschbar ist und fehlerhaften Entscheidungen Vorschub leistet.[8]

Die Abspaltungsthese bedeutet somit gegenüber der herkömmlichen Lehre keinen Fortschritt, sondern einen Rückschritt. Daher führt nur ein Weg zur dringend wünschenswerten Wiederherstellung der Rechtssicherheit im Bereich der Vererbung von Personengesellschaftsanteilen: Die Lehre Ulmers und des II. Zivilsenats ist aufzugeben.

Es besteht folglich kein Zweifel mehr daran, daß die vererbte Personengesellschaftsbeteiligung – wie jeder andere Erbschaftsgegenstand auch – zum Nachlaß gehört.

---

[4] 3. Teil, E II.

[5] 3. Teil, E III.

[6] 3. Teil, E IV 1.

[7] 3. Teil, E IV 2.

[8] 3. Teil, E V.

Teil 5

Praktische Folgerungen aus der Nachlaßzugehörigkeit des vererbten Personengesellschaftsanteils

Nachdem die Zugehörigkeit der vererbten Personengesellschaftsbeteiligung zum Nachlaß feststeht, bedarf umso dringlicher der Klärung, welche Auswirkungen sich für die Personengesellschaft ergeben, wenn der Nachlaß – entweder unabhängig vom Willen des Erblassers aufgrund gesetzlicher Vorschriften oder planvoll aufgrund testamentarischer Anordnung – der Verfügungsbefugnis der Erben entzogen und derjenigen eines privaten Amtsträgers unterstellt wird.

Notwendig und zugleich hinreichend ist die Untersuchung der beiden folgenden Problemstellungen:

– Das Schicksal der vererbten Gesellschaftsbeteiligung im Konkurs über den Nachlaß eines Gesellschafters

– Die Zulässigkeit einer Testamentsvollstreckung an Personengesellschafts–, insbesondere an Kommanditanteilen.

Exakt in diesen Konstellationen wurde die Frage der Nachlaßzugehörigkeit für die ober– und höchstgerichtliche Rechtsprechung zuletzt entscheidungserheblich.[1] Durch die Festlegung auf die Nachlaßzugehörigkeit des vererbten Personengesellschaftsanteils haben sich diese Rechtsprobleme keineswegs erledigt. Denn im Verlaufe der bisherigen Diskussion in Literatur und Rechtsprechung über die gesellschaftsrechtliche Bewältigung von Nachlaßkonkurs und Testamentsvollstreckung ist eine so hochgradige Fixierung auf das begriffliche Kriterium der Nachlaßzugehörigkeit eingetreten, daß die funktionelle Bedeutung der Nachlaßvorschriften in den Hintergrund gedrängt wurde und eine angemessene Bewertung der widerstreitenden Interessen vielfach unterblieb. Die nunmehr geschaffene Klarheit über das Begriffsargument bietet Gelegenheit, im systematisch–teleologischen Bereich bisher Versäumtes nachzuholen.

---

[1] Nachlaßkonkurs: BGHZ 91, 132; – Testamentsvollstreckung: BGHZ 108, 187 = NJW 1989, 3152; BGHZ 98, 48; OLG Hamm, ZIP 1989, 505; OLG Stuttgart, ZIP 1988, 1335; OLG Frankfurt, NJW 1983, 1806.

A. Das Schicksal der vererbten Gesellschaftsbeteiligung im Konkurs über den Nachlaß eines Gesellschafters

I. Die Auswirkungen des Nachlaßkonkurses für den Fortbestand der Gesellschaft

Gemäß § 131 Nr. 5 HGB, 728 BGB[1] wird die Personengesellschaft durch die Eröffnung des Konkurses über das Vermögen eines Gesellschafters aufgelöst. Der Gemeinschuldner bleibt Mitglied des zunächst noch als Abwicklungsgesellschaft fortbestehenden Personenverbandes, seine Rechte bei der Liquidation der Gesellschaft (Auseinandersetzungsanspruch!) werden jedoch vom Konkursverwalter geltend gemacht. Gesellschaftsrechtliche Bedenken bestehen gegen die Rechtsausübung durch den Konkursverwalter nicht; denn diejenigen Prinzipien, die sonst jede private Amtstätigkeit in der Personengesellschaft mit Problemen beladen – Abspaltungsverbot, Selbstorganschaft, etc. – gelten nur im werbenden Stadium (arg. e §§ 145 Abs. 2, 146 Abs. 3 HGB). Statt der Auflösung ist auch die Fortsetzung der Gesellschaft ohne den Gemeinschuldner möglich, und zwar entweder aufgrund vorheriger gesellschaftsvertraglicher Vereinbarung (§ 138 HGB) oder aufgrund eines nach dem Gesellschafterkonkurs ad hoc gefaßten Beschlusses (§ 141 Abs. 2 HGB). Die Gesellschaft bleibt dann als werbende bestehen; den Abfindungsanspruch des ausgeschiedenen Gemeinschuldners muß sie an die Konkursmasse abführen.[2]

Darüber, ob auch der Nachlaßkonkurs eines Gesellschafters einen Auflösungsgrund darstellt, sagt das Gesetz nichts aus. Das Fehlen einer diesbezüglichen Regelung ist nicht auf ein Redaktionsversehen zurückzuführen, sondern folgt zwangsläufig daraus, daß nach Vorstellung des historischen Gesetzgebers bereits der Tod des Gesellschafters regelmäßig die Auflösung der Gesellschaft herbeiführt (§ 131 Nr. 4 HGB). Bei dieser Sichtweise können Nachlaßkonkurs und werbende Gesellschaft niemals zusammentreffen. Demgegenüber verlangt die vom Regelfall der Nachfolgeklauseln geprägte rechtliche Realität nach einer Problemlösung. Die Rechtslehre war sich lange Zeit darüber einig, daß auch der Konkurs über den Nachlaß eines Gesellschafters von der Regelung des § 131 Nr. 5 HGB erfaßt wird, also entweder zur Auflösung der Gesellschaft oder – bei Vorhandensein einer Fortsetzungsvereinbarung – zum Ausscheiden des Erben–

[1] Im Interesse einer vereinfachten Darstellung werden im folgenden nur noch die HGB-Vorschriften zitiert.

[2] Vgl. BGH, NJW 1981, 622 f.

Nachfolgers führt:[3] Ebenso wie der Gesellschaftsanteil im Konkurs über das lebzeitige Gesellschaftervermögen zur Befriedigung der Ansprüche der Gläubiger zur Verfügung stehe, müsse der Anteil auch im Nachlaßkonkurs vom Nachlaßkonkursverwalter zugunsten der – mit den Gläubigern zu Lebzeiten weithin identischen – Nachlaßgläubiger verwertet werden können.

1. Der Gleichsetzung von Gesellschafter- und Nachlaßkonkurs trat der II. Zivilsenat des BGH in seinem Urteil vom 30. 4. 1984 entgegen.[4] § 131 Nr. 5 HGB sei auf den Nachlaßkonkurs nicht anwendbar, dieser führe also nicht zur Auflösung der Gesellschaft. Für dieses Ergebnis lieferte der Senat eine gestaffelte Begründung. Im Vordergrund stand erneut das begriffliche Argument: Der vererbte Gesellschaftsanteil falle nicht in den Nachlaß, daher ergreife der Nachlaßkonkurs den Gesellschaftsanteil nicht; in die Nachlaßkonkursmasse fielen allein die abtrennbaren vermögensrechtlichen Ansprüche, die der Nachlaßkonkursverwalter durch Kündigung entsprechend § 135 HGB realisieren könne.[5] Eher hilfsweise wurde zusätzlich die Vergleichbarkeit der Interessenlage verneint:[6] Während im Konkurs zu Lebzeiten für den betroffenen Gesellschafter wegen seiner Vermögenslosigkeit keine Möglichkeit bestehe, sich den Gesellschaftsanteil zu erhalten, sei dies im Fall des Nachlaßkonkurses anders. Denn der Erbe verfüge regelmäßig über Privatvermögen, das er dazu einsetzen könne, die Mitgliedschaft aus der Konkursmasse abzulösen. Diese Chance dürfe dem Erben nicht durch Anwendung des § 131 Nr. 5 HGB genommen werden.

2. Die Entscheidung des II. Zivilsenats hat z.T. Zustimmung[7], überwiegend jedoch Ablehnung[8] erfahren. Vieles spricht für ein Festhalten an der bisher h.M.:

a) Daß der vererbte Personengesellschaftsanteil entgegen der Auffassung des II. Zivilsenats dem Nachlaß zugehört, muß nach den ausführlichen Untersuchungen im 3. Teil dieser Monographie nicht mehr erneut begründet werden. Hervorzuheben ist aber folgendes: Der für die „Aussonderung“ der

---

[3] A. Hueck, OHG, § 28 II 5, S. 420; Jaeger-Weber, KO, § 214 Rz. 31 d; Wiedemann, Übertragung, S. 348 (alle m.w.N. auf die ältere Kommentarliteratur).

[4] BGHZ 91, 132; zur Begründung seiner Auffassung übernahm der Senat fast vollständig das von Ulmer in der Festschrift für Schilling, S. 98 ff. entwickelte Lösungskonzept. Vgl. zu diesem Umstand bereits die Bemerkungen im 2. Teil, C II 4.

[5] BGHZ 91, 132 (135 - 137).

[6] BGHZ 91, 132 (138).

[7] Kuhn/Uhlenbruck, KO, § 214 Rz. 14 - 14 b; Heymann-Emmerich, HGB, § 131 Rz. 23; Flume, NJW 1988, 161 (162 f.). - Unklar Baumbach/Duden/Hopt, HGB: Vgl. § 131 Anm. 2 D gegenüber § 146 Anm. 2 A.

[8] Lange/Kuchinke, ErbR, 3. Aufl., § 31 V 7, S. 551; Brox, JZ 1984, 892; Brüggehagen, Der Konkurs über den Nachlaß eines Gesellschafters einer Personenhandelsgesellschaft (Diss.), S. 115; K. Schmidt, GesellschaftsR, § 52 III 5, S. 1122; Marotzke, AcP 187 (1987), 223 (235); K. Müller, JR 1986, 506 (508).

Gesellschaftsbeteiligung aus dem Nachlaß mittragende Gesichtspunkt, die Ausübung der Mitgliedschaftsrechte vertrage keine Fremdbestimmung,[9] trifft für den Fall des Nachlaßkonkurses von vornherein nicht zu. Denn das Problem einer Fremdbestimmung bei der Wahrnehmung der Mitgliedschaftsrechte stellt sich ausschließlich bei Nachlaßverwaltung[10] und Testamentsvollstreckung; nur diese lassen die Gesellschaft als werbende bestehen und führen, sofern man die Zugehörigkeit des Gesellschaftsanteils zum Nachlaß annimmt, zum Konflikt zwischen erbrechtlicher Fremdverwaltungsbefugnis und der gesellschaftsrechtlichen Forderung nach höchstpersönlicher Rechtsausübung durch die Gesellschafter. Dagegen würde die Einbeziehung des Personengesellschaftsanteils in den Nachlaßkonkurs analog § 131 Nr. 5 HGB entweder die Auflösung des Personenverbandes und seine Umwandlung in eine Abwicklungsgesellschaft bewirken; insoweit wäre die Wahrnehmung von Verwaltungszuständigkeiten durch den Nachlaßkonkursverwalter als Nichtgesellschafter jedoch – wie bereits ausgeführt – gesellschaftsrechtlich bedenkenfrei.[11] Oder es käme aufgrund einer Vereinbarung gemäß § 138 oder § 141 Abs. 2 HGB zum Ausscheiden des Erben–Nachfolgers aus der Gesellschaft; dann unterfiele nur der Abfindungsanspruch dem Machtbereich des Nachlaßkonkursverwalters, was erst recht keine gesellschaftsrechtlichen Vorbehalte auslöste.[12]

b) Der in der Entscheidung BGHZ 91, 132 (138) erteilte Hinweis auf die unterschiedliche Interessenlage bei Gesellschafter- und Nachlaßkonkurs basiert auf einer unsicheren tatsächlichen Grundlage. Woher der II. Zivilsenat die Gewißheit bezieht, daß der Erbe–Nachfolger häufig über ein Privatvermögen verfügt, welches ihm erlaubt, den Abfindungsabspruch aus dem überschuldeten Erblasservermögen – der Nachlaßkonkursmasse – herauszulösen, ist nicht ersichtlich. Ein „junger" Erbe wird während seiner – dem geringen Lebensalter entsprechend – kurzen beruflichen Laufbahn regelmäßig nicht die Gelegenheit gehabt haben, nennenswertes Kapitalvermögen zu bilden. Zudem dürfte sich der Erbe–Nachfolger nicht schon dann zur Ablösung des Wertanteils aus der Konkursmasse entschließen, wenn seine liquiden Mittel dazu gerade ausreichen. Denn die vollständige Übernahme der Gesellschafterposition des Erblassers birgt ein Verlustrisiko, das zu hoch ist, um den Einsatz aller finanziellen Ressourcen rechtfertigen zu können. Daß der Erbe–Nachfolger von seiner „Abwendungsbefugnis" gegenüber dem Kündigungsrecht des Konkursverwalters Gebrauch macht, wird folglich eher die Ausnahme als die Regel bilden.

---

[9] Vgl. bereits die Ausführungen im 2. Teil, C I; ferner BGHZ 91, 132 (137 a.E.).

[10] Dazu BGHZ 47, 293.

[11] Vgl. Brox, JZ 1984, 892; K. Müller, JR 1986, 506 (508); Marotzke, AcP 187 (1987), 223 (235).

[12] Vgl. BGH, NJW 1981, 749 (750).

Jedenfalls führt die Ansicht des II. Zivilsenats zur Entstehung unklarer Verhältnisse.[13] Wegen der Unsicherheit darüber, ob der Erbe–Nachfolger die „Ablösesumme" aufbringt oder ob der Nachlaßkonkursverwalter die Gesellschaft kündigt, wird der Nachlaßkonkurs zu einer rechtlichen Hängepartie, während der der Fortbestand und die künftige Zusammensetzung der Gesellschaft völlig ungewiß sind.

c) Der Konkurs über den Nachlaß eines Gesellschafters ist nur selten ein außerordentliches, spezifisch mit dem Erbgang zusammenhängendes Ereignis, sondern vielfach der verspätete Regelkonkurs des Erblassers.[14] Der II. Zivilsenat läßt diesen wichtigen Umstand unberücksichtigt. Seine Entscheidung führt zu zufälligen Ergebnissen: Fällt der Gesellschafter kurze Zeit vor seinem Tod in Konkurs, wird die Gesellschaft aufgelöst; im Fall der Fortsetzungsvereinbarung scheidet er aus der fortbestehenden Gesellschaft aus. Wird die Überschuldung (vgl. § 215 KO) des Erblasservermögens dagegen erst nach seinem Tod festgestellt und daraufhin der Nachlaßkonkurs eröffnet, bleibt in der Gesellschaft vorläufig alles beim alten. Ein sachgerechter Grund für diese ungleiche Behandlung vergleichbarer Sachverhalte besteht nicht; die rechtliche Ungleichbehandlung von Gesellschafterkonkurs und Nachlaßkonkurs ist daher willkürlich.

d) Nach alledem kommt der früher einhelligen Meinung auch weiterhin uneingeschränkte Geltungskraft zu: Der Konkurs über den Nachlaß eines Gesellschafters führt entsprechend § 131 Nr. 5 HGB zur Auflösung der Gesellschaft. Die Erben des Gesellschafters werden Mitglied in der Auseinandersetzungsgesellschaft; ihre Rechte bei der Liquidation der Gesellschaft nimmt der Nachlaßkonkursverwalter wahr. Existiert eine Vereinbarung zur Fortsetzung ohne den Gemeinschuldner, scheidet der Erbe–Nachfolger aus der Gesellschaft aus und der Abfindungsanspruch fällt in die Nachlaßkonkursmasse.

II. Möglichkeiten zur Aufrechterhaltung des Nachfolgeplans

Wenn auch der II. Zivilsenat die Möglichkeiten des Erben, den Gesellschaftsanteil durch Einsatz seines Privatvermögens aus der Nachlaßkonkursmasse abzulösen, für den Regelfall zu optimistisch einschätzt, sind doch Einzelfälle denkbar, in denen der als Nachfolger vorgesehene Erbe tatsächlich über ein ausreichendes Eigenvermögen verfügt *und* bereit ist, dieses zur Ablösung des Gesellschaftsanteils aus der Nachlaßkonkursmasse einzusetzen. Insoweit stimmen auch die Befürworter einer Anwendung des

[13] Brox, JZ 1984, 892 (893).

[14] Jaeger–Weber, KO, § 214 Rz. 5; Soergel–Stein, Vor § 1975 Rz. 2; Lange/Kuchinke, ErbR, § 48 VI, S. 947.

§ 131 Nr. 5 HGB beim Nachlaßkonkurs darin überein, daß eine Möglichkeit zur Fortsetzung der Gesellschaft unter Einbeziehung des Erben gegeben sein muß.[15] Denn die Wiederannäherung an die durch den Nachlaßkonkurs zunächst vereitelte Nachfolgeregelung kann gleichermaßen dem Gesellschafts- wie dem Erbeninteresse dienen: Der Gesellschaft mag daran gelegen sein, von der Zahlung der Abfindungsforderung an die Nachlaßkonkursmasse frei zu werden. Der als Nachfolger vorgesehene Erbe mag bereits im Hinblick auf seine Ausbildung und erste berufliche Stationen Dispositionen getroffen haben, die nur bei Übernahme der Gesellschafterstellung voll zum Tragen kommen.

Unstimmigkeiten bestehen allerdings noch über die rechtliche Konstruktion einer derartigen Fortsetzungsvereinbarung und darüber, ob der Erbe die ihm vom Erblasser zugedachte Gesellschafterstellung nicht nur einvernehmlich mit den anderen Gesellschaftern, sondern gegebenenfalls auch gegen ihren Willen erlangen kann.

1. Rechtliche Konstruktion

a) Beachtung verdient zunächst der noch neuere Lösungsvorschlag Brüggehagens.[16] Danach bedarf es zur Fortsetzung der Gesellschaft einschließlich des Erben eines einstimmigen Gesellschafterbeschlusses, an dem der Erbe bereits mitwirken müsse. Der Beschluß sei gegenüber dem Konkursverwalter abzugeben; dieser könne den Beschlußinhalt allerdings nicht beeinflussen, sondern sei auf die Entgegennahme der Willensäußerung beschränkt. Der Fortsetzungsbeschluß führe unmittelbar die Rückumwandlung in eine werbende Gesellschaft herbei. Aus der Fortsetzungsvereinbarung sei der Erbe gegenüber den Mitgesellschaftern verpflichtet, den Anteilswert (= Wert der Auseinandersetzungsforderung) aus seinem Privatvermögen an die Nachlaßkonkursmasse abzuführen. Gelinge es dem Erben dann doch nicht, das entsprechende Kapital aufzubringen, könne der Nachlaßkonkursverwalter die Zwangsvollstreckung in die Beteiligung betreiben und die Gesellschaft entsprechend § 135 HGB kündigen.

Die Lösung Brüggehagens unterliegt jedoch gleichermaßen gesellschaftsrechtlichen, praktischen und konkursrechtlichen Bedenken.

aa) Gesellschaftsrechtliche Bedenken ergeben sich daraus, daß Brüggehagen die Zustimmung des Nachlaßkonkursverwalters zum Fortsetzungsbeschluß für verzichtbar hält. Die Rückverwandlung der

---

[15] Vgl. nur K. Schmidt, GesellschaftsR, § 52 III 5, S. 1123; Marotzke, AcP 187 (1987), 235 mit Fn. 59.

[16] Diss. Göttingen 1985, S. 118 ff.

Auseinandersetzungs- in eine werbende Gesellschaft bewirkt eine Änderung des Verbandszwecks.[17] Der Fortsetzungsbeschluß ist somit ein Grundlagengeschäft, das der Zustimmung aller Gesellschafter bedarf.[18] Gesellschafter in diesem Sinne ist aber auch der Nachlaßkonkursverwalter; denn er tritt in der Auseinandersetzungsgesellschaft entsprechend § 146 Abs. 3 HGB an die Stelle des Erben, der seinerseits von der Ausübung jeglicher Mitgliedschaftsrechte ausgeschlossen ist. Es wird somit nicht plausibel, warum die Zustimmung des Nachlaßkonkursverwalters für die Wirksamkeit des Fortsetzungsbeschlusses entbehrlich sein soll. Dieser Kritik beugt Brüggehagen mit dem Einwand vor, der Fortsetzungsbeschluß betreffe nicht die Liquidation, sondern deren genaues Gegenteil.[19] Dieses Argument geht jedoch fehl: Gerade weil aufgrund des Fortsetzungsbeschlusses die Liquidation unterbleibt, ist der Rechtskreis des Konkursverwalters als Liquidators (vgl. § 146 HGB) durch den Beschluß in höchstem Maße betroffen. Dies ergibt sich nicht zuletzt aus § 145 Abs. 2 HGB, den Brüggehagen offenbar übersieht. Zudem gilt allgemein für die Fortsetzung der bereits aufgelösten Gesellschaft: Ist die Rückverwandlung zugleich mit einer Änderung des Mitgliederbestandes verbunden, so müssen alle, auch die in Zukunft nicht mehr Teilnehmenden, der Änderung zustimmen.[20] Denn für die Zustimmungspflicht kommt es nicht darauf an, welche Rolle der Stimmrechtsinhaber künftig in der Gesellschaft spielt, sondern darauf, ob er durch den Beschluß eine gegenwärtige Rechtsposition verliert. Somit ergibt sich bereits aus gesellschaftsrechtlichen Prinzipien, daß die Zustimmung des Nachlaßkonkursverwalters notwendige Voraussetzung für die Fortsetzung der Gesellschaft unmittelbar unter Einbeziehung des Erben ist.

bb) In praktischer Hinsicht ist an der Konzeption Brüggehagens zu bemängeln, daß diese ähnliche Ungewißheiten hervorruft wie die BGH-Lösung.[21] Denn weil die Vereinbarung zur Fortsetzung der Gesellschaft mit dem Erben nicht nach Art eines Junktims davon abhängig gemacht wird, daß dieser zumindest gleichzeitig den Anteil aus der Nachlaßkonkursmasse ablöst, fehlt dem Beschluß das befriedende Moment einer endgültigen Regelung: Obwohl die übrigen Gesellschafter sich zur Fortsetzung mit dem Erben i.d.R. nur bereit finden werden, wenn dieser seine Zahlungsfähigkeit

---

[17] BGH, WM 1964, 152 (153); OLG Frankfurt, NJW-RR 1988, 225.

[18] K. Schmidt, GesellschaftsR, § 11 V 5, S. 253 f. und § 52 I 1, S. 1113 f.; H. Westermann, PersonengesellschaftsR, Rz. 597. – Eine Mehrheitsentscheidung ist nur zulässig, wenn diese im Gesellschaftsvertrag (den Anforderungen des Bestimmtheitsgrundsatzes entsprechend) speziell für den Fall des Fortsetzungsbeschlusses vorgesehen ist, vgl. BGHZ 8, 35 (41 ff.).

[19] Diss., S. 119.

[20] BGH, WM 1963, 728 (730); Palandt-Thomas, Vor § 723 Anm. 2. – Vgl. ferner die Beispiele Nr. 18/19 bei K. Schmidt, GesellschaftsR, § 11 V 5, S. 254.

[21] Vgl. oben I 2 b.

und -willigkeit hinreichend glaubhaft gemacht hat, bleibt doch nach dem Fortsetzungsbeschluß zu Lasten der Gesellschaft zunächst in der Schwebe, ob langfristig geplant werden kann oder ob es sich bei der Wiederaufnahme der werbenden Tätigkeit nur um ein Intermezzo bis zur Kündigung der Gesellschaft durch den Nachlaßkonkursverwalter handelt.

cc) Schließlich kollidiert die Lösung Brüggehagens mit konkursrechtlichen Grundsätzen. Durch Einräumung der Möglichkeit, die Gesellschaft mit dem Erben fortzusetzen, ohne zuvor oder zumindest gleichzeitig die Beteiligung aus der Nachlaßkonkursmasse ablösen zu müssen, kann der Masse ein Gegenstand ohne Gegenleistung entzogen werden. Damit liegt eine Masseverkürzung vor. Daran ändert nichts, daß der Nachlaßkonkursverwalter bei Ausbleiben der „Ablösesumme" entsprechend § 135 HGB zur Kündigung der Gesellschaft berechtigt sein und damit den Wert des Anteils nachträglich wieder zur Masse ziehen können soll. Denn zum einen ist die Durchsetzbarkeit dieser Vollstreckungsmaßnahme nicht zweifelsfrei gewährleistet, zum anderen wird die Nachlaßkonkursmasse jedenfalls mit den Kosten der Vollstreckung in den Anteil belastet.[22] Freilich ist nicht jede Verminderung des Sollmassebestandes nach Konkurseröffnung rechtlich unzulässig. So kann z.B. der Konkursverwalter bestimmte Gegenstände zugunsten des Gemeinschuldners freigeben[23] - jedoch nur unter der Voraussetzung, daß ein Überschuß für die Masse insoweit nicht zu erwarten ist[24]. Zu diesen unverwertbaren Gegenständen gehört der Gesellschaftsanteil im Nachlaßkonkurs des Gesellschafters nicht. Eine Freigabe durch den Nachlaßkonkursverwalter wäre also pflichtwidrig. Somit führt die Ansicht Brüggehagens eine Situation herbei, die, wäre sie auf Rechtshandlungen des Konkursverwalters zurückzuführen, diesen zum Schadensersatz (§ 82 KO) verpflichtete.[25]

Wegen seiner vielfältigen Schwächen kann dem neu konzipierten Lösungsvorschlag Brüggehagens nicht gefolgt werden.

b) Somit ist zur Realisierung des ursprünglichen Nachfolgeplans auf die allgemeinen Lehren zurückzugreifen. Dabei ergeben sich zwei Möglichkeiten:

aa) Die Gesellschafter können die Fortsetzung der Gesellschaft unter sich - ohne Einbeziehung des Erben - beschließen; hierzu benötigen sie die Zustimmung des Nachlaßkonkursverwalters nicht (vgl. § 141 HGB). Mit diesem Beschluß erlischt der nachlaßkonkursbefangene Anteil an der Ausein-

---

[22] Zum Ganzen s. Brüggehagen, Diss., S. 120 - 127.

[23] Allg. zur Freigabe Baur/Stürner, Zwangsvollstreckungs-, Konkurs- und VergleichsR, Rz. 1054; Kilger, KO, § 6 Anm. 9.

[24] Kuhn/Uhlenbruck, KO, § 6 Rz. 35; Jaeger-Lent, KO, § 6 Rz. 26 ff.

[25] Vgl. Kuhn/Uhlenbruck, KO, § 82 Rz. 9 e; Kilger, KO, § 82 Anm. 3.

andersetzungsgesellschaft, als Surrogat fällt die Auseinandersetzungsforderung in die Nachlaßkonkursmasse.[26] Diesen Zahlungsanspruch müssen die Gesellschafter befriedigen. Schließlich können sie den ursprünglich als Erbe–Nachfolger Vorgesehenen durch gesonderte Eintrittsvereinbarung in die Gesellschaft aufnehmen. Damit entsteht ein neuer Gesellschaftsanteil, der mit dem ursprünglichen Erblasseranteil nicht identisch ist. Möglich ist allerdings, den neuen Anteil hinsichtlich Einlagepflicht, Stimmrecht etc. der früher vom Erblasser gehaltenen Beteiligung nachzubilden. Insbesondere in diesem Fall ist auch denkbar, die zuvor dargestellte mehrschrittige Abfolge zeitlich zu koordinieren und damit auf einen einzigen Vorgang zu reduzieren: Der Erbe–Nachfolger kann die im Aufnahmevertrag vereinbarte Einlagesumme an den Nachlaßkonkursverwalter erbringen; dadurch tilgt er als Dritter i.S.v. § 267 BGB die Abfindungsforderung der Nachlaßkonkursmasse und wird zugleich seinerseits von der Einlagepflicht gegenüber der Gesellschaft gemäß §§ 362 Abs. 2, 185 BGB frei.

bb) Die Gesellschafter können die Fortsetzung der Gesellschaft unter unmittelbarer Einbeziehung des Erben beschließen; insoweit sind sie auf die Zustimmung des Nachlaßkonkursverwalters angewiesen.[27] Dieser kann sein Einverständnis ohne Verstoß gegen seine Verwalterpflichten erteilen, indem er die Zustimmungserklärung nur Zug um Zug gegen die Abführung des Werts der Auseinandersetzungsforderung durch den Erben an die Nachlaßkonkursmasse abgibt. Kommt es aufgrund einer solchen Vereinbarung zur Rückverwandlung der Gesellschaft, ist die Beteiligung des Erben an der nunmehr werbenden Gesellschaft identisch mit dem früheren Erblasseranteil.

cc) Für welche der beiden Möglichkeiten sollten sich die Beteiligten entscheiden? Der Vorzug der unter aa) dargestellten Alternative liegt vor allem in der Entbehrlichkeit des Einverständnisses des Nachlaßkonkursverwalters; die Fortsetzungsinitiative der Gesellschafter kann somit ohne Vorschaltung einer möglicherweise langwierigen Verhandlungsphase sofort in die Tat umgesetzt werden. Demgegenüber spricht für die zweite Möglichkeit, daß die Gesellschaft keine Abfindung an die Nachlaßkonkursmasse zu entrichten hat. Darüber hinaus wirkt sich für den Erben die Identität zwischen seinem Anteil in der rückverwandelten Gesellschaft und dem früheren Erblasseranteil vorteilhaft aus; denn damit bleiben dem Erblassers eingeräumte Sonderrechte (z.B. Mehrstimmrecht, erhöhter Gewinnanteil) grundsätzlich auch zu seinen Gunsten erhalten.[28] Letztlich heben sich die Vor- und Nachteile der beiden Möglichkeiten nahezu gegeneinander

[26] Vgl. Baumbach/Duden/Hopt, HGB, § 141 Anm. 2 i.V.m. 1 A.

[27] Vgl. soeben a) aa).

[28] Allg. zur Vererblichkeit von Sonderrechten H. Westermann, PersonengesellschaftsR, Rz. 475; Wiedemann, Übertragung, S. 73 – 75; Soergel–Hadding, § 727 Rz. 27.

auf, so daß sich eine generelle Aussage zugunsten der einen oder anderen Möglichkeit verbietet. Vielmehr muß die Entscheidung jeweils nach den Umständen des Einzelfalls getroffen werden.

2. Anspruch des Erben auf Realisierung des Nachfolgeplans?

Fraglich ist, ob der Erbe nur einvernehmlich mit den übrigen Gesellschaftern die Fortsetzung der Personengesellschaft unter seiner Mitwirkung erreichen kann oder ob er auch gegen den Willen einzelner Gesellschafter die Realisierung des ursprünglichen Nachfolgeplans durchzusetzen vermag.

a) Nach Ansicht von Karsten Schmidt[29] kann der Erbe, wenn er den Anteil durch Zahlung aus seinem Privatvermögen aus der Nachlaßkonkursmasse auslöst, von den übrigen Gesellschaftern die Fortsetzung der Gesellschaft *verlangen*. Haben die Gesellschafter eine Fortsetzung bereits ohne den Erben beschlossen,[30] muß dieser entsprechend seine Wiederaufnahme beanspruchen können. Die Rechtsgrundlage für einen solchen Anspruch auf Änderung des Gesellschaftsvertrages[31] nennt Karsten Schmidt nicht. Allein in Betracht kommt die gesellschafterliche Treuepflicht. Nur aus ihr kann sich nach fast schon traditioneller Rechtsprechung[32] und ganz h.L.[33] ausnahmsweise die Verpflichtung eines Gesellschafters ergeben, einer Änderung des Gesellschaftsvertrages zuzustimmen; bei treupflichtwidriger Zustimmungsverweigerung soll ein nach § 894 ZPO vollstreckbares Leistungsurteil Abhilfe schaffen.[34] Als Präzedens für das Wiederaufnahmebegehren des Erben bietet sich zudem der Fall des § 135 HGB an. Denn der Schuldner-Gesellschafter, dessen Privatgläubiger die Kündigung der Gesellschaft ausgesprochen hat, soll, wenn er den Gläubiger nachträglich befriedigt, von seinen Mitgesellschaftern die Rückgängigmachung der Kündigungsfolgen verlangen können.[35]

---

[29] GesellschaftsR, § 52 III 5, S. 1123; sympathisierend Marotzke, AcP 187 (1987), 223 (235) mit Fn. 59.

[30] Vgl. soeben 1. b) aa).

[31] Sowohl Rückverwandlung in eine werbende Gesellschaft als auch Eintritt eines weiteren Gesellschaftes bedeuten notwendig eine Änderung des Gesellschaftsvertrages, vgl. BGH, WM 1964, 152 (153); BGHZ 26, 330 (333); G. Hueck, GesellschaftsR, § 10 I 1, S. 64.

[32] BGH, NJW 1987, 952; NJW-RR 1986, 256; BGHZ 64, 253 (257) - sämtliche m.w.N. auf die frühe BGH-Rspr; RGZ 169, 153 (155 f.); 162, 388 (394 ff.).

[33] Exemplarisch: Staub-Ulmer, HGB, § 105 Rz. 232 ff., 244 ff.; Heymann-Emmerich, HGB, § 119 Rz. 17 ff.; Soergel-Hadding, § 705 Rz. 58 ff.; Wiedemann, GesellschaftsR I, § 8 II 3, S. 431. - Weiterführend Hüffer, Festschrift Steindorff, S. 59 (68 ff.).

[34] Weipert, ZGR 1990, 142 (149); Staub-Ulmer, HGB, § 105 Rz. 249.

[35] BGHZ 30, 195 (201 f.); im Anschluß daran BGH, NJW 1982, 2773; Baumbach/Duden/Hopt, HGB, § 135 Anm. 4 C; Heymann-Emmerich, HGB, § 135 Rz. 19.

b) Somit ist nach dem ersten Anschein der dogmatische Boden für die Anerkennung eines Wiederaufnahmeanspruchs des Erben bestens bereitet. Bei eingehender Analyse ergeben sich jedoch gravierende Vorbehalte.

aa) Diese richten sich zunächst im Grundsätzlichen gegen die Lehre von der Zustimmungspflicht zu Änderungen des Gesellschaftsvertrages: Zum einen hat das Mitte der siebziger Jahre geäußerte Bedenken Kollhossers[36], die Anerkennung einer Zustimmungspflicht führe zu einer übermäßigen Einschränkung der Privatautonomie des verpflichteten Gesellschafters, nach wie vor Gültigkeit. Denn die Lehre von der Zustimmungspflicht verliert mit zunehmender Anwendungsbreite den Charakter eines außerordentlichen, nur bei tiefgreifenden und auf andere Weise nicht behebbaren Vertragsstörungen anwendbaren Rechtsbehelfs; sie kann vielmehr dazu führen, daß die eigene Einschätzung des der Zustimmung widerstrebenden Gesellschafters darüber, was wirtschaftlich vernünftig und zweckmäßig ist, durch die Einschätzung des Gerichts ersetzt wird. Die Lehre von der Zustimmungspflicht ist zum anderen auch deshalb problematisch, weil Aufgabe der Rechtsprechung die verbindliche Streitentscheidung nach Maßgabe der Parteibegehren, nicht aber die richterliche Vertragsgestaltung ist. Dies scheint mitunter aus dem Blick zu geraten. Exemplarisch sei aus der Schlußpassage eines jüngeren Urteils zitiert: „... Das ist in dieser Form zwar nicht beantragt worden. ... Das Berufungsgericht wird darauf hinzuwirken haben, daß der Antrag in diesem Sinne neu gefaßt wird."[37]

bb) Selbst wenn man die Berechtigung der Lehre von der Zustimmungspflicht offenläßt,[38] bleibt fraglich, ob ihre tatbestandlichen Voraussetzungen im Fall des Nachlaßkonkurses zugunsten des Erben eingreifen. Nach der ständig wiederkehrenden Formel der Rechtsprechung[39] muß die begehrte Vertragsänderung mit Rücksicht auf das bestehende Gesellschaftsverhältnis oder im Hinblick auf die Rechtsbeziehungen der Gesellschafter zueinander, etwa zur Erhaltung wesentlicher gemeinsam geschaffener Werte oder zur Vermeidung nachhaltiger Verluste, *erforderlich* sein. Haben die Gesellschafter die Fortsetzung der Gesellschaft ohne den Erben beschlossen, liegt hierin gerade ein Indiz, daß es auf sein Mitwirken für Fortbestand des Unternehmens nicht ankommt. Die Nichtbeteiligung des Erben bedeutet für diesen zwar eine Einbuße, weil ihm die Teilhabe an den möglichen zukünftigen Unternehmenserträgen vorenthalten bleiben. Aus dieser Einbuße folgt für ihn jedoch noch nicht ein „nachhaltiger Verlust".

---

[36] In: Festschrift für Harry Westermann, S. 275 ff. (insbes. 280 ff.).

[37] BGH, NJW-RR 1986, 256 (257).

[38] Dies schon deshalb, weil eine abschließende Auseinandersetzung mit ihren Thesen den Rahmen der vorliegenden Untersuchung sprengen würde.

[39] Zuletzt BGH, NJW 1987, 952 (953); weitere Nachweise bei Weipert, ZGR 1990, 142 (145).

Denn andernfalls müßte aus jedem Ausscheidenstatbestand unmittelbar ein Anspruch auf Wiederaufnahme erwachsen. Besonderer Beachtung bedarf zudem folgendes: Die gesellschaftliche Treuepflicht geht niemals so weit, daß die Eigeninteressen einzelner Gesellschafter bzw. ihre persönlichen Ziele zu unterstützen wären.[40] Gerade darauf liefe die Anerkennung eines Wiederaufnahmeanspruchs des Erben aber hinaus. Denn sein Begehren läßt sich nicht mehr aus den – vollständig auf ihn übergegangenen – mitgliedschaftlichen Rechtspositionen des Erblassers ableiten; dieser hätte nämlich bei einem durch lebzeitigen Konkurs bedingten Ausscheiden keinesfalls seine Wiederaufnahme von den übrigen Gesellschaftern verlangen können.[41] Schließlich erweist sich auch der „Präzedenzfall" des § 135 HGB als nicht tragfähig. Denn der vom BGH entschiedene, nachfolgend immer wieder pauschal in Bezug genommene Sachverhalt[42] wies die Besonderheit auf, daß die Mitgesellschafter den Gläubiger des Gesellschafter–Schuldners zu Zwangsvollstreckungsmaßnahmen gegen diesen arglistig veranlaßt und die Kündigung des Gesellschaftsverhältnisses damit provoziert hatten. Insoweit folgt die Pflicht zur Wiederaufnahme des Schuldners aus den §§ 826, 249 BGB, ohne daß insoweit die Lehre von der Treuepflicht hätte bemüht werden müssen.

c) Dem Erben steht somit kein Anspruch gegen die Mitgesellschafter auf Fortsetzung der Gesellschaft unter seiner Mitwirkung oder auf Wiederaufnahme in die bereits durch Beschluß der übrigen Mitgliedern rückverwandelte Gesellschaft zu.

III. Zusammenfassung zu A.

Der Konkurs über den Nachlaß eines Gesellschafters führt entsprechend § 131 Nr. 5 HGB zur Auflösung der Personengesellschaft, bei Vorhandensein einer Fortsetzungsklausel zum Erlöschen der ursprünglich vom Erblasser gehaltenen Beteiligung; in die Nachlaßkonkursmasse fällt dann die Abfindungsforderung.

Gesellschafter und Erbe können einvernehmlich an der Realisierung des ursprünglichen Nachfolgeplans festhalten. Ein Anspruch auf Wiederaufnahme steht dem Erben dagegen nicht zu.

---

[40] Staub–Ulmer, HGB (4. Aufl.), § 105 Rz. 241; vgl. auch Soergel–Hadding, § 705 Rz. 60: „Keine Fürsorgepflicht".

[41] BGHZ 91, 132 (138).

[42] BGHZ 35, 195 (201 f.); zu den Bezugnahmen s.o. Fn. 35.

B. Die Zulässigkeit einer Testamentsvollstreckung an Personengesellschafts–, insbesondere an Kommanditanteilen

Die Diskussion über dieses Thema besitzt eine lange Tradition.

Das Reichsgericht hatte in zwei späten Entscheidungen die Zulässigkeit der Testamentsvollstreckung sowohl an OHG– als auch an KG–Anteilen mit der Begründung verneint, daß dem Testamentsvollstrecker jede Einwirkung auf die nicht ausschließlich in den Bereich des Nachlasses fallende Gesellschafterstellung versagt sei.[1]

Nach dem zweiten Weltkrieg ist die Streitfrage in regelmäßigen Abständen immer wieder monographisch aufbereitet worden,[2] ohne daß dadurch eine abschließende Klärung herbeigeführt worden wäre.

Der BGH (II. Zivilsenat) hat in Kontinuität zur RG–Rspr. die Zulässigkeit der Testamentsvollstreckung an OHG–Anteilen mehrfach verneint.[3] Um so mehr Aufsehen erregte das Urteil des IV a. Zivilsenats, in dem dieser feststellte, daß ein OHG–Anteil „gewissermaßen mit seiner 'Außenseite'" der Verwaltung des Testamentsvollstreckers unterliege.[4] Die Möglichkeit einer Testamentsvollstreckung an KG–Beteiligungen ließ der II. Zivilsenat zunächst offen;[5] nachdem sich zwischenzeitlich eine bejahende Haltung bereits andeutete,[6] hat der Senat nunmehr mit Beschluß vom 3. 7. 1989 (II ZB 1/89)[7] die Testamentsvollstreckung an Kommanditanteilen dem Grundsatz nach ausdrücklich für zulässig erklärt.

Die BGH–internen Divergenzen und die im Hinblick auf die Testamentsvollstreckung an KG–Anteilen zunächst noch unentschiedene Haltung des II. Zivilsenats haben weiteren Anstoß zu einer Fülle von Veröffentlichungen

---

[1] RGZ 170, 392 (394) – OHG; 172, 199 (202 f.) – KG; s. dazu bereits die Ausführungen oben im 2. Teil unter A.

[2] Vgl. nur Hallermann, Diss. Münster 1954; Richardi, Diss. München 1960; Hamann, Diss. Marburg 1963; Rieper, Diss. Kiel 1968; Buß, Diss. Münster 1971; Finger, Diss. o.O. 1974; Buschmann, Diss. Frankfurt 1982; Wessels, Diss. Münster 1989 (genaue Titelbezeichnung siehe Lit.–Verz.); – vgl. auch die Habil.–Schriften: Wiedemann, Übertragung, S. 315 ff. und H.P. Westermann, Vertragsfreiheit S. 360 ff.

[3] BGHZ 24, 106 (112 f.); 68, 225 (239); BGH, WM 1966, 188 (189); WM 1969, 492 (493); NJW 1981, 749 (750).

[4] BGHZ 98, 48 (57)

[5] BGHZ 24, 106 (113); 68, 225 (241); 91, 132 (137 f.) – Eine Entscheidung des IV a. Zivilsenats liegt diesbezüglich bislang nicht vor.

[6] BGH, NJW 1985, 1953 (1954): „... wofür manches spricht ...".

[7] BGHZ 108, 187 = NJW 1989, 3152.

gegeben. Das Aufsatzschrifttum zur Testamentsvollstreckung an Personengesellschaftsanteilen seit 1980 ist nahezu unüberschaubar.[8]

Angesichts der nunmehr vorliegenden Grundsatzentscheidung, die zumindest für die kautelarjuristische Praxis maßgebliche Bedeutung entfalten wird, beschränken sich die folgenden Ausführungen in erster Linie auf eine Kommentierung der Entscheidungsgründe. Inzidenter ist auf die von dem neuesten Beschluß nicht berührte Testamentsvollstreckung an OHG- oder GbR-Anteilen einzugehen. Ergänzende Ausführungen betreffen schließlich diejenigen rechtlichen Gesichtspunkte, die der erkennende Senat offen oder ganz außer Betracht gelassen hat.

I. Ausgangslage

Um zur Zulässigkeit der Testamentsvollstreckung an Gesellschaftsanteilen zu gelangen, müssen drei rechtliche Hürden genommen werden:

- Der Anteil muß zum Nachlaß gehören, weil er andernfalls schon wegen § 2205 BGB, der die Rechtsmacht des Testamentsvollstreckers auf den Nachlaß beschränkt, dessen Verwaltungsbefugnis entzogen wäre (dazu unter II.).
- Das gesellschaftsrechtliche Haftungsstatut muß der erbrechtlich begrenzten Verpflichtungsmacht des Testamentsvollstreckers (§ 2206 BGB) kompatibel sein (dazu unter III.).
- Die Verwaltung des Anteils durch den „Fremdverwalter" muß sich mit den zwingenden Prinzipien des Personengesellschaftsrechts in Einklang bringen lassen (dazu unter IV.).

II. Nachlaßzugehörigkeit

Die Entscheidung des II. Zivilsenats vom 3. 7. 1989 laviert bei der Erörterung dieser Frage. Die Nachlaßzugehörigkeit des vererbten Gesellschaftsanteils wird nur „insofern" anerkannt, als die erbrechtlichen Regelungen trotz seiner Ausgliederung aus dem Gesamthandsnachlaß auf ihn anwendbar sein „können". Diese Konzession reicht aus, um eine Verwaltungskompetenz des Testamentsvollstreckers gemäß § 2205 BGB zu

---

[8] Auswahl: Esch, NJW 1981, 2222; Ulmer, ZHR 146 (1982), 555; Damrau, JR 1983, 330; ders., NJW 1984, 2785; U. Koch, NJW 1983, 1762; Bommert, BB 1984, 178; Reithmann, BB 1984, 1394; Rehmann, BB 1985, 297; Reimann, MittBayNot 1985, 135; ders., MittBayNot 1986, 232; Marotzke, JZ 1986, 457; ders., AcP 187 (1987), 223; Schmellenkamp, MittRhNotK 1986, 181; D. Weber, Festschrift Stiefel (1987), S. 829; Rowedder, Festschrift Goerdeler (1987), S. 445; Schmitz, ZGR 1988, 140; Quack, BB 1989, 2271.

begründen. Davon abgesehen wird die Ablehnung der Nachlaßzugehörigkeit jedoch dem Grundsatz nach aufrechterhalten; dies ergibt sich zum einen aus der laufenden Inbezugnahme der Senatsentscheidung BGHZ 91, 132, in der die Nachlaßzugehörigkeit unzweideutig verneint worden war und zum anderen daraus, daß die Abspaltungslehre ausdrücklich als Besonderheit der II. Zivilsenats-Rechtsprechung hervorgehoben wird.[9] Der II. Zivilsenat nähert sich damit einer relativierenden Begriffsbildung, die erlaubt, die Nachlaßzugehörigkeit je nach konkreter Interessen- und rechtlicher Bedürfnislage mal zu bejahen - z.B. bei der Testamentsvollstreckung, um dem Testamentsvollstrecker die Ausübung der Gesellschafterrechte zu ermöglichen -, mal zu verneinen - z.B. bei Nachlaßkonkurs und Nachlaßverwaltung, um die Auflösung der Gesellschaft zu verhindern. Gerade vor einer solchen Begriffsaufweichung hatte der IV a. Zivilsenat gewarnt[10] und dafür zu Recht Zustimmung geerntet[11]. Es bleibt zu wünschen, daß der II. Zivilsenat bei nächster Gelegenheit den weiterhin bestehenden begrifflichen Unsicherheiten ein Ende bereitet, indem er die Nachlaßzugehörigkeit unter Abkehr von der Abspaltungslehre uneingeschränkt bejaht.

III. Haftungsrechtliche Erwägungen

1. OHG und GbR

Die Testamentsvollstreckung an Anteilen einer OHG oder GbR ist nach h.L.[12] und Rspr.[13] ausgeschlossen. Hierfür ausschlaggebend ist die Unvereinbarkeit von gesellschaftsrechtlich unbeschränkter Haftung (§ 128 HGB bei OHG; „Doppelverpflichtung" mit Anteil am Gesellschaftsvermögen und Privatvermögen bei GbR[14]) und erbrechtlich auf den Nachlaß begrenzter Verpflichtungsbefugnis des Testamentsvollstreckers (§ 2206 BGB). Allerdings hat die Entscheidung des IV a. Zivilsenats, derzufolge ein OHG-Anteil zumindest mit der „Außenseite" der Testamentsvollstreckung un-

---

[9] Übereinstimmend Ulmer, NJW 1990, 73 (75); ausführlich dazu bereits oben 2. Teil, C II 7.

[10] BGHZ 98, 48 (54).

[11] Schmitz, ZGR 1988, 140 (150).

[12] Statt aller: Palandt-Edenhofer, § 2205 Anm. 2 c; Staudinger-Reimann, § 2205 Anm. 78; Baumbach/Duden/Hopt, HGB, § 139 Anm. 4 A.; Heymann-Emmerich, HGB, § 139 Rz. 22.

[13] BGHZ 24, 106 (112 f.); 68, 225 (339) - OHG; BGH, NJW 1981, 749 (750) - GbR; auch der Beschl. vom 3. 7. 1989 bekräftigt nochmals die allg. M., vgl. BGHZ 108, 187 (195).

[14] Zur Doppelverpflichtung s. Palandt-Thomas, § 718 Anm. 4 a; Soergel-Hadding, § 714 Rz. 29 ff.

terliegen könne,[15] diesen Konsens dem Anschein nach in Frage gestellt. Im Ergebnis muß jedoch nicht befürchtet werden, daß nunmehr auch im Hinblick auf die Testamentsvollstreckung an unbeschränkter Haftung unterliegenden Gesellschaftsanteilen Meinungsverschiedenheiten zwischen II. und IV a. Zivilsenat bestehen. Denn mit der Beschränkung der Verwaltungsbefugnisse auf die „Außenseite" ist zugleich gesagt, daß der Testamentsvollstrecker auf die Interna der Gesellschaft keinerlei Einfluß nehmen kann; gerade das wäre aber Voraussetzung für die Anerkennung einer „echten" Testamentsvollstreckung. Zudem hat der Senat auf eine Grenzziehung zwischen Außen- und Innenseite der Beteiligung verzichtet,[16] ebenso auf eine Stellungnahme zur (Un-)Vereinbarkeit von gesellschafts- und erbrechtlichem Haftungsstatut. Aus alledem folgt, daß die Zulassung einer Testamentsvollstreckung an der „Außenseite" des OHG-Anteils nicht zur Verallgemeinerung gedacht, sondern ausschließlich mit den Besonderheiten des Entscheidungsgegenstands (Anordnung von Vor- und Nacherbschaft bei zweigliedriger OHG) zu erklären ist:[17] Für den IV a. Senat ging es darum, durch Zulassung der Testamentsvollstreckung die Vereinigung der Gesellschaftsanteile in der Hand des Vorerben und damit das Erlöschen der Gesellschaft zu verhindern, weil nur so hinsichtlich des von der OHG betriebenen Handelsgeschäfts ein Auskunftsanspruch der Testamentsvollstreckerin begründet werden konnte, auf den diese zur ordnungsmäßigen Nachlaßverwaltung im Spannungsverhältnis von Vor- und Nacherben[18] angewiesen war.

Die Aussage, daß OHG- oder GbR-Anteile schon aufgrund der Haftungsproblematik einer echten Testamentsvollstreckung nicht unterworfen sein können, hat somit weiterhin als allgemeine Meinung Bestand.

2. Kommanditgesellschaft

a) Die Haftung nach § 171 HGB

aa) Hat der Kommanditist seine Einlage in Höhe der für ihn im Handelsregister eingetragenen Haftsumme[19] (§ 162 Abs. 1 HGB) geleistet, ist er

---

[15] BGHZ 98, 48 (57); vgl. zuvor schon Marotzke, JZ 1986, 457.

[16] Nachbesserungsversuche bei Flume, Festschrift „40 Jahre 'Der Betrieb'", S. 181 (188 ff.); Marotzke, AcP 187 (1987), 223 (238 ff.); Schmitz, ZGR 1988, 140 (154).

[17] Dazu ausführlicher bereits oben 2. Teil, C II 5. – Vgl. nun auch Erman-Hense/M.Schmidt, § 2205 Rz. 29.

[18] Vgl. nur §§ 2124 – 2126 BGB und BGH, NJW-RR 1988, 386; NJW 1990, 514 (515).

[19] Zur im Gesetz nur unzureichend zum Ausdruck gekommenen Differenzierung zwischen Einlage und Haftsumme K. Schmidt, GesellschaftsR, § 54 I 2, S. 1160 ff.; Baum-

von jeglicher Haftung gegenüber den Gesellschaftsgläubigern befreit, § 171 Abs. 1 HS. 2 HGB. Die Testamentsvollstreckung an einem voll eingezahlt vererbten Kommanditanteil bereitet deshalb unter haftungsrechtlichen Gesichtspunkten zunächst keine Probleme.

bb) Wie steht es aber, wenn der Erblasser die Einlageleistung noch nicht erbracht hatte, die persönliche Haftung also noch in Höhe der Haftsumme fortbestand? Insoweit bedarf es einer mehrfachen Differenzierung:

(1) Die persönliche Haftung für solche Gesellschaftsverbindlichkeiten, die schon zu Lebzeiten des Erblassers begründet wurden, geht bereits nach §§ 173, 171 Abs. 1 HS. 1 HGB ohne die Möglichkeit einer erbrechtlichen Haftungsbeschränkung (§§ 1975 ff. BGB) auf den Erben über.[20] Aus dieser Haftung läßt sich gegen die Zulässigkeit einer Testamentsvollstreckung jedoch nichts herleiten, denn sie „trifft den Erben auch, wenn keine Testamentsvollstreckung besteht“.[21] Zudem steht der Haftungsumfang beim Erbfall bereits fest; erscheint dem Erben die bereits begründete Haftung als zu hoch, mag er die Erbschaft ausschlagen.

(2) Nach dem Erbfall entstehen laufend neue Verbindlichkeiten der KG, die sämtlich den Erben-Nachfolger mit der Haftung nach § 171 Abs. 1 HS. 1 HGB belasten. Nach Ansicht des BGH ist aber eine angeordnete Testamentsvollstreckung auch für diese Haftung nicht ursächlich: „Die laufenden Geschäfte ... führt nicht der Testamentsvollstrecker, sondern der persönlich haftende Gesellschafter. Es besteht daher kein Anlaß, die Testamentsvollstreckung nur bei voll eingezahlter Einlage zuzulassen.“[22] Diese Argumentation trifft jedoch nur für solche Kommanditgesellschaften (KGen) zu, in denen der Kommanditist – dem gesetzlichen Leitbild der §§ 164, 170 HGB entsprechend – von Geschäftsführung und Vertretung ausgeschlossen ist. Dort, wo abweichend davon dem Kommanditisten im Gesellschaftsvertrag Geschäftsführungsbefugnis und rechtsgeschäftliche Vertretungsmacht eingeräumt worden ist,[23] würden diese Rechte nach dem Erbfall vom Testamentsvollstrecker ausgeübt; sein Handeln wirkte dann

---

bach/Duden/Hopt, HGB, § 171 Anm. 1 A.

[20] RGZ 123, 366 (370); K. Schmidt, BB 1989, 1702 (1703); Damrau, NJW 1984, 2785 (2788); Soergel-Stein, Vor § 1967 Rz. 24; Wiedemann, Übertragung, S. 234; Brox, ErbR, Rz. 631; kritisch Staudinger–Marotzke, § 1967 Rz. 62 u. Heymann–Horn, HGB, § 173 Rz. 8: Analogie zu § 139 IV HGB geboten; dagegen Schlegelberger–K. Schmidt, HGB, § 173 Rz. 43.

[21] BGHZ 108, 187 (197) = NJW 1989, 3152 (3155).

[22] BGH, wie Fn. 21

[23] § 164 HGB ist abdingbar und § 170 HGB nur insoweit zwingend, als dem Kommanditisten keine organschaftliche Vertretungsmacht eingeräumt werden darf, vgl. statt aller Schlegelberger–K.-P. Martens, HGB, § 164 Rz. 27 ff. und § 170 Rz. 11 ff. – Praktische Beispiele atypischer Gestaltung: BGHZ 45, 204 (206 ff.); 51, 198 (201); BGH, BB 1976, 526.

doch unmittelbar haftungsbegründend. Diese Problematik hat der BGH bei seinem Beschluß zwar gesehen, sie jedoch – wie andere[24] vor ihm – offengelassen.[25] Dabei kann der Fall atypischer Ausgestaltung der Kommanditistenrechte keinesfalls mit der Begründung vernachlässigt werden, es sei aus Sicht des Erben gleich, ob er durch den Testamentsvollstrecker als Vertreter/Geschäftsführer der KG oder durch den persönlich haftenden Gesellschafter verpflichtet werde. Denn anders als dieser verpflichtet sich der Testamentsvollstrecker bei seinem haftungsbegründenden Handeln nicht zugleich auch selbst. Damit fehlt das zur Gewährleistung einer besonnenen, übermäßige Risiken scheuenden Geschäftsführung unübertroffen wirksame Korrektiv.[26] Die „indirekte" Haftung des Testamentsvollstreckers gegenüber dem Erben wegen schuldhafter Pflichtverletzung aus § 2219 BGB bietet nicht annähernd Ersatz, weil bei nicht voll einbezahlter Haftsumme auch die ordnungsmäßige Ausübung der auf den Anteil entfallenden Geschäftsführungs- und Vertretungsbefugnis zu einer den Erben belastenden und von ihm unerwünschten Haftungsbegründung führt. Die Lösung des Problems kann auch nicht darin bestehen, jedes gemäß § 171 Abs. 1 HS. 1 haftungsrelevante Handeln des Testamentsvollstreckers an die Zustimmung des Erben zu binden. Angesichts der insoweit untypisierbaren Vielzahl haftungsbegründender Situationen würde ein solches Zustimmungserfordernis die vom Erblasser angestrebte Fremdverwaltung des Anteils durch den Testamentsvollstrecker ad absurdum führen.

Tragfähiger erscheint die folgende weitere Differenzierung:

(a) Sofern sich genügend liquide Mittel im Nachlaß befinden, ist der Testamentsvollstrecker verpflichtet (§ 2216 Abs. 1 BGB), die zur eingetragenen Haftsumme noch fehlende Einlage alsbald an das Gesellschaftsvermögen zu erbringen.[27] Die Auffüllung der Einlage führt zur Erledigung des Haftungsproblems.

(b) Ist dem Testamentsvollstrecker die Volleinzahlung aus Nachlaßmitteln nicht möglich, bleibt die Testamentsvollstreckung am Kommanditanteil unzulässig. Dieses Ergebnis scheint besonders bei Berücksichtigung des Urteils des Bundesverfassungsgerichts vom 13. 5. 1986 geboten zu sein.[28] Danach ist es mit dem allgemeinen Persönlichkeitsrecht (Art. 2

---

[24] Bommert, BB 1984, 178 (183); Schmellenkamp, MittRhNotK 1986, 181 (185); Schlegelberger–K. Schmidt, HGB, § 177 Rz. 31

[25] BGHZ 108, 187 (196) = NJW 1989, 3152 (3154 r.Sp.): „Es ist nicht Aufgabe der hier zu treffenden Entscheidung, allen Problemen, die insoweit auftreten können, bis ins einzelne nachzugehen."

[26] Buß, Diss., S. 64; Wiedemann, Übertragung, S. 330; K. Schmidt, GesellschaftsR, § 14 II 2 e, S. 310.

[27] Rowedder, Festschrift Goerdeler, S. 445 (461 f.); Esch, NJW 1981, 2222 (2225).

[28] BVerfGE 72, 155 (167 ff.).

Abs. 1 i.V.m. Art. 1 Abs. 1 GG) Minderjähriger nicht vereinbar, daß Eltern ihre Kinder kraft gesetzlicher Vertretungsmacht unbegrenzt verpflichten können. Über den eigentlichen Entscheidungsgegenstand hinaus wird daraus geschlossen, daß jede unwiderrufliche Unterwerfung unter die unbegrenzte Verpflichtungsbefugnis eines Dritten unzulässig ist.[29] Allerdings sind Einwände dagegen möglich, daß die Tätigkeit eines geschäftsführungs- und vertretungsberechtigten Testamentsvollstreckers bei nicht voll bezahlter Einlage zu einer solche „Schuldunterwerfung" des Erben führt.

(aa) Ein Argument lautet, die Verpflichtungsbefugnis des Testamentsvollstreckers sei gerade nicht unbegrenzt, weil sich die Haftung des Kommanditisten nach § 171 Abs. 1 HGB auch bei nicht voll eingezahlter Einlage jedenfalls auf die Haftsumme beschränkt.[30] Damit wird jedoch zweierlei verkannt: Zum einen kann auch eine begrenzte Haftsumme ein unkalkulierbares Haftungsrisiko auslösen, namentlich bei „großen", kapitalstarken KGen, bei denen die Haftsummen der einzelnen Kommanditanteile nicht auf Beträge zwischen zehn- und hunderttausend DM, sondern auf mehrere Mio. DM lauten. Noch gravierender wiegt zum zweiten, daß es nicht bei einer einmaligen Verpflichtung des Erben in Höhe der Haftsumme bleibt, sondern die Tätigkeit des außenwirksam für die KG handelnden Testamentsvollstreckers ständig neue Haftungstatbestände gemäß § 171 Abs. 1 HS. 1 HGB begründet, deren Schuldenlast sich – ohne summenmäßige Begrenzung! – jeweils addiert. Insoweit besteht kaum noch ein Unterschied zur unzulässigen Testamentsvollstreckung an OHG-Anteilen.

(bb) Anders als im vom BVerfG entschiedenen „Minderjährigen-Fall" könnte eine vermögensmäßige „Entmündigung" des Nachfolgers in die Kommanditistenstellung aber ausgeschlossen sein, weil dieser Gelegenheit hat, die Erbschaft binnen sechs Wochen nach ihrem Anfall auszuschlagen (§ 1944 Abs. 1 BGB). Die Annahme der Erbschaft könnte eine konkludente Einwilligung in die Übernahme des Haftungsrisikos aus der zukünftigen laufenden Geschäftstätigkeit der KG beinhalten.[31] Es ist jedoch sehr fraglich, ob der Erbschaftsannahme ein so weitgehender Erklärungsinhalt beigemessen werden kann. In den meisten Fällen wird es für Erben-Nachfolger nicht möglich sein, innerhalb der sechswöchigen Ausschlagungsfrist zu einer realistischen Einschätzung des Haftungsrisikos zu gelangen; hatte der Erblasser Zahlungen auf die Haftsumme z.B. durch eine Sacheinlage oder durch Aufrechnung erbracht hat,[32] können mehrere Wochen allein schon

---

[29] Dolf Weber, Festschrift Stiefel, S. 829 (847 f.); Heymann-Horn, HGB, § 161 Rz. 41, 35; früher schon Heinrich Lange, JuS 1970, 101 (107).

[30] Vgl. beits Emmerich, ZHR 132 (1969), 297 (326).

[31] So wohl Wessels, Diss., S. 98; Marotzke, JZ 1986, 457 (463) – letztgenannter zur OHG!

[32] Vgl. BGHZ 39, 319 (330) – Sacheinlage; 95, 188 (197) – Aufrechnung; zum Ganzen

dafür ins Land gehen, um den wirklichen Vermögensstatus des Anteils (voll eingezahlt oder nicht?) zu ermitteln. Eine Unterwerfung unter die letztlich unbegrenzte Testamentsvollstrecker-Verpflichtungsbefugnis „ins Blaue hinein“ wäre aber sittenwidrig (§ 138 Abs. 1 BGB).[33] Das widerspricht nicht dem vom BGH in letzter Zeit zu Recht akzentuierten Grundsatz, daß die Privatautonomie auch die Rechtsmacht umfaßt, besonders risikoreiche Geschäfte abzuschließen.[34] Denn dieser Grundsatz gilt nur unter der Voraussetzung, daß der Risikowillige sich über die Tragweite seines Verpflichtungsrisikos im klaren ist.

Die Annahme der Erbschaft umfaßt also keineswegs die Einwilligung zur kontinuierlichen Haftungsbegründung durch den Testamentsvollstrecker.[35] Andere rechtliche Instrumente zur Neutralisierung des Haftungsrisikos stehen nicht zur Verfügung. Folglich bleibt die Testamentsvollstreckung an Kommanditanteilen dann unzulässig, wenn die Kommanditeinlage noch nicht in Höhe der Haftsumme erbracht *und* der vom Testamentsvollstrecker zu verwaltende Anteil abweichend vom gesetzlichen Leitbild mit Geschäftsführungbefugnis und Vertretungsmacht ausgestattet ist.[36]

b) Die Haftung nach § 172 Abs. 4 HGB und bei Kapitalerhöhung

aa) Auch bei voll eingezahlter Einlage bleibt für den Erben-Nachfolger im weiteren Verlauf der Testamentsvollstreckung die Gefahr einer persönlichen Haftung nicht völlig außer Betracht. Denn die unmittelbare Haftung eines Kommanditisten lebt gemäß §§ 172 Abs. 4, 171 Abs. 1 HGB[37] in Höhe seiner Haftsumme nachträglich wieder auf, wenn

- die Einlage an ihn zurückbezahlt wird (Abs. 4 S. 1),
- er Gewinne entnimmt, obwohl sein Kapitalanteil durch Verlust unter den Betrag der Hafteinlage gemindert ist (Abs. 4 S. 2, 1. Alt.),
- die Gewinnentnahme unmittelbar den Kapitalanteil unter die Haftsumme herabmindert (Abs. 4 S. 2, 2. Alt.).

Das Risiko einer Inanspruchnahme aus § 172 Abs. 4 HGB kann leicht unterschätzt werden, weil Rückzahlung der Einlage und unzulässige Ge-

---

Frenz, MittRhNotK 1988, 1 (3 f.); Staub-Schilling, HGB, § 171 Rz. 9 f.

[33] Dolf Weber, Festschrift Stiefel, S. 829 (848 f.); allg. Palandt-Heinrichs, § 138 Anm. 5 h und k.

[34] BGH, NJW 1989, 830 (831); 1276 f.

[35] Siehe bereits Richardi, Diss., S. 32.

[36] Im Ergebnis ebenso Reimann, DNotZ 1990, 190 (193).

[37] § 172 Abs. 4 HGB ist nur Verweisungsnorm; der eigentliche Anspruch ergibt sich aus § 171 Abs. 1 HGB; zur Abkürzung wird jedoch im folgenden nur noch § 172 HGB angeführt.

winnausschüttung als klar abgrenzbare Tatbestände erscheinen, deren Verwirklichung jeder sorgfältig handelnde Testamentsvollstrecker – und von diesem ist als Regelfall auszugehen! – leicht vermeiden kann. Jedoch ist die Anwendungsbreite des § 172 Abs. 4 HGB viel weiter, als der Wortlaut vermuten läßt. Als „Rückzahlung" gilt jede direkte oder indirekte Zuwendung an den Kommanditisten, mit der dem Vermögen der KG Werte ohne angemessene Gegenleistung entzogen werden.[38] Konkret als haftungsbegründende Einlagenrückgewähr klassifiziert wurde(n) z.B.

– die Einräumung von Sicherheiten durch die KG an Dritte für private Schulden des Kommanditisten (z.B. Bestellung von Grundschulden an Grundstücken der KG)[39],

– Zahlungen aus dem Privatvermögen eines Mitgesellschafters, wenn dieser gemäß § 110 HGB Erstattung von der KG verlangen kann[40],

– eine unangemessen hohe Tätigkeitsvergütung[41], und

– die Auszahlung des Auseinandersetzungsguthabens an den ausgeschiedenen Kommanditisten[42].

Als unzulässige Gewinnentnahme wurde(n) angesehen

– die Verzinsung der Einlage[43]

– Ausschüttungen zu einem Zeitpunkt, in dem der Kapitalanteil zwar noch buchmäßig, nicht aber bei Berücksichtigung der stillen Reserven unter den Betrag der Hafteinlage gemindert war[44].

Damit wird deutlich, daß § 172 Abs. 4 HGB ein beträchtliches Haftungsrisiko birgt, das sich bei der Verwaltung durch den Testamentsvollstrecker durchaus auch von diesem ungewollt realisieren kann. Dagegen ist der Erbe–Nachfolger wirksam zu schützen. Die Ausführungen des BGH sind insoweit widersprüchlich: „Läßt sich der Testamentsvollstrecker die Einlage ganz oder teilweise ohne Zustimmung des Erben zurückzahlen,

---

[38] BGHZ 39, 319 (331); 47, 149 (155 f.); Staub–Schilling, HGB, § 172 Rz. 9; Schlegelberger–K. Schmidt, HGB, §§ 171, 172 Rz. 66; Heymann–Horn, HGB, § 172 Rz. 10; zur Anwendung des § 172 Abs. 4 HGB bei *mehrfacher Kontenführung* umfassd. Huber, ZGR 1988, 1 (34 ff., 56 ff., 74 ff. und öfter).

[39] BGH, BB 1976, 383 (384); Heymann–Horn, HGB, § 172 Rz. 12.

[40] BGHZ 61, 149 (152 f.); 76, 127 (130); 93, 246 (249); Staub–Schilling, HGB, § 172 Rz. 14.

[41] Staub–Schilling, HGB, § 172 Rz. 11; K. Schmidt, GesellschaftsR, § 54 III 2, S. 1179 f.

[42] Baumbach/Duden/Hopt, HGB, § 172 Anm. 2 B.

[43] Heymann–Horn, HGB, § 172 Rz. 16.

[44] BGH, NJW 1990, 1109 (1110 f.) – allerdings fragwürdig: denn nach BGHZ 101, 123, 126 ff. (m. Rezension K. Schmidt, BB 1989, 1702; Blaurock/Suttmeyer, JuS 1989, 96 und Buchner, DNotZ 1988, 467) ist bei der erstmaligen Erbringung der Hafteinlage (§ 171 Abs. 1 HGB) die Anrechnung nicht aufgelöster stiller Reserven möglich!

wird sich dessen persönliche ... Haftung nach § 172 Abs. 4 HGB wegen des nötigen Schutzes der Gläubiger nicht vermeiden lassen (...). Die damit verbundenen Gefahren dürften aber dadurch gemildert sein, daß man Maßnahmen, die zur persönlichen Haftung des Erben führen, nicht mehr als ordnungsmäßige Verwaltung des Nachlasses (§ 2216 Abs. 1 BGB) wird ansehen können. Das hat dann zur Folge, daß sie entweder durch die Vertretungsbefugnis des Testamentsvollstreckers nicht gedeckt sind (...) oder daß die Rückzahlung der Einlage ohne Zustimmung des Erben den Testamentsvollstrecker zumindest in der Regel unter dem Gesichtspunkt des dem Geschäftsgegner erkennbaren Mißbrauchs der Verwaltungsbefugnis (...) zur Rückgewähr verpflichtet ...".[45] Aus den ersten beiden Sätzen ist zu schließen, daß die Einlagenrückgewähr ohne weiteres die persönliche Haftung des Erben herbeiführt, diesem aber ein Regreßanspruch (§ 2219 i.V.m. § 2216 BGB) gegen den Testamentsvollstrecker zusteht.[46] Soweit aber in den beiden anschließenden Sätzen auf das Fehlen oder den Mißbrauch der Vertretungsmacht abgestellt wird, müßte daraus etwas ganz anderes folgen: Besitzt der Testamentsvollstrecker keine Verpflichtungsbefugnis, kann die Einlagenrückgewähr nicht zu Lasten des Erben wirken; dieser haftet folgerichtig nicht nach § 172 Abs. 4 HGB, vielmehr ist der Testamentsvollstrecker gemäß § 812 BGB zur Rückgewähr des Empfangenen an das Gesellschaftsvermögen verpflichtet.[47] Der BGH hat also zwei völlig gegenläufige Lösungsansätze zum Problem „Haftung aus § 172 Abs. 4 HGB" miteinander vermengt, obwohl angesichts der hohen praktischen Relevanz eine eindeutige Entscheidung zugunsten des einen oder des anderen Konzeptes geboten war. Insoweit ist eine Nachbesserung erforderlich.

Gegen den zweitgenannten Ansatz („fehlende oder mißbrauchte Vertretungsmacht") spricht, daß er den Erben auf Kosten der Gesellschaftsgläubiger vor persönlicher Haftung schützt. Denn der Bereicherungsanspruch der KG gegen den Testamentsvollstrecker bietet ihnen wegen § 818 Abs. 3 BGB nur höchst unzureichende Gewähr dafür, letztlich doch noch auf die Haftsumme des Erben-Kommanditisten zugreifen zu können. Eine verschärfte Bereicherungshaftung des Testamentsvollstreckers bleibt zumeist außer Betracht, weil § 819 BGB positive Kenntnis von der Rechtsgrundlosigkeit der Leistung voraussetzt, der Testamentsvollstrecker bei der Entgegennahme der für § 172 Abs. 4 HGB relevanten Vermögenswerte i.d.R. aber nur fahrlässig gehandelt haben wird. Bei funktioneller Betrachtung erweist sich die Risikoverlagerung auf die KG–

[45] BGHZ 108, 187 (197 f.) = NJW 1989, 3152 (3155 l.Sp.).

[46] So zuvor schon Esch, NJW 1981, 2222 (2225); Schmellenkamp, MittRhNotK 1986, 181 (185); wohl auch Flume, Festschrift Müller-Freienfels, S. 113 (125 f.).

[47] So zuvor schon Ulmer, ZHR 146 (1982), 555 (566 f.); wohl auch Buschmann, Diss., S. 170 f.; Bommert, BB 1984, 178 (183); Schilling-K. Schmidt, HGB, § 177 Rz. 34.

Gläubiger als untragbar. Die Zulassung der Testamentsvollstreckung an KG–Anteilen dient ausschließlich der Interessenverwirklichung des Erblassers, des Erben (der ohne diese Möglichkeit vielleicht nicht zum Nachfolger bestimmt worden wäre) und der Mitgesellschafter. Die dabei auftretenden Friktionen müssen folgerichtig ausschließlich durch die Begünstigten bewältigt werden. Dagegen brauchen sich die Gesellschaftsgläubiger nicht etwa darum zu besorgen, ob der Testamentsvollstrecker die Grenzen seines „rechtlichen Dürfens" im Verhältnis zum Erben überschritten hat oder nicht. Der Weg, den Erben durch die Beschneidung der Verplichtungsbefugnis des Testamentsvollstreckers vor einer Haftung nach § 172 Abs. 4 HGB zu schützen, ist somit nicht gangbar.[48] Dagegen gelingt auf Grundlage des zuerst genannten Ansatzes eine interessengerechte Lastenverteilung: Eine Einlagenrückgewähr oder eine übermäßige Gewinnausschüttung an den Testamentsvollstrecker begründet die persönliche Haftung des Erben; dieser kann jedoch gemäß §§ 2219, 2216 BGB Rückgriff gegen den Testamentsvollstrecker nehmen, weil bei voll eingezahlter Kommanditeinlage zu dessen Verwaltungspflichten gehört, ein Wiederaufleben der persönlichen Haftung des Erben zu vermeiden. Da der Schaden des Erben in der Belastung mit einer Verbindlichkeit besteht, geht sein Regreßanspruch gemäß § 249 S. 1 BGB in erster Linie auf Freistellung von den Gläubigeransprüchen.[49] Der Erbe muß also nicht in Vorlage treten, um vom Testamentsvollstrecker Schadloshaltung verlangen zu können. Darüber hinaus erwägt der BGH, dem Erben einen Regreßanspruch auch gegen den geschäftsführenden Gesellschafter zu gewähren, der die haftungsauslösende Zuwendung an den Testamentsvollstrecker erbracht hat.[50] Dem ist jedoch nicht zu folgen. Es besteht keine gesellschaftsvertragliche Pflicht des geschäftsführenden Gesellschafters gegenüber dem Erben, als dessen „Hüter" darüber zu wachen, daß eine Haftungsbegründung zu seinen Lasten unterbleibt.[51] Doch auch ohne die zusätzliche Rückgriffsmöglichkeit ist das verbleibende Haftungsrisiko des Erben aus § 172 Abs. 4 HGB tolerierbar. Es reduziert sich auf die Möglichkeit einer Insolvenz des Testamentsvollstreckers. Dies ist angesichts der Alternative – Benachteiligung der Gesellschaftsgläubiger (s.o.) – hinzunehmen.

bb) Eine summenmäßig beschränkte persönliche Haftung kann schließlich noch durch eine *Erhöhung der Haftsumme* ausgelöst werden, wenn das zusätzliche Haftkapital nicht sogleich an das Gesellschaftsvermögen ab-

---

[48] A.A. aber Ulmer, NJW 1990, 73 (78 l.), der entgegen dem BGH und der hier vertretenen Auffassung dem Schutz des Erben Vorrang vor dem Gläubigerschutz einräumt.

[49] Vgl. BGH, BB 1987, 1201 (1202); Palandt–Heinrichs, Vor § 249 Anm. 3 m.

[50] BGHZ 108, 187 (198) = NJW 1989, 3152 (3155 l.Sp.).

[51] Soweit der BGH sich aaO. auf Ulmer, ZHR 146 (1982), 555 (567) beruft, geschieht dies zu Unrecht; denn dieser prüft Ansprüche *der KG* gegen den auszahlenden Gesellschafter.

geführt wird. Auch vor dieser Haftung ist der Erbe wirksam zu schützen. Dabei ist deutlicher, als dies in den Ausführungen des BGH geschieht,[52] zwischen Außen- und Innenverhältnis der Gesellschaft zu unterscheiden:

(1) Im Innenverhältnis setzt die Erhöhung der Haftsumme die Änderung des Gesellschaftsvertrages voraus.[53] Unabhängig davon, ob Höhe der Haftsumme und interne Einlageverpflichtung gekoppelt sind,[54] führt diese Vertragsänderung zu einer Erhöhung der Beitragspflicht und greift damit unmittelbar in die Rechtsstellung des Erben-Kommanditisten ein. Die Beitragspflicht gehört jedoch nach im Grundsatz einhelliger Meinung zum *Kernbereich der Mitgliedschaft*, der ohne Zustimmung des betroffenen Gesellschafters selbst dann nicht verändert werden darf, wenn dieser durch den Gesellschaftsvertrag zulässigerweise vom Stimmrecht ausgeschlossen ist.[55] Das bedeutet im einzelnen: Der aufgrund des Gesellschaftsvertrages stimmrechtslose Kommanditist kann nicht gegen seinen Willen zu einer Beitragserhöhung verpflichtet werden. Für den Erben-Kommanditisten, dessen Stimmrechtsausschluß nicht auf der Stimmrechtslosigkeit seines Anteils, sondern auf der Verdrängungswirkung der Testamentsvollstreckung beruht (§ 2211 Abs. 1 BGB), gilt dann nichts anderes; denn durch die Zulassung der Testamentsvollstreckung am Kommanditanteil sollen die allgemeinen Grundsätze des Gesellschaftsrechts nicht abgeändert oder verdrängt werden. Folglich ist die Erhöhung der Haftsumme im Innenverhältnis nur wirksam, wenn der Erbe ihr zustimmt.

(2) Im Außenverhältnis knüpft die Haftung jedoch an die Eintragung der Haftsumme an (vgl. § 172 Abs. 1 als Sonderregelung zu § 15 HGB[56]). Dem Erben nützt sein Zustimmungsrecht im Innenverhältnis nichts, wenn es trotz seines Vetos zur Eintragung einer Haftsummenerhöhung kommt. Deshalb muß der Rechtslage im Innenverhältnis auch im Eintragungsverfahren Rechnung getragen werden: Gemäß § 175 HGB wird die Erhöhung der Haftsumme nur in das Handelsregister eingetragen, wenn sie von sämtlichen Gesellschaftern angemeldet worden ist. Da die Haftsummenerhöhung den Kernbereich der Mitgliedschaft betrifft, ist „Gesellschafter" in diesem Sinne auch der Erbe-Kommanditist, obwohl die Testamentsvollstreckung ihn grundsätzlich von der Ausübung der Gesellschafterrechte ausschließt.

---

[52] Siehe BGHZ 108, 187 (198) = NJW 1989, 3152 (3155).

[53] Statt vieler Heymann-Horn, HGB, § 172 Rz. 1.

[54] Dies ist die Regel, vgl. BGH, DB 1977, 1249; Baumbach/Duden/Hopt, § 171 Anm. 1 A.

[55] BGHZ 20, 363 (369 f.); Löffler, NJW 1989, 2656 (2658); Mecke, BB 1988, 2258 (2263 ff.); Wiedemann, GesellschaftsR I, § 7 II 1 a, S. 369; Flume, Personengesellschaft, § 14 III, S. 217 ff.; Schlegelberger-K.P. Martens, HGB, § 161 Rz. 70 f.; Heymann-Horn, HGB, § 161 Rz. 55 f.; Staub-Schilling, HGB, § 163 Rz. 6 f.; MünchKomm-Ulmer, § 709 Rz. 77 f.

[56] Heymann-Horn, HGB, § 172 Rz. 2.

Nach Ansicht des BGH muß das Registergericht den Erben im Rahmen des § 175 HGB *anhören.*[57] Ob ein so weitgehender Schritt erforderlich ist, erscheint allerdings fraglich. Es reicht aus, daß die Eintragung unterbleiben muß, solange keine ausdrückliche Zustimmung des Erben vorliegt. Auch insoweit fällt dem Registergericht die Schlüsselposition zu: Eine ohne Zustimmung des Erben erfolgende Eintragung wäre amtspflichtswidrig und würde zu seinen Gunsten einen Amtshaftungsanspruch aus Art. 34 GG, § 839 BGB auslösen.

(3) Ausnahmsweise können sich die Gesellschaftsgläubiger auf eine nicht eingetragene Haftsummenerhöhung berufen, wenn diese in „handelsüblicher Weise kundgemacht oder ihnen in anderer Weise von der Gesellschaft mitgeteilt worden ist" (§ 172 Abs. 2 HGB). Auch diese Möglichkeit wirft jedoch letztlich keine unüberwindbaren Schwierigkeiten auf: Haftungsbegründend ist grundsätzlich - d.h. ohne Anordnung einer Testamentsvollstreckung - nur eine Kundmachung/Mitteilung, der der Kommanditist zugestimmt hat.[58] Da der Kernbereich der Mitgliedschaft betroffen ist (s.o.), kommt es auch bei Testamentsvollstreckung auf die Zustimmung des Erben-Kommanditisten höchstpersönlich an.[59] Fehlt seine Zustimmung, hat der Erbe keinen Vertrauensschutztatbestand gesetzt, an dem er sich festhalten lassen müßte. § 172 Abs. 2 HGB ist nämlich Ausdruck der allgemeinen Rechtsscheinhaftung, so daß die dort geltenden Grundsätze anzuwenden sind.[60] Im Umkehrschluß folgt daraus sogleich, daß der Erbe-Kommanditist nach Kenntniserlangung von einer ohne seine Zustimmung ergangenen Kundgabe alsbald Gegenmaßnahmen treffen muß - z.B. durch eine in gleicher Weise wie die ursprüngliche Bekanntmachung veröffentlichte Richtigstellung -, soll eine Rechtsscheinhaftung nicht noch nachträglich zur Entstehung gelangen.[61]

Im Resümee erweist sich der Schutz des Erben gegen die Risiken einer Haftsummenerhöhung als umfassend.

---

[57] BGHZ 108, 187 (198) = NJW 1989, 3152 (3155).

[58] Baumbach/Duden/Hopt, HGB, § 172 Anm. 1 B; Staub-Schilling, HGB, § 172 Rz. 5.

[59] Der BGH behandelt das Kompetenzproblem Erbe - Testamentsvollstrecker nicht, sondern verweist zur Zustimmungspflicht des Erben pauschal auf Staub-Schilling (wie vorige Fn.); dabei bleibt unbeachtet, daß diese Kommentarstelle den Fall der Testamentsvollstreckung überhaupt nicht erwägt.

[60] Statt aller Baumbach/Duden/Hopt, HGB, § 172 Anm. 1 B.

[61] Vgl. Schlegelberger-K. Schmidt, HGB, §§ 171, 172 Rz. 36; Baumbach/Duden/Hopt, HGB, § 5 Anm. 2 C.

c) Die Haftung nach § 176 HGB

Bei Verwirklichung einer der Tatbestände des § 176 HGB haftet der Kommanditist gleich einem Komplementär, also persönlich und summenmäßig unbeschränkt. Die somit „gefährlichste“ Haftung im Rahmen der §§ 171 ff. HGB bereitet für die Zulässigkeit der Testamentsvollstreckung jedoch nur geringe Probleme.

aa) Die Haftung nach § 176 HGB trifft den Erben unweigerlich dann, wenn diese bereits zu Lasten des Erblassers begründet war, weil im Zeitpunkt des Erbfalls entweder die Eintragung der KG oder diejenige des Eintritts des Erblassers unterblieben war (§ 176 Abs. 1 oder Abs. 2 HGB). Da die Testamentsvollstreckung hierfür aber nicht ursächlich ist, kann hieraus auch kein Argument gegen ihre Zulässigkeit hergeleitet werden.[62] Der Testamentsvollstrecker ist durch § 2216 Abs. 1 BGB lediglich verpflichtet, die noch fehlende Eintragung im Zusammenwirken mit den übrigen Gesellschaftern (§§ 162, 161 Abs. 2, 108 HGB) alsbald herbeizuführen.

bb) Den Erben könnte eine originäre unbeschränkte persönliche Haftung allerdings nach § 176 Abs. 2 HGB treffen, wenn es sich bei dem erbrechtlichen Anteilserwerb um einen „Eintritt“ i.S.d. Vorschrift handelt. Dies wird vom BGH verneint, allerdings nur zaghaft und ohne Begründung: „Für den in die Gesellschaft eintretenden Erben dürfte dies [§ 176 Abs. 2 HGB, Zusatz des Verf.] indessen nicht gelten (...).“ Daß der II. Zivilsenat eine eindeutige, durch Argumente untermauerte Festlegung vermeidet, ist bedauerlich; denn die Anwendbarkeit des § 176 Abs. 2 HGB bei unmittelbarem erbrechtlichen KG-Anteilserwerb war im Vorfeld durchaus umstritten,[63] zudem ist ohne Erläuterung systematisch nicht einleuchtend, warum die erbrechtliche Nachfolge im Rahmen von § 173 HGB übereinstimmend als „Eintritt“ in die KG angesehen wird.[64] Gegen die Anwendbarkeit von § 176 Abs. 2 HGB bei erbrechtlicher Nachfolge in die Kommanditistenstellung sprechen jedoch wirklich einleuchtende Gründe:

(1) Die Bedeutung des Begriffs „Eintritt“ in § 173 und § 176 HGB stimmt nicht überein, weil der Normzweck beider Vorschriften unterschiedlich ist. § 173 HGB will verhindern, daß durch eine verschiedene Haftung der einzelnen Kommanditisten für Alt- und Neuschulden Verwirrung

---

[62] BGHZ 108, 187 (197) = NJW 1989, 3152 (3155); vgl. auch Schlegelberger-K. Schmidt, HGB, § 176 Rz. 22.

[63] Für Anwendbarkeit BGH, NJW 1983, 2258 (2259); Baumbach/Duden/Hopt, HGB, § 176 Anm. 3 B; unentschieden BGHZ 66, 98 (100); Ulmer, ZHR 146 (1982), 555 (567); dagegen Staub-Schilling, HGB, § 176 Rz. 17 i.V.m. 15; Heymann-Horn, HGB, § 176 Rz. 15; Schlegelberger-K. Schmidt, HGB, § 176 Rz. 21 f.

[64] Statt aller Staub-Schilling, HGB, § 173 Rz. 10.

entsteht.[65] Die Vorschrift könnte also auch lauten: „Wer Gesellschafter einer KG ist, haftet für alle ihre Verbindlichkeiten." Folglich kommt es bei § 173 HGB nicht darauf an, auf welche Weise der Kommanditist die Gesellschafterstellung erworben hat. Dagegen ist § 176 Abs. 2 HGB eine Vertrauensschutznorm,[66] die als – abstrakten – Vertrauenstatbestand die Bildung eines neuen KG-Anteils voraussetzt, dessen beschränkte Haftung noch nicht durch die Handelsregistereintragung klargestellt worden ist. Ein solcher Fall liegt bei einem unmittelbar erbrechtlichen Erwerb aber nicht vor.

(2) Zudem herrscht Übereinstimmung darüber, daß § 176 Abs. 2 HGB nicht nur Vertrauensschutznorm, sondern auch zivilrechtliche Haftungssanktion ist.[67] Eine Sanktion macht jedoch nur dann Sinn, wenn deren Adressat die Möglichkeit hat, sich entsprechend dem mit der drohenden Haftung verbundenen Motivationsdruck zu verhalten, d.h. die haftungsausschließende Eintragung zu bewirken. Demgegenüber könnte der Erbe-Kommanditist bei wortgetreuer Anwendung des § 176 Abs. 2 HGB der unbeschränkten Haftung unter keinen Umständen entgehen; denn anders als z.B. der Anteilserwerb zu Lebzeiten kann der erbrechtliche Erwerb nicht mit der aufschiebenden Bedingung vorheriger Eintragung verknüpft werden.[68]

Damit ist deutlich geworden, daß der erbrechtliche Anteilserwerb keinen Anwendungsfall des § 176 Abs. 2 HGB bildet. – Angesichts der hohen Praxisrelevanz des Problems wäre wünschenswert gewesen, daß der II. Zivilsenat trotz der gebotenen Konzentration auf den zur Entscheidung stehenden Fall diesen Punkt deutlicher herausgearbeitet hätte. – Im Ergebnis bleibt festzuhalten, daß die Haftung aus § 176 HGB für die Zulässigkeit der Testamentsvollstreckung an Kommanditanteilen irrelevant ist.

---

[65] Vgl. Schlegelberger-K. Schmidt, HGB, § 173 Rz. 1 f.; G. Hueck, GesellschaftsR, § 15 III 4, S. 120.

[66] BGHZ 66, 98 (101 f.); 82, 209 (213); Schlegelberger-K. Schmidt, HGB, § 176 Rz. 1 m.w.N.

[67] RGZ 128, 178 (181); OLG Frankfurt, BB 1972, 333; H. Westermann, PersonengesellschaftsR, Rz. 912.

[68] Vgl. Heymann-Horn, HGB, § 176 Rz. 13.

IV. Zwingende Grundsätze des Gesellschaftsrechts

Die spezifisch in der Struktur der Personengesellschaft wurzelnden Bedenken gegen die Zulässigkeit der Testamentsvollstreckung waren bereits in der neueren Diskussion (1980 - 1989) gegenüber den Topoi „Nachlaßzugehörigkeit“ und „Haftungsrisiko“ ein wenig zurückgetreten. Der II. Zivilsenat spitzt diese Tendenz mit seinem Beschluß vom 3. 7. 1989 noch zu, indem er die gesellschaftsrechtliche Problematik nur am Rande und zudem noch unsystematisch über die Gründe „verstreut“ behandelt. Dieser Verzicht auf Vertiefung[69] ist z.T. berechtigt, in verschiedener Hinsicht aber unangebracht. Im einzelnen:

1. Personenbezogenheit der Mitgliedschaft

Der BGH macht die Zulässigkeit der Testamentsvollstreckung an KG-Anteilen von der Zustimmung aller übrigen Gesellschafter abhängig.[70] Diese Zustimmung kann ex ante im Gesellschaftsvertrag oder aus gegebenem Anlaß - beim Tod eines Gesellschafters - erteilt werden. Insoweit verdient der Ansatz des BGH uneingeschränkte Zustimmung. Zwar wird die dem Zustimmungserfordernis zugrundeliegende Ausgangsthese von der Personengesellschaft als „persönlichkeitsbezogene Arbeits- und Haftungsgemeinschaft“[71] angesichts der zunehmenden Entpersonalisierung der KG - Herausbildung der GmbH & Co. KG als Regeltypus![72] - für diese Gesellschaftsform zunehmend in Frage gestellt.[73] Andererseits besteht nach wie vor kein Zweifel daran, daß auch in der KG sich kein Gesellschafter gegen seinen Willen einen Dritten als Mitberechtigten aufdrängen lassen muß.[74]

2. Das Abspaltungsverbot

Bereits frühzeitig hat der BGH[75] mit Zustimmung der Rechtslehre[76] als unabdingbares Prinzip des Personengesellschaftsrechts herausgestellt,

---

[69] Die Ausführungen zur gesellschaftsrechtlichen Problematik umfassen im Originaldruck gerade zwei Schreibmaschinenseiten.

[70] BGHZ 108, 187 (191) = NJW 1989, 3152 (3153); zuvor schon BGHZ 68, 225 (241); BGH, NJW 1985, 1953 (1954).

[71] Aus neuerer Zeit z.B. BGH, NJW 1981, 749 (750).

[72] Vgl. dazu die nachfolgenden Ausführungen zu V.

[73] Esch, NJW 1981, 2222 (2225); Schlegelberger-K. Schmidt, HGB, § 177 Rz. 30 a.E.

[74] Zuletzt BGH, NJW 1990, 514 (515); Bommert, BB 1984, 178 (182); Staub-Schilling, HGB, § 177 Rz. 12 f.

[75] BGHZ 3, 254 (257); 20, 363 (365); 36, 292 (293).

[76] Statt aller K. Schmidt, GesellschaftsR, § 19 III 4, S. 414; MünchKomm-Ulmer, § 717 Rz. 7.

daß die Verwaltungsrechte des Gesellschafters von seiner Mitgliedschaft nicht losgelöst und daher auch nicht selbständig auf einen Dritten übertragen werden können. Der Geltungsbereich dieses „Abspaltungsverbots" wird durch die Testamentsvollstreckung am Kommanditanteil berührt, weil diese unweigerlich eine Trennung von Rechtsinhaberschaft (Erbe) und Rechtsausübung (Testamentsvollstrecker) herbeiführt. Zu einer Verletzung des Abspaltungsverbots kommt es nach Ansicht des BGH gleichwohl nicht: Zum einen reiche die Rechtswirkung einer Testamentsvollstreckung nicht wesentlich weiter als die der „Vertreterklausel",[77] deren Zulässigkeit allgemein anerkannt ist. Zum anderen bewirke die Testamentsvollstreckung nicht die Abspaltung einzelner Rechte, sondern die Mitgliedschaftsrechte würden insgesamt von einem Dritten ausgeübt.[78]

a) Der – bereits früher gezogene[79] – Vergleich von Testamentsvollstreckung und Vertreterklausel (auch: „Gruppenvertretung") vermag nur stark eingeschränkt zu überzeugen. Praktisch bedeutsam wird die Vertreterklausel dort, wo die KG–Beteiligung auf mehrere Erben übergeht. Insoweit droht eine Zersplitterung der Anteilsrechte und damit eine schädliche Komplizierung der Geschäftsführung. Um dem entgegenzuwirken, richtet die Vertreterklausel an die Erben das Verbot, ihre Kommanditistenrechte persönlich wahrzunehmen und zugleich das Gebot, diese Rechte einheitlich durch einen Vertreter ausüben zu lassen. Vertreterklausel und Testamentsvollstreckung ähneln sich also darin, daß die Kommanditisten i.d.R. von der Wahrnehmung ihrer Gesellschafterbefugnisse ausgeschlossen sind. Im einzelnen bestehen jedoch wesentliche Unterschiede: Während der Gruppenvertreter an Weisungen der Kommanditisten gebunden ist,[80] ergibt sich aus § 2203 BGB für den Testamentsvollstrecker, daß dieser bei der Durchführung seiner Aufgaben nur den Willen des Erblassers und das Gesetz zu beachten hat, nicht aber Weisungen des oder der Erben.[81] Die Erben–Kommanditisten können den Gruppenvertreter durch Beschluß abberufen. Demgegenüber ist eine Entlassung des Testamentsvollstreckers nur aus wichtigem Grund im Verfahren nach § 2227 BGB unter Einschaltung des Nachlaßgerichts möglich; selbst eine vorläufige Entlassung aufgrund einstweiliger Anordnung (etwa nach § 24 Abs. 3 FGG) ist dabei ausgeschlossen.[82] Damit ist die Trennung zwischen Rechtsinhaberschaft

---

[77] Grundlegend BGHZ 46, 291 (294 ff.); weiterführend Flume, Personengesellschaft, § 14 V, S. 222 ff. und Schlegelberger–K.P. Martens, HGB, § 161 Rz. 79 ff.

[78] Vgl. BGHZ 108, 187 (199) = NJW 1989, 3152 (3155).

[79] Emmerich, ZHR 132 (1969), 297 (303 f.); H.P. Westermann, Vertragsfreiheit, S. 360 f.

[80] Schlegelberger–K.P. Martens, HGB, § 161 Rz. 88; Heymann–Horn, HGB, § 164 Rz. 16.

[81] Staudinger–Reimann, § 2203 Rz. 7 m.w.N.

[82] OLG Köln, NJW–RR 1987, 71 f.; Soergel–Damrau, § 2227 Rz. 19.

und Rechtsausübung bei der Testamentsvollstreckung sehr viel schärfer gezogen als bei der Vertreterklausel. Dies gilt selbst unter der Maßgabe, daß bei der Gruppenvertretung Einzelweisungen und Vollmachtswiderruf jeweils nur aufgrund *einstimmigen* Beschlusses der Kommanditisten durchgesetzt werden können.[83] Allein aus der Zulässigkeit der Vertreterklausel kann folglich nicht auf die Unbedenklichkeit der Testamentsvollstreckung für das Abspaltungsverbot geschlossen werden.

b) Demgegenüber erweist sich das zweite Argument des BGH – keine Abspaltung einzelner Rechte, sondern einheitliche Rechtsausübung durch den Testamentsvollstrecker – möglicherweise als tragfähiger. Allerdings wird auch heute noch die Ansicht vertreten, das Abspaltungsverbot richte sich gegen jegliche Trennung von Rechtsinhaberschaft und -ausübung.[84] Ob diese Deutung zutrifft, ist nach Sinn und Zweck des Abspaltungsverbots zu beurteilen. Dieses will die Mitgesellschafter vor der Mitsprache und der Mitbestimmung Dritter schützen, die nicht in den Gesellschaftsverband eingebunden sind und daher zu einer überwiegend eigennützigen Rechtsausübung tendieren.[85] Eine fehlende Einbindung des Dritten liegt jedoch nur dort vor, wo Einzelbefugnisse aus der Mitgliedschaft herausgelöst und an ihn übertragen worden sind. Insoweit muß das Abspaltungsverbot eingreifen, um ein an gesellschaftsfremden Interessen orientiertes „Hineinregieren" des Dritten in den Personenverband zu verhindern. Bei einheitlicher Rechtsausübung durch den Testamentsvollstrecker – vergleichbare Fälle sind die offene Treuhand und der Nießbrauch an einem Gesellschaftsanteil[86] – ist dies jedoch anders. Da dem Testamentsvollstrecker sämtliche Anteilsrechte zur alleinigen Wahrnehmung zugewiesen sind,[87] ist er auch Adressat der gesellschaftlichen Treuepflicht.[88] Dies ergibt sich nicht etwa aus Billigkeitserwägungen („Wer Rechte hat, trägt auch Pflichten"), sondern aus der Disziplinierungsfunktion der Treuepflicht, welche die Ausübung der Verwaltungsrechte an das Unternehmensinteresse und – im Einzelfall – an schutzwürdige Interessen einzelner Gesellschafter bindet.[89] Ihre kompetenzbegrenzende Wirkung kann die

---

[83] So BGHZ 46, 291 (296); Flume, Personengesellschaft, § 14 V, S. 225; Wiedemann, Übertragung, S. 394 f. – a.A. mit guten Gründen K. Schmidt, GesellschaftsR, § 21 II 5, S. 461 f.; Staub-Schilling, HGB, § 163 Rz. 17; Heymann-Horn, HGB, § 164 Rz. 18.

[84] Buschmann, Diss. S. 13/14 m.w.N.

[85] Ulmer, Festschrift Fleck, S. 383 (388); K. Schmidt, GesellschaftsR, § 19 III 4, S. 415; Flume, Personengesellschaft, § 14 VII, S. 237 f.

[86] Zur Treuhand BGHZ 10, 44 (49 f.); MünchKomm-Ulmer, § 705 Rz. 78; § 717 Rz. 11; Heymann-Emmerich, HGB, § 105 Rz. 51; zum Nießbrauch Ulmer, Festschrift Fleck, S. 383 ff.; Flume, Personengesellschaft, § 17 VI, S. 359 ff.

[87] Zu den Ausnahmen im Kernbereich der Mitgliedschaft sogleich unter 3.

[88] So im Ergebnis auch Staub-Schilling, HGB, § 177 Rz. 12. – Ausführlich nun Ulmer, NJW 1990, 73 (78 l.Sp., 81).

[89] Statt aller Schlegelberger-K.P. Martens, HGB, § 161 Rz. 76 f.; Heymann-

Treuepflicht nur entfalten, wenn sie an denjenigen gerichtet wird, der die Kompetenzen wahrnimmt – nämlich an den Testamentsvollstrecker. Aus der Treupflichtbindung folgt eine unmittelbare Verantwortlichkeit des Testamentsvollstreckers gegenüber der Gesellschaft und den Mitgesellschaftern. Diese rechtliche Konstellation liegt außerhalb des Schutzbereiches des Abspaltungsverbots. Dieses zwingende Prinzip des Personengesellschaftsrechts wird durch die Testamentsvollstreckung am Kommanditanteil also nicht verletzt.

3. Kernbereich der Mitgliedschaft

Zum Kernbereich der Mitgliedschaft zählen Rspr.[90]zund Lehre[91] diejenigen Anteilsrechte, die auch dem stimmrechtslosen oder auf andere Weise in seiner Rechtsstellung eingeschränkten Gesellschafter nur dann entzogen werden können, wenn er an dem Beschluß beteiligt wird oder diesem sogar zustimmt.[92] Die Relevanz der Kernbereichslehre für das Verhältnis von Testamentsvollstrecker und Erben–Nachfolger hat sich bereits beim Problem der Haftsummenerhöhung erwiesen. Auch aufgrund einiger Anstöße in der Literatur[93] durfte für den Grundsatzbeschluß des BGH mit einer Stellungnahme zur Kernbereichslehre gerechnet werden. Diese Erwartungshaltung hat jedoch keine Bestätigung gefunden:[94] „Ob der Testamentsvollstrecker bei der Mitwirkung an solchen Gesellschafterbeschlüssen in seinem Stimmrecht beschränkt ist, die zwar keine persönliche Haftung des Erben zur Folge haben, dafür aber in sonstiger Weise in die Rechtsstellung des Kommanditisten eingreifen (z.B. Änderung der Gewinnbeteiligung oder Beschneidung des Auseinandersetzungsguthabens; sog. Kernbereich: vgl. ...), ist hier nicht weiter zu erörtern. Das würde, soweit es zu bejahen sein sollte, jedenfalls kein Hinderungsgrund sein, die Testamentsvollstreckung als solche zuzulassen." Die fehlende Entscheidungsfreude des II. Zivilsenats, sein Rückzug auf die Entscheidung des Einzelfalls, stimmt betrübt. Seiner Rolle als zur Rechtsfortbildung und zur Herstellung von Rechtssicherheit berufe-

---

Emmerich, HGB, § 109 Rz. 5 ff. (insbes. 10).

[90] BGHZ 20, 363 (368 ff.); aus neuerer Zeit BGH, NJW 1985, 974.

[91] Zusfsd. Mecke, BB 1988, 2258 (2263 f.); Herrmann, Jura 1986, 511 (515 ff.); vgl. auch oben Fn. 55.

[92] Ob das Betroffensein des Kernbereichs nur zu einem Wiederaufleben des Stimmrechts oder – bei Geltung des Mehrheitsprinzips – zu einem echten Vetorecht führt, ist str., vgl. Schlegelberger–K.P. Martens, HGB, § 161 Rz. 71. – Auf diesen Streit ist hier nicht einzugehen.

[93] Ulmer, ZHR 146 (1982), 555 (564); Priester, Festschrift Stimpel, 463 (482 ff.) zur GmbH; Staub–Schilling, HGB, § 177 Rz. 17 f.

[94] Vgl. BGHZ 108, 187 (198 f.) = NJW 1989, 3152 (3155).

ner Spruchkörper ist der Senat nicht gerecht geworden.[95] Bereits jetzt sind Folgerechtsstreitigkeiten vorhersehbar, die an das „Ob und Wie" der Kompetenzabgrenzung zwischen Testamentsvollstrecker und Erben–Nachfolger anknüpfen und deren Entstehung schon durch wenige behutsame Wegweisungen im Beschluß vom 3. 7. 1989 hätte verhindert werden können.

Dabei kann zumindest im Grundsatz nicht zweifelhaft sein, daß bei der Testamentsvollstreckung am KG–Anteil dem Erben ein Restbestand eigener Befugnisse verbleibt. Insoweit genügt der erneute Hinweis, daß die Anordnung der Testamentsvollstreckung die anerkannten Schutzkonzepte des Personengesellschaftsrechts nicht außer Kraft setzen kann.[96] Keinen Vorwurf verdient der Umstand, daß die Entscheidung auf eine genaue Umgrenzung des Kernbereichs, d.h. auf eine vollständige Aufzählung der dazugehörigen Rechte, verzichtet hat. Die Entwicklung einer allgemeingültigen Definition dürfte angesichts der gebotenen Rücksichtnahme auf die Besonderheiten der jeweiligen Gesellschaft objektiv unmöglich sein.[97] Es reicht aus, einige Beschlußgegenstände zu nennen, die jedenfalls den Kernbereich der Mitgliedschaft betreffen. Dazu zählen über die vom BGH genannten (nachteilige Änderung der Gewinnbeteiligung oder des Auseinandersetzungsguthabens) hinaus insbesondere solche Maßnahmen, die Beitragserhöhungen oder eine Strukturänderung des Personenverbandes – z.B. durch Betriebsaufspaltung oder Umwandlung der Gesellschaft – herbeiführen.[98] Die eigentliche „Entscheidungsschelte" richtet sich gegen die unterbliebene Klärung der Frage, ob bei Beschlüssen, die in den Kernbereich eingreifen, die Befugnisse des Testamentsvollstreckers entfallen und durch entsprechende Zuständigkeiten des Erben ersetzt werden, oder ob Testamentsvollstrecker und Erbe gemeinsam zur Entscheidung berufen sind. Für die zuletzt genannte Lösung spricht der Vergleich mit § 2208 Abs. 1 S. 1 BGB. Nach dieser Vorschrift kann der Erblasser die Rechtsmacht des Testamentsvollstreckers in der Weise beschränken, daß diesem bestimmte Verfügungen oder die Eingehung bestimmter Verbindlichkeiten untersagt sind.[99] Diese dem Testamentsvollstrecker auferlegten Beschränkungen ändern an der fehlenden Verfügungsmacht des Erben (§ 2211

---

[95] Zurückhaltender Ulmer, NJW 1990, 73 (79), der von „richterlicher Selbstbeschränkung" spricht, und Reimann, DNotZ 1990, 190 (192); ähnlich wie hier aber Rowedder, EWiR § 2205 BGB 2/89, 991.

[96] Siehe oben III 2 b bb.

[97] K. Schmidt, GesellschaftsR, § 16 III 3 b, S. 355–358; MünchKomm–Ulmer, § 709 Rz. 78; Ulmer, NJW 1990, 73 (80). – Entwicklung eines Katalogs der im Kernbereich ansiedelnden Rechte aber bei Löffler, NJW 1989, 2655 (2656–2661).

[98] Löffler, NJW 1989, 2656 (2658 f.); Mecke, BB 1988, 2258 (2264); R. Weimar, MDR 1988, 7 (9).

[99] Zu den Einzelheiten Staudinger–Reimann, § 2208 Rz. 4 ff.

BGB) grundsätzlich nichts.[100] Andererseits wäre eine „Pattsituation", in der ein Gegenstand oder Recht aufgrund allseitig fehlender Verfügungsgewalt dem rechtsgeschäftlichen Verkehr dauerhaft entzogen ist, im Hinblick auf § 137 S. 1 BGB unzulässig. Deshalb gehen Rspr.[101] und h.L.[102] übereinstimmend davon aus, daß ein *gemeinsames Vorgehen* von Testamentsvollstrecker und Erbe immer möglich bleibt. Nun lassen sich die aus der Kernbereichslehre abzuleitenden Beschränkungen der Testamentsvollstreckerbefugnisse selbst bei weitherziger Wortlautauslegung nicht auf den „Willen des Erblassers" (§ 2208 Abs. 1 S. 1 BGB) zurückführen. Trotzdem kann die Vorschrift als funktionsfähiges Modell dafür dienen, wie die Beschränkungen der Testamentsvollstreckerbefugnisse praktisch handhabbar bleiben. Ausschlaggebend für die entsprechende Anwendung des § 2208 BGB ist schließlich, daß sie den Interessen des Erblassers noch am ehesten Rechnung trägt: Dieser wird die Kernbereichsproblematik regelmäßig nicht bedacht haben. Entschließt er sich zur Einsetzung eines Testamentsvollstreckers für die KG-Beteiligung, will er damit im Zweifel den Erben für die Dauer der Fremdverwaltung von der Entscheidungsteilhabe (i.S. einer echten Mitbestimmung) ausschließen. Bei dieser Ausgangslage wäre es sinnwidrig, würde dem Erben gerade für die wesentlichen Entscheidungen der Mitgliedschaft die alleinige Entscheidungsbefugnis zufallen. Demgegenüber bleibt bei einem notwendig gemeinsamen Vorgehen von Testamentsvollstrecker und Erbe zumindest die Kontrollfunktion der Testamentsvollstreckung gewahrt.[103]

Bei der Umsetzung dieser gemeinsamen Befugnis in den allgemeinen Verfahrensablauf der Gesellschaft erweist sich folgende Lösung als sachgerecht: Der Testamentsvollstrecker übt – wie sonst auch – das Stimmrecht in der Gesellschafterversammlung aus, nachdem er zuvor mit dem Erben Einvernehmen über den Inhalt der Stimmabgabe hergestellt hat.[104] Nicht völlig auszuschließen ist, daß der Erbe die ihm zufallende Vetomacht im Einzelfall aus sachfremden Erwägungen ausübt, etwa um den Testamentsvollstrecker in sonstigen, nicht den Anteil betreffenden Nachlaßangelegenheiten zu Zugeständnissen zu nötigen (z.B. zur Freigabe bestimmter Gegenstände nach § 2217 BGB). Sachfremde Erwägungen einzelner Gesellschafter können allerdings auch unabhängig von einer angeordneten Te-

[100] Palandt-Edenhofer, § 2208 Anm. 1.

[101] BGHZ 40, 115 (118); 56, 275 (281); 57, 84 (88); BGH, NJW 1984, 2464 (2465).

[102] MünchKomm-Brandner, § 2208 Rz. 5; Lange/Kuchinke, § 29 V 1, S. 475 f.; Soergel-Damrau, § 2208 Rz. 1; kritisch aber H. Lehmann, AcP 188 (1988), 1 (10 ff.); Erman-Hense/M.Schmidt, § 2208 Rz.3.

[103] So im Ergebnis auch Ulmer. NJW 1990, 73 (81) im Anschluß an sich selbst, ZHR 146 (1982), 555 (568); Priester, Festschrift Stimpel, S. 463 (484). – A.A. Buschmann, Diss., S. 185: „selbständige Wahrnehmung durch den Erben".

[104] Ulmer, Priester, wie vorige Fn.

stamentsvollstreckung eine Rolle spielen. Im Einzelfall wird der Erbe aus gesellschafterlicher Treuepflicht zur Zustimmung verpflichtet sein;[105] wirksame Abhilfe bei evident rechtsmißbräuchlichem Verhalten vermag darüber hinaus die Androhung einer Ausschlußklage (§§ 140, 133 HGB) zu schaffen.

V. Konvergenz von KG- und GmbH-Recht

Für den Bereich des GmbH-Rechts ist in Rspr. und Lehre bereits seit langem anerkannt, daß der vererbte GmbH-Geschäftsanteil der Verwaltung eines Testamentsvollstreckers unterliegen kann.[106] Hieraus hätte sich angesichts der seit geraumer Zeit wahrnehmbaren Annäherung von KG- und GmbH-Recht[107] ein weiteres tragfähiges Argument für die Zulässigkeit der Testamentsvollstreckung am Kommanditanteil gewinnen lassen. Da dieser Gesichtspunkt im Beschluß vom 3. 7. 1989 jedoch keine Berücksichtigung gefunden hat, sind einige kurze Nachträge erforderlich.

1. Die Angleichung der für KG und GmbH geltenden Rechtsregeln beruht im wesentlichen auf zwei Ursachen: Zum einen ist die GmbH & Co KG in der Neugründungspraxis der beiden vergangenen Jahrzehnte zum Regeltypus der Kommanditgesellschaft geworden.[108] Zum anderen weist die GmbH, obwohl vom Gesetzgeber als zweite Form der Kapitalgesellschaft neben der AG geschaffen, rechtstatsächlich häufig personalistische Züge auf.[109] Bildhaft kann also von der „Entpersonalisierung der KG" und der „Personalisierung der GmbH" gesprochen werden; damit werden zwei Entwicklungslinien deutlich, die notwendigerweise über Schnittpunkte verfügen müssen.

2. Die Erscheinungsformen der Angleichung von KG- und GmbH-Recht sind vielfältig.

a) Im *Außenrecht* zeigt sich in neuerer Zeit vor allem eine Annäherung der für Kommanditisten und GmbH-Gesellschafter geltenden

---

[105] Vgl. aber oben A II 2 b.

[106] Zuletzt BGH, NJW 1989, 2694 (2695); zuvor BGHZ 51, 209 (217 f.); BGH, DB 1976, 2295 (2296 f.); NJW 1959, 1820 f.; Fischer/Lutter/Hommelhoff, GmbHG, § 15 Rz. 6; Rowedder, GmbHG, § 15 Rz. 71; MünchKomm-Brandner, § 2205 Rz. 41 f.; Staudinger-Reimann, § 2205 Rz. 88; Koch, Diss., S. 10 ff.; einschränkend nur Priester, Festschrift Stimpel, S. 463 ff.

[107] Dazu auch Ulmer, Festschrift Ruprecht-Karls-Universität, S. 389 (405–407).

[108] Heymann-Horn, HGB, § 161 Rz. 28, 117; aufschlußreich das Zahlenmaterial bei Staub-Ulmer, HGB, § 105 Rz. 12 und die rechtstatsächliche Untersuchung von Kornblum/Kleinle u.a., GmbHR 1985, 7 (14) und 42 ff.

[109] Vgl. G. Hueck, GesellschaftsR, § 34 I 3, S. 305; Fischer/Lutter/Hommelhoff, GmbHG, § 15 Rz. 17. – Angesprochen ist damit die Vielzahl von GmbHs mit wenigen Gesellschaftern, die jeweils aktiv an der Geschäftsführung teilnehmen.

Haftungsregeln.[110] Das bei der GmbH gesetzlich verankerte Kapitalaufbringungsprinzip erhält auch für die KG zunehmend Verbindlichkeit.[111] Darüber hinaus hat der BGH seine restriktive, das Prinzip der Haftungsbeschränkung hervorhebende Rspr.[112] zur Haftung des Gesellschafter-Geschäftsführers einer GmbH aus c.i.c. wegen Inanspruchnahme besonderen Vertrauens oder wirtschaftlichen Eigeninteresses auf den eine GmbH & Co KG beherrschenden Kommanditisten übertragen.[113]

b) Im *Innenrecht* ist als Beispiel einer Angleichung der KG- an die GmbH-Regeln zunächst die bereits erwähnte[114] „Vertreterklausel" zu nennen. Schreibt der Gesellschaftsvertrag die Ausübung der Verwaltungsrechte mehrerer Erben-Kommanditisten durch einen gemeinsamen Vertreter vor, so wird damit im Grunde dieselbe Rechtslage herbeigeführt, wie sie im GmbH-Recht bereits kraft Gesetzes besteht (vgl. § 18 GmbHG!). Eine Annäherung „KG - GmbH" ergibt sich ebenfalls aus dem Urteil des BGH vom 11. 7. 1988: Darin wird im Hinblick auf den zwingenden Charakter der Informationsrechte des GmbH-Gesellschafters (§ 51 a Abs. 3 GmbHG) die Abdingbarkeit der Kontrollrechte des Kommanditisten (§ 166 HGB) nachhaltig in Frage gestellt.[115] Die rechtliche „Assimilierung" vollzieht sich aber auch in umgekehrter Richtung (GmbH - KG): So ist trotz ihrer körperschaftlichen Verfassung und Zugehörigkeit zu den Kapitalgesellschaften mittlerweile auch für die GmbH anerkannt, daß die Beziehungen der Gesellschafter untereinander von der - aus dem Personengesellschaftsrecht bekannten - gesellschaftsrechtlichen Treuepflicht bestimmt sein können.[116] Eine weitere Annäherung betrifft den Bereich der Anteilsübertragung. Zwar ist hier die Gesetzeslage genau entgegengesetzt:

---

[110] Priester, EWiR § 172 HGB 1/89, 379.

[111] BGHZ 95, 188 (197); BGH, NJW 1990, 1109 (1110).

[112] BGH, NJW 1986, 587 (588); NJW 1988, 2234.

[113] BGH, NJW 1989, 292 f.

[114] Vgl. oben IV2 a.

[115] BGH, NJW 1989, 225 f.; zust. Schießl, NJW 1989, 1597, differenzierend Veltins/Hikel, DB 1989, 465.

[116] Grundlegend BGHZ 65, 15 (18 f.) - „ITT"; obiter zuvor schon BGHZ 9, 157 (163); 14, 25 (38); zu den Auswirkungen der Treupflichtanerkennung K. Schmidt, GesellschaftsR, § 35 I 2, S. 780; umfassd. Rowedder, GmbHG, § 13 Rz. 13 ff.

Der Geschäftsanteil der GmbH ist gemäß § 15 Abs. 1 GmbHG frei veräußerlich und vererblich; demgegenüber kann der KG–Anteil nach der Vorstellung des Gesetzes weder frei übertragen[117] noch vererbt[118] werden. Rechtstatsächlich entstehen annähernd vergleichbare Verhältnisse aber dadurch, daß einerseits die Geschäftsanteile der GmbH überaus häufig vinkuliert sind (§ 15 Abs. 5 GmbHG), während andererseits bei der KG verschiedentlich von der Möglichkeit Gebrauch gemacht wird, die Mitgliedschaft im Gesellschaftsvertrag übertragbar auszugestalten und durch eine Nachfolgeklausel vererblich zu stellen.

3. Die Konvergenz von KG– und GmbH–Recht hat zudem bereits in einem dem Gesellschaftsrecht benachbarten Rechtsgebiet Niederschlag gefunden. Anläßlich der Bemühungen, dem vielfach monierten Eigenkapitalmangel mittelständischer Unternehmen durch eine Reform der Wertpapiermärkte abzuhelfen, hat eine vom Wirtschaftsministerium des Landes Baden–Württemberg eingesetzte Expertenkommission angeregt, daß KG– und GmbH–Anteile zum Handel in besonderen Börsensegmenten (geregelter Markt und Freiverkehr) zugelassen werden sollten.[119] Die vorgeschlagene gleichförmige Behandlung von GmbH– und Kommanditanteilen verdient Hervorhebung unabhängig davon, wie man die Erfolgsaussichten eines Börsenzugangs für KG und GmbH letztlich beurteilt.[120]

4. Schließlich besitzt die Annäherung von KG– und GmbH–Recht einen direkten Bezug zu den bei der Testamentsvollstreckung an Gesellschafts- bzw. Geschäftsanteilen auftretenden Problemen. So trifft ein Haftungsrisiko nicht nur den Erben–Kommanditisten nach §§ 171 Abs. 1, 172 Abs. 4 HGB,[121] sondern trotz § 13 GmbHG auch den Erben eines GmbH–Anteils, z.B. als Ausfallhaftung nach § 24 oder als Nachschußpflicht nach § 26 GmbHG.[122] Das Abspaltungsverbot, das von der Ausübung der Verwaltungsrechte durch den Testamentsvollstrecker berührt wird,[123] gilt für die GmbH gleichermaßen wie für die KG.[124]

---

[117] Die grundsätzliche Nichtübertragbarkeit ergibt sich nicht – wie häufig behauptet – aus §§ 717, 719 BGB, sondern wird als selbstverständlich vom Gesetz nicht besonders ausgesprochen; zutr. Palandt–Thomas, § 717 Anm. 1; Soergel–Hadding, § 719 Rz. 11.

[118] BGHZ 22, 186 (191); BGH, NJW 1983, 2376 (2377); vgl. aber auch Staudinger–Marotzke, § 1922 Rz. 169–172.

[119] Komission „Zweiter Börsenmarkt", Börsenzugang für kleine und mittlere Unternehmen, Stuttgart 1987.

[120] Kontrovers Hommelhoff, ZHR 153 (1989), 181; Claussen, ZHR 153 (1989), 216; Hennerkes/May, DB 1989, 1709.

[121] S.o. III 2.

[122] S. dazu Schmellenkamp, MittRhNotK 1986, 181 (185); Rowedder, Festschrift Goerdeler, S. 445 (461).

[123] S.o. IV 2.

[124] Zuletzt OLG Hamburg, NJW 1989, 1865 (1866 f.) – „Schiesser/Neue Heimat";

5. Deshalb bleibt insgesamt unverständlich, warum der Beschluß vom 3. 7. 1989 die Konvergenz von KG- und GmbH-Recht völlig außer acht gelassen hat. Die Einbeziehung des rechtspolitischen Umfeldes hätte die Akzeptanz der Grundlagenentscheidung nachhaltig erhöhen können. Vorhergehende Judikate, die wichtige rechtspolitische Fragen angemessen berücksichtigten, bestätigen dies.[125]

VI. Schluß zu B.

Die Entscheidung des II. BGH-Zivilsenats, die Testamentsvollstreckung am Kommanditanteil zuzulassen, verdient grundsätzlich Zustimmung. Sie hat der Einsicht zur Durchsetzung verholfen, daß die bei der Verwaltung des KG-Anteils durch den Testamentsvollstrecker auftretenden Konflikte zwischen Erb- und Gesellschaftsrecht kein Grund sind, „diesen Lebenssachverhalt ganz aus dem Erbrecht auszuklammern und auf bloße Ausweichlösungen zurückzuführen".[126] Deutliche Kritik verdient aber die nur oberflächliche Durchdringung der mit der Fremdverwaltung durch den Testamentsvollstrecker verbundenen Einzelprobleme; die Chance zu einer umfassenden, weiteren Rechtsstreitigkeiten vorbeugenden Klärung einiger bereits im Vorfeld offen liegender, umstrittener Fragen blieb ungenutzt. Es bedeutet keine Übertreibung, eine Ursache dieses Mangels in der grundsätzlich weiterhin ablehnenden Haltung des II. Zivilsenats zur Nachlaßzugehörigkeit des Personengesellschaftsanteils zu sehen. Die Erwägungen des Senats zur Zulässigkeit der Testamentsvollstreckung umfassen im Originaldruck zwölf Schreibmaschinenseiten; allein vier davon sind der Frage der Nachlaßzugehörigkeit gewidmet. Hätte sich der II. Zivilsenat von seiner früheren Rspr. gelöst und die Nachlaßzugehörigkeit ohne Umschweife bejaht, wäre dieser enorm hohe Begründungsaufwand erspart geblieben. Er hätte stattdessen zur Beantwortung einiger für die Kautelarpraxis vordringlichen Einzelfragen eingesetzt werden können.

Nach dieser Beobachtung wird umso wünschenswerter, daß der II. Zivilsenat des BGH bei nächster Gelegenheit seine Position zur Vererbung von Personengesellschaftsbeteiligungen nochmals überdenkt und daraufhin durch uneingeschränkte Bejahung der Nachlaßzugehörigkeit des vererbten Anteils für Klarheit in diesem so wichtigen Gebiet des Personengesellschaftsrechts sorgt.

---

grdl. BGHZ 47, 261 (247); ferner Fischer/Lutter/Hommelhoff, GmbHG, § 47 Rz. 2

[125] Beispielhaft BGHZ 68, 225 (239).

[126] So zuvor in anderem Zusammenhang BGHZ 68, 225 (230).

Literatur

Ahrens, Hans-Jürgen: Personengesellschaft und – gesellschafter als Drittschuldner des Pfändungs – und Überweisungsbeschlusses, ZZP 103 (1990), 34

Alternativkommentar zum Bürgerlichen Gesetzbuch, Band 2, Allgemeines Schuldrecht, Neuwied, Darmstadt 1980

Baumbach/Duden/Hopt: Handelsgesetzbuch, 29. Auflage München 1989

Baumbach/Lauterbach: Zivilprozeßordnung, bearbeitet von Albers und Hartmann, 48. Auflage München 1990

Baur, Fritz: Lehrbuch des Sachenrechts, 15. Auflage München 1989

—/*Stürner*, Rolf: Zwangsvollstreckungs-, Konkurs- und Vergleichsrecht, 11. Auflage Heidelberg 1983

Blaurock, Uwe/*Suttmeyer*, Johannes:Kommanditeinlage und negatives Kapitalkonto – BGHZ 101, 123 –, JuS 1989, 96

Blomyer, Arwed: Zivilprozeßrecht – Vollstreckungsverfahren, Berlin, Heidelberg, New York 1975

Boehmer, Gustav: Erbfolge und Erbenhaftung, Halle 1927

Börner, Bodo: Die Erbengemeinschaft als Gesellschafterin einer offenen Handelsgesellschaft, – Die unbewältigte Erbenhaftung –, AcP 166 (1966), 426

— Das System der Erbenhaftung; 3. Teil: Sonderregelungen für Miterben, JuS 1968, 108

Bötticher, Eduard: Besinnung auf das Gestaltungsrecht und das Gestaltungsklagerecht, in: Vom Deutschen zum Europäischen Recht, Festschrift für Hans Dölle, Bd. I, Tübingen 1963, S. 41

Bommert, Rainer: Neue Entwicklungen zur Frage der Testamentsvollstreckung in Personengesellschaften, BB 1984, 178

Bräcklein, Jürgen: Wann ist ein Nachlaß geteilt? NJW 1967, 431

Brambring, Günter: Die Bedeutung der Rechtssicherheit für die vorsorgende Rechtspflege, DNotZ 1985-Sonderbeilage, 23

Brox, Hans: Erbrecht, 11. Auflage Köln, Berlin 1988

— Anm. zum Urteil BGH II ZR 293/83 (BGHZ 91, 132), JZ 1984, 892

Brüggehagen, Ferdinand: Der Konkurs über den Nachlaß eines Gesellschafters einer Personenhandelsgesellschaft, Dissertation Göttingen 1985

Buchholz, Stephan: Der Miterbe als Nachlaßgläubiger, JR 1990, 45

Buchner, Herbert: Die Kommanditistenhaftung bei Rechtsnachfolge in Gesellschaftsanteile – Offene Fragen nach der Entscheidung des BGH v. 1. 6. 1987 – II ZR 259/86 (JZ 1987, 880), DNotZ 1988, 467

Das Bürgerliche Gesetzbuch: Kommentar, herausgegeben von Mitgliedern des Bundesgerichtshofes (RGRK). Band II, 1. Teil (§§ 241–413), 12. Auflage Berlin, New York 1976; Band II, 4. Teil (§§ 631- 811), 12. Auflage Berlin, New York 1978; Band V, 1. Teil (§§ 1922–2146), 12. Auflage Berlin, New York 1974; Band V, 2. Teil (§§ 2147–2385), 12. Auflage Berlin, New York 1975

Buschmann, Horst: Testamentsvollstreckung im Gesellschaftsrecht, Hindernisse und Möglichkeiten, Frankfurt a.M. 1982

Buß, Gerhard: Die Rechte des Testamentsvollstreckers in der werbenden OHG, Dissertation Münster 1971

Claussen, Carsten P.: Börsenzugang für mittelständische Unternehmen – Stellungnahme zum Bericht der Kommission „Zweiter Börsenmarkt", GmbHR 1988, 417

— Kleine Kapitalgesellschaften und der Zugang zum Kapitalmarkt, ZHR 153 (1989), 216

Creifelds: Rechtswörterbuch, 10. Auflage München 1990

Damrau, Jürgen: Anm. zum Beschl. des OLG Frankfurt v. 11. 2. 1983, JR 1983, 330

— Zur Testamentsvollstreckung am Kommanditanteil, NJW 1984, 2785

Denkschrift zu dem Entwurf eines Handelsgesetzbuches, Berlin 1896

Duden, Konrad: Grenzen der Vertragsfreiheit im Recht der Personengesellschaften, ZGR 1973, 360

Düringer/Hachenburg: Kommentar zum Handelsgesetzbuch, Band II, 2. Halbbd., §§ 105–177, 335–342, 3. Auflage Mannheim, Berlin 1932

Ebert, Kurt H.: Die rechtsfunktionelle Kompetenzabgrenzung von Gesellschafts– und Erbrecht, Frankfurt 1972

Emmerich, Volker: Die Testamentsvollstreckung an Gesellschaftsanteilen, ZHR 132 (1969), 297

— Die Haftung des Gesellschaftererben nach § 139 HGB, ZHR 150 (1986), 193

Ensthaler, Jürgen: Die Liquidation von Personengesellschaften. Gewinn– und Verlustverteilung bei der Liquidation der Gesellschaft und beim Ausscheiden eines Gesellschafters, Berlin 1985

Erman: Handkommentar zum Bürgerlichen Gesetzbuch, Erster und Zweiter Band, 8. Auflage Münster 1989

Esch, Günter: Zur Zulässigkeit der Testamentsvollstreckung an Kommanditbeteiligungen, NJW 1981, 2222

— Die Nachlaßzugehörigkeit vererbter Personengesellschaftsbeteiligungen, NJW 1984, 339

Feddersen, Dieter: Die Behandlung der Abkömmlinge bei der Erbfolge in Gesellschaftsanteile unter vorrangiger Erhaltung der Kontinuität des Unternehmens und unter der Beachtung des Primats der Unternehmensnachfolge, in: Festschrift für Ernst C. Stiefel, München 1987, S. 197

Fikentscher, Wolfgang: Schuldrecht, 7. Auflage Berlin, New York, 1985

Finger, Peter: Testamentsvollstreckung und Nachfolger in der OHG, ohne Ortsbezeichnung 1974

Fischer, Robert: Das Entscheidungsmaterial in seiner Bedeutung für die höchstrichterliche Rechtsprechung, in: Fischer/Adams/Sperl/Cornish, Das Entscheidungsmaterial der höchstrichterlichen Rechtsprechung – Welche sozialen Konflikte kommen vor die staatliche Gerichtsbarkeit, insbesondere die obersten Gerichte? –, Frankfurt 1976

— Fortführung eines Handelsgeschäfts durch eine Erbengemeinschaft? ZHR 144 (1980), 1

— Rezensionsabhandlung zu H. Wiedemann, Die Übertragung und Vererbung von Mitgliedschaftsrechten bei Handelsgesellschaften, ZHR 130 (1968), 359

Fischer/Lutter/Hommelhoff: GmbH-Gesetz, 12. Auflage Köln 1987

Flume, Werner: Allgemeiner Teil des Bürgerlichen Rechts. Band I/1, Die Personengesellschaft, Berlin, New York 1977; Band II, Das Rechtsgeschäft, 3. Auflage Berlin, New York 1979

— Teilungsanordnung und Erbschaftssteuer, DB 1983, 2272

— Die Erben-Nachfolge in die Beteiligung an einer Personengesellschaft und die sonstige Erbfolge in Hinsicht auf die Problematik von Nachlaßverwaltung, Nachlaßkonkurs und Testamentsvollstreckung, in: Festschrift für Wolfram Müller-Freienfels, Baden-Baden 1986, S. 113

— Die Erbennachfolge in den Anteil an einer Personengesellschaft und die Zugehörigkeit des Anteils zum Nachlaß, NJW 1988, 161

— Erbrecht und Gesellschaftsrecht als die beiden Momente der Erbennachfolge in die Beteiligung an einer Personengesellschaft, in: Festschrift 40 Jahre „Der Betrieb", Stuttgart 1988, S. 181

Frenz, Norbert: Rechtsnachfolge in Kommanditanteile, MittRhNotK 1988, 1

Furtner, Georg: Pfändung der Mitgliedschaftsrechte bei Personengesellschaften, MDR 1965, 613

Götte, Tilmann: Die Gewinn- und Auseinandersetzungsansprüche bei einer Gesellschafternachfolge aufgrund rechtsgeschäftlichen Eintrittsrechtes, DNotZ 1988, 603

Großfeld, Bernhard: Unternehmens- und Anteilsbewertung im Gesellschaftsrecht. Zur Barabfindung ausscheidender Gesellschafter, 2. Auflage Köln 1987

Großkommentar zum Handelsgesetzbuch. Zweiter Band, 1. Halbband (§§ 105-144 HGB), 3. Auflage Berlin, New York 1973

Hackenbroch, Rüdiger: Die Abtretung der Mitgliedschaft und vermögensrechtlicher Einzelansprüche in Personengesellschaften, in: Gesellschaften und Gesellschafter im Steuerrecht, Festschrift zum 10jährigen Bestehen der Fachhochschule für Finanzen NRW in Nordkirchen, Bonn 1986

— Die Verpfändung von Mitgliedschaftsrechten in OHG und KG an den Privatgläubiger des Gesellschafters, Köln 1970

Hadding, Walther: Die Initiativen des Reichsjustizamts und des Reichsjustizministeriums zur Gestaltung des Gesellschaftsrechts, in: Vom Reichsjustizamt zum Bundesministerium der Justiz, Festschrift zum 100jährigen Gründungstag des Reichsjustizamts am 1. Januar 1877, Köln 1977, S. 263

— Verfügungen über Mitgliedschaftsrechte, in: Festschrift für Ernst Steindorff, Berlin, New York 1990, S. 31

Schneider, U.H.: Gesellschaftsanteile als Kreditsicherheit, Berlin 1979

Hagen, Horst: Die Bedeutung der Rechtssicherheit für die vorsorgende Rechtspflege, DNotZ 1985-Sonderbeilage, 34

Hahnzog, Klaus: Die Rechtsstellung des Zessionars künftiger Forderungen, Dissertation München 1962

Hallermann, Hermann: Die Rechtsstellung des Testamentsvollstreckers bei Beteiligung des Erblassers in einer Personalgesellschaft, Dissertation Münster 1954

Hamann, Harald: Die Rechtsmacht des Testamentsvollstreckers und ihre Grenzen nach Handelsrecht, Dissertation Marburg 1963

Hartmann, Klaus-Dieter: Einflüsse und Aufgaben der Kautelarjurisprudenz im Recht der Personengesellschaften, DNotZ 1989-Sonderbeilage, 63

Heckelmann, Dieter: Abfindungsklauseln in Gesellschaftsverträgen, München 1973

— Materielle und vollstreckungsrechtliche Folgeprobleme der Entscheidung des BGH für die Sondernachfolge in den Gesellschaftsanteil an der OHG bei sog. qualifizierter Nachfolgeklausel, in: De iustitia et iure, 2. Festgabe für Ulrich von Lübtow, Berlin 1980, S. 619 ff.

Hefermehl, Wolfgang: Vor- und Nacherbfolge bei der Beteiligung an einer Personenhandelsgesellschaft, in: Festschrift für Harry Westermann, Karlsruhe 1974, S. 223

Hennerkes, Brun-Hagen/*May*, Peter: Noch einmal: Die GmbH & Co KG auf Aktien als Rechtsform für börsenwillige Familienunternehmen?, BB 1988, 2393

— Der Gesellschaftsvertrag des Familienunternehmens - Ein Überblick über Gestaltungsschwerpunkte, NJW 1988, 2761

— Als GmbH und KG an die Börse, DB 1989, 1709

Herrmann, Harald: Gesellschafterklagen auf Unterlassen in der OHG und KG - Zur Bedeutung der „Holzmüller"-Entscheidung des BGH für die Personengesellschaft, Jura 1986, 511.

Heymann: Handelsgesetzbuch, Band 2, Zweites Buch §§ 105-237, Berlin, New York 1989

Hoepfner, Michael: Grundzüge der Erbenhaftung, Jura 1982, 169

Hommelhoff, Peter: Börsenhandel von GmbH- und KG-Anteilen. Zu den Vorschlägen der Kommission „Zweiter Börsenmarkt", ZHR 153 (1989), 181

Hopt, Klaus J./*Hehl*, Günther: Gesellschaftsrecht, 3. Auflage München 1987

Huber, Ulrich: Vermögensanteil, Kapitalanteil und Gesellschaftsanteil an Personalgesellschaften des Handelsrechts, Heidelberg 1970

— Gesellschafterkonten in der Personengesellschaft, ZGR 1988, 1

Hueck, Alfred: Das Recht der Offenen Handelsgesellschaft, 4. Auflage Berlin, New York 1971

— Gesellschaftsvertrag und Erbrecht, DNotZ 1952, 550

— Anmerkung zu BGH, Urt. v. 22. 11. 1956 (BGHZ 22, 186), JZ 1957, 222

Hueck, Goetz: Gesellschaftsrecht, 18. Auflage München 1983

Hüffer, Uwe: 100 Bände BGHZ: Personengesellschaftsrecht, ZHR 151 (1987), 396

— Zur gesellschaftsrechtlichen Treuepflicht als richterrechtlicher Generalklausel, in: Festschrift für Ernst Steindorff, Berlin, New York 1990, S. 59

Jaeger, Ernst: Konkursordnung mit Einführungsgesetzen. Band 1, §§ 1 - 70, bearbeitet von Friedrich *Lent*, 8. Auflage Berlin 1958; Band 2, 2. Halbbd., §§ 208 - 244, bearbeitet von Friedrich *Weber*, 8. Auflage Berlin, New York 1973

Kieserling, Friedhelm: Die erbrechtliche Haftung des Miterben-Gesellschafters einer Personengesellschaft bis zur Nachlaßteilung, Dissertation Münster 1972

Kilger, Joachim: Konkursordnung, 15. Auflage München 1987

Kipp, Theodor/*Coing*, Helmut: Erbrecht, 13. Auflage Tübingen 1978

Koch, Ulrich: Die Zuordnung des vererbten GmbH-Geschäftsanteils, Dissertation Heidelberg 1981

— Kommanditanteil und Testamentsvollstreckung, NJW 1983, 1762

— Streit der BGH-Senate um die Nachlaßzugehörigkeit des vererbten Gesellschaftsanteils, Anm. zum Urt. BGH IV a ZR 155/86 (BGHZ 98, 48), BB 1987, 2106

— Die Entwicklung des Gesellschaftsrechts im Jahr 1986, NJW 1987, 2483

— Die Entwicklung des Gesellschaftsrechts in den Jahren 1987/88 - Allgemeines und Recht der Personengesellschafter, NJW 1989, 2662

Köbler, Gerhard: Erbrecht und Gesellschaft, Göttingen 1974

Kollhosser, Helmut: Zustimmungspflicht zur Abänderung von Gesellschaftsverträgen bei Personenhandelsgesellschaften? in: Festschrift für Harry Westermann, Karlsruhe 1974, S. 275

— Auflösung des Anwartschaftsrechts trotz Zubehörhaftung? - Rezension zu BGHZ 92, 280 - JZ 1985, 370

—/*Heß*, Rainer: Verpfändung von Kommanditanteilen, BankInformation 5/1983, 32

Konzen, Horst: Der vermeintliche Erbe in der OHG, ZHR 145 (1981), 29

Kornblum/Kleinle u.a.: Neue Rechtstatsachen zum Unternehmens- und Gesellschaftsrecht, GmbHR 1985, 7 und 42

Kraft, Alfons/*Kreutz*, Peter: Gesellschaftsrecht, 7. Auflage Frankfurt a.M. 1988

Kuhn, Georg/*Uhlenbruck*, Wilhelm: Konkursordnung, 10. Auflage München 1986

Küster, Erwin: Gesellschafternachfolge und Erbengemeinschaft bei der offenen Handelsgesellschaft, Dissertation Tübingen 1968

Lange, Heinrich: Die Rechtsmacht des Testamentsvollstreckers und ihre Grenzen, JuS 1970, 101

Kuchinke, Kurt: Lehrbuch des Erbrechts, 3. Auflage München 1989

Larenz, Karl: Methodenlehre der Rechtswissenschaft, 5. Auflage Berlin, New York 1983

— Allgemeiner Teil des Deutschen Bürgerlichen Rechts, 7. Auflage München 1989

— Lehrbuch des Schuldrechts, Bd. I, Allgemeiner Teil, 14. Auflage München 1987

Lehmann, Hannes: Die unbeschränkbare Verfügungsbefugnis des Testamentsvollstreckers, AcP 188 (1988), 1

Liebisch, Arnold: Über die Rechtsstellung des Erben eines offenen Handelsgesellschafters, AcP 116 (1954), 128

Löffler, Joachim: Der Kernbereich der Mitgliedschaft als Schranke für Mehrheitsbeschlüsse bei Personengesellschaften, NJW 1989, 2656

Loewenheim, Ulrich: Verfügung über das Anwartschaftsrecht nach dessen sicherungsweiser Übertragung - BGH, NJW 1980, 175 -, JuS 1981, 721

Loritz, Karl-Georg: Teilungsanordnung und Vorausvermächtnis, NJW 1988, 2697

von Lübtow, Ulrich: Erbrecht, 2. Halbbd., Berlin 1971

Lüke, Gerhard: Der Informationsanspruch im Zivilrecht, JuS 1986, 2

Lutter, Marcus: Theorie der Mitgliedschaft - Prolegomena zu einem Allgemeinen Teil des Korporationsrechts, AcP 180 (1980), 84

Marotzke, Wolfgang: Drei Ziele unter einem Hut? - Neue Hinweise des BGH zur Gestaltung der Gesellschafter-Nachfolge, JR 1988, 184

— Höferechtliche Tendenzen und dogmatische Lösungen bei der Beerbung des Mitglieds einer offenen Handelsgesellschaft, AcP 184 (1984), 541

— Die Mitgliedschaft in einer offenen Handelsgesellschaft als Gegenstand der Testamentsvollstreckung, JZ 1986, 457

— Die Nachlaßzugehörigkeit ererbter Personengesellschaftsanteile und der Machtbereich des Testamentsvollstreckers nach dem Urteil des Bundesgerichtshofs vom 14. Mai 1986, AcP 187 (1987), 223

— Zwangsvollstreckung in Gesellschaftsanteile nach Abspaltung der Vermögensrechte - Zugleich eine Kritik am „Vorrang der Stammrechtsverfügung", ZIP 1988, 1509

— Anmerkung zu OLG Hamm, Beschl. v. 20. 2. 1989 - 15 W 5/88, EWiR § 2205 BGB 1/89, 471

Mecke, Thomas: Vertragsändernde Mehrheitsbeschlüsse in der OHG und KG - Zugleich eine Anmerkung zur Entscheidung des BGH vom 15. 6. 1987 (II ZR 261/87), BB 1988, 2258

Medicus, Dieter: Bürgerliches Recht, 14. Auflage Köln, Berlin 1989

— Kreditsicherung durch Verfügung über künftiges Recht, JuS 1967, 385

Michaelis, Karl: Zur Rechtsstellung des Gesellschafter-Erben, ZAkDR 1943, 233

Morck, Winfried: Die vertragliche Gestaltung der Beteiligung an Personen-Handelsgesellschaften - eine empirische Untersuchung, Frankfurt a.M., Bern 1980

Motive zu dem Entwurf eines Bürgerlichen Gesetzbuches für das Deutsche Reich, Band V Erbrecht, Berlin, Leipzig 1888

Mühl, Otto: Zur Rechtsfindungsmethode des Reichsgerichts und des Bundesgerichtshofs im Gesellschaftsrecht, in: Festschrift für Robert Fischer, Berlin, New York 1979, S. 509

Müller, Klaus: Die Sicherungsübertragung von GmbH-Anteilen, Köln 1969

— Anm. zu BGH IV a ZR v. 14. 5. 1986 (BGHZ 98, 48), JR 1986, 507

Mümmler, A.: Zwangsvollstreckung in das Gesellschaftsvermögen und in Gesellschaftsanteile der Gesellschaft des bürgerlichen Rechts und der offenen Handelsgesellschaft, Juristisches Büro 1982, 1607

Münchener Kommentar zum Bürgerlichen Gesetzbuch. Band 1, Allgemeiner Teil (§§ 1-240), 2. Auflage München 1984; Band 2, Schuldrecht Allgemeiner Teil (§§ 241-432), 2. Auflage München 1985; Band 3, Schuldrecht Besonderer Teil, 1. Halbband (§§ 433-651 k), 2. Auflage München 1988; Band 3, Schuldrecht Besonderer Teil, 2. Halbband (§§ 652-853), 1. Auflage München 1980 und 2. Auflage München 1986; Band 6, Erbrecht (§§ 1922-2385), 2. Auflage München 1989

Münchener Vertragshandbuch. Band 1, Gesellschaftsrecht, 2. Auflage München 1985

Münzberg, Wolfgang: Anm. zu BGH II ZR 375/87 (BGHZ 104, 351), JZ 1989, 253

Nörr, Knut Wolfgang/*Scheyhing*, Robert: Sukzessionen - Zession, Vertragsübernahme, Schuldbeitritt - Handbuch des Schuldrechts Bd. 2, Tübingen 1983

Palandt: Bürgerliches Gesetzbuch, 49. Auflage München 1990

Paschke, Marian: Zwangsvollstreckung in den Anteil eines Gesellschafters am Gesellschaftsvermögen einer Personengesellschaft, Dissertation Berlin 1981

Pawlowski, Hans-Martin: Methodenlehre für Juristen - Theorie der Norm und des Gesetzes, Karlsruhe 1981

Pieper, Helmut: Vertragsübernahme und Vertragsbeitritt, Köln, Berlin 1963

Piltz, Detlev/*Wissmann*, Eike: Unternehmensbewertung beim Zugewinnausgleich nach Scheidung, NJW 1985, 2673

Priester, Hans-Joachim: Anm. zu BGHZ 68, 225, DNotZ 1977, 558

— Testamentsvollstreckung am GmbH-Anteil, in: Festschrift für Walter Stimpel, Berlin, New York 1985, S.463

— Anmerkung zum Urt. d. OLG Hamburg v. 8. 2. 1989 (ZIP 1989, 507), EWiR § 172 HGB, 1/89, 379

Protokolle der Kommission für die zweite Lesung des Entwurfs des Bürgerlichen Gesetzbuches, Bände II, V, VI, Berlin 1897-1899

Quack, Norbert H.: Die Testamentsvollstreckung an Kommanditanteilen, BB 1989, 2271

Rehbinder, Eckhard: Richterlicher Aktivismus im Personengesellschaftsrecht und Kautelarjurisprudenz: Ist eine Koexistenz möglich? In: Festschrift für Walter Stimpel, Berlin, New York 1985, S. 347

Rehmann, Wolfgang: Testamentsvollstreckung an Gesellschaftsanteilen, BB 1985, 297

Reimann, Wolfgang: Anmerkung zu BGH, Urt. v. 25. 2. 1985 (NJW 1985, 1953), MittBayNot 1985, 135

— Testamentsvollstreckung an Gesellschaftsanteilen jetzt möglich? Anmerkung zum Urteil des BGH vom 14. 5. 1986 - IV a ZR 155/84 (BGHZ 98, 48), MittBayNot 1986, 232

— Das Unternehmen im Zugewinnausgleich aus der Sicht des Kautelarjuristen, FamRZ 1989, 1248

— Anm. zu BGH II ZB 1/89 (BGHZ 108, 187), DNotZ 1990, 190

—/*Spiegelberger*, Sebastian: Aktuelle Rechtsfragen der Unternehmensnachfolge - Vorbereitende Maßnahmen und Folgen aus zivil- und steuerrechtlicher Sicht, RWS-Skript, Köln 1986

Reinicke, Gerhard/*Reinicke*, Dietrich: Zur Kollision von Gesellschaftsrecht und Erbrecht, NJW 1957, 561

Reithmann, Christoph: Testamentsvollstreckung und postmortale Vollmacht als Instrumente der Kautelarjurisprudenz, BB 1984, 1394

Richardi, Reinhard: Das Verwaltungsrecht des Testamentsvollstreckers an der Mitgliedschaft in einer Personengesellschaft, Dissertation München 1960

Riegger, Bodo: Das Auseinandersetzungsguthaben in einer Personalgesellschaft als Kreditsicherung, BB 1972, 115

Rieper, Wolfgang: Die Testamentsvollstreckung über Einzelunternehmen und bei Personengesellschaften des Handelsrechts, Dissertation Kiel 1968

Riesenfeld, S.: Die Erbenhaftung nach dem Bürgerlichen Gesetzbuch, Erster Band: Die Grundsätze der Haftung, Berlin 1916

Rohlff, Reimer: Die Verwendung des Nießbrauchs am Anteil einer Personenhandelsgesellschaft zur Ersparung von Schenkungs- und Erbschaftssteuer, NJW 1971, 1337

Rokas, Nikolaos: Die Teilhaberschaft an der Offenen Handelsgesellschaft und ihre Vererbung, Berlin 1965

Rowedder, Heinz: Die Zulässigkeit der Testamentsvollstreckung bei Kommanditbeteiligungen, in: Bilanz- und Konzernrecht, Festschrift für Reinhard Goerdeler, Düsseldorf 1987, S. 445

— Anm. zu BGH II ZB 1/89 (= BGHZ 108, 187), EWiR § 2205 BGB 2/89, 991

— Gesetz betreffend die Gesellschaften mit beschränkter Haftung (GmbHG), 2. Auflage München 1990

Rüthers, Bernd: Die privatautonome Gestaltung der Vererbung des Anteils an einer Offenen Handelsgesellschaft durch eine beschränkte Nachfolgeklausel, AcP 168 (1968), 263

Rupp, Wolfgang/*Fleischmann*, Guntram: Probleme bei der Pfändung von Gesellschaftsanteilen, Rechtspfleger 1984, 223

Säcker, Franz-Jürgen: Gesellschaftsvertragliche und erbrechtliche Nachfolge in Gesamthandsmitgliedschaften, Bad Homburg, Berlin, Zürich 1970

Schießl, Maximilian: Abdingbarkeit der Kontrollrechte des Kommanditisten aus § 166 HGB?, NJW 1989, 1597

Schlegelberger: Handelsgesetzbuch, Band III/2. Halbband, §§ 161-177; 230-237, 5. Auflage München 1986

Schlüter, Wilfried: Erbrecht, 12. Auflage München 1986

Schmellenkamp, Egon: Die Testamentsvollstreckung an Gesellschaftsanteilen, insbes. Kommanditanteilen, und Ersatzlösungen, MittRhNotK 1986, 181

Schmidt, Karsten: Handelsrecht, 3. Auflage Köln, Berlin 1987

— Gesellschaftsrecht, Köln, Berlin 1986

— Der unveräußerliche Gesamthandsanteil - ein Vollstreckungsgegenstand? Ein Diskussionsbeitrag zur Dogmatik des § 859 ZPO, JR 1977, 177

— Zur kombinierten Nachfolge- und Umwandlungsklausel bei OHG- oder Komplementäranteilen, BB 1989, 1702

— Die Handels-Personengesellschaft in Liquidation, ZHR 153 (1989), 270

Schmidt-Kessel, Alfred: Erbrecht in der Rechtsprechung des Bundesgerichtshofs 1985 bis 1987, WM-Sonderbeilage 8/1988, 1

Schmitz, Erich: Testamentsvollstreckung an Personengesellschaftsanteilen - Folgerungen für die Praxis aus BGHZ 98, 48 - ZGR 1988, 140

Schneider, Uwe H.: Anm. zum Urt. des BGH, IV a. ZS. v. 4. 5. 1983 (NJW 1983, 2376), JR 1983, 504

Schwark, Eberhard: Das neue Kapitalmarktrecht, NJW 1987, 2041

Selb, Walter: Mehrheiten von Gläubigern und Schuldnern, Handbuch des Schuldrechts Band 5, Tübingen 1984

Serick, Rolf: Eigentumsvorbehalt und Sicherungsübertragung. Band I, Der einfache Eigentumsvorbehalt, Heidelberg 1963; Band IV, Verlängerungs- und Erweiterungsformen des Eigentumsvorbehaltes und der Sicherungsübertragung, Erster Teil, Heidelberg 1976

Siebert, Wolfgang: Gesellschaftsvertrag und Erbrecht bei der Offenen Handelsgesellschaft, 3. Auflage Karlsruhe 1958

— Nießbrauch am Gewinnrecht des Gesellschafters einer offenen Handelsgesellschaft, BB 1956, 1126

Smid, Stefan: Probleme der Pfändung von Anteilen an Personengesellschaften (§ 859 ZPO), JuS 1988, 613

Soergel: Bürgerliches Gesetzbuch mit Einführungsgesetz und Nebengesetzen. Band 2/1, Schuldrecht I/1 (§§ 241-432), 11. Auflage Stuttgart, Berlin 1986; Band 4, Schuldrecht III (§§ 705-853), 11. Auflage Stuttgart, Berlin 1985; Band 5, Sachenrecht (§§ 854-1296), 11. Auflage Stuttgart, Berlin 1978 und 12. Auflage Stuttgart, Berlin 1990. Band 7, Erbrecht (§§ 1922-2385), 11. Auflage Stuttgart, Berlin 1982

Spiritus, Thomas: Haftungsbeeinflussende Nachlaßteilung zugleich mit erbrechtlicher Nachfolge in eine Personenhandelsgesellschaft? Bern, Frankfurt 1974

Staub: Großkommentar zum Handelsgesetzbuch. 9. Lieferung zur 4. Auflage, §§ 161–177a, Berlin New York 1987; 12. Lieferung zur 4. Auflage, §§ 105–113, Berlin, New York 1988

J. v. Staudingers Kommentar zum Bürgerlichen Gesetzbuch mit Einführungsgesetz und Nebengesetzen. Zweites Buch, Recht der Schuldverhältnisse: §§ 433–580a, 12. Auflage Berlin 1978; §§ 657–740, 12. Auflage Berlin 1980. Drittes Buch, Sachenrecht, §§ 1018–1296, 12. Auflage Berlin 1981. Fünftes Buch, Erbrecht: Einleitung zu §§ 1922 ff., §§ 1922–2063, 12. Auflage Berlin 1989; §§ 2064–2228, 12. Auflage Berlin 1989

Stimpel, Walter: Richterliche Rechtsfortbildung im Personenhandelsgesellschaftsrecht, in: *Pehle/Stimpel*, Richterliche Rechtsfortbildung – Vorträge gehalten vor der Juristischen Studiengesellschaft Karlsruhe am 28. 6. 1968, Karlsruhe 1969, S. 15

Stein/Jonas: Kommentar zur ZPO, 12. Teillieferung zur 20. Auflage, §§ 851 – 882 a, Tübingen 1986

Stöber, Kurt: Forderungspfändung – Zwangsvollstreckung in Forderungen und andere Vermögensrechte, 8. Auflage Bielefeld 1987

Sudhoff, Heinrich: Der Nießbrauch am Anteil einer Personengesellschaft, NJW 1971, 481

Thomas, Heinz/*Putzo*, Hans: Zivilprozeßordnung, 15. Auflage München 1987

Troll, Max: Zur Wertermittlung von OHG- und KG-Anteilen bei der Erbschaftsteuer, BB 1990, 674

von Tuhr, Andreas: Der Allgemeine Teil des Deutschen Bürgerlichen Rechts. Band I, Allgemeine Lehren und Personenrecht, Berlin 1910; Band II/1, Die rechtserheblichen Tatsachen, insbesondere das Rechtsgeschäft, Berlin 1914

Ulmer, Peter: Gesellschafternachfolge und Erbrecht, ZGR 1972, 195; 324

— Die Sonderzuordnung des vererbten OHG-Anteils – Zum Einfluß von Testamentsvollstreckung, Nachlaßverwaltung und Nachlaßkonkurs auf die Gesellschaftsbeteiligung, in: Gesellschaftsrecht und Unternehmensrecht, Festschrift für Wolfgang Schilling, Berlin, New York 1973, S. 79

— Zur Gesellschafternachfolge im Todesfall, Bemerkungen zum BGH-Urteil vom 10. 2. 1977 (BGHZ 68, 225), BB 1977, 805

— Testamentsvollstreckung an Kommanditanteilen? – Ein Beitrag zu den Auswirkungen der Sondervererbung im Personengesellschaftsrecht auf letztwillige Verwaltungsanordnungen des Erblassers, ZHR 146 (1982), 555

— Nachlaßzugehörigkeit vererbter Personengesellschaftsbeteiligungen? NJW 1984, 1496

— Höchstrichterliche Rechtsfortbildung im Gesellschaftsrecht 1971–1985 – Eine Bestandsaufnahme, in: Richterliche Rechtsfortbildung, Festschrift der Juristischen Fakultät zur 600-Jahr-Feier der Ruprecht-Karls-Universität Heidelberg, Heidelberg 1986, S. 389

— Probleme der Vererbung von Personengesellschaftsanteilen – BGH, NJW 1986, 2431 – JuS 1986, 856

— Anmerkung zu BGH, Urt. v. 25. 5. 1987 (JZ 1987, 880), JZ 1987, 881

— Zur Bedeutung des gesellschaftsrechtlichen Abspaltungsverbots für den Nießbrauch am OHG (KG)-Anteil, in: Festschrift für Hans-Joachim Fleck, Berlin, New York 1988, S. 383

— Testamentsvollstreckung am Kommanditanteil – Voraussetzungen und Rechtsfolgen, NJW 1990, 73

Veltins, Michael/*Hikel*, Dieter: Zur Einschränkung bzw. Erweiterung der Informationsrechte des Kommanditisten – Zugleich Anmerkung zum Urteil des Bundesgerichtshofs vom 11. 7. 1988 (NJW 1989, 225), DB 1989, 465

Weber, Dolf: Testamentsvollstreckung an Kommanditanteilen? In: Festschrift für Ernst C. Stiefel, München 1987, S. 829

Weimar, Robert: Zustimmungspflichtige Geschäfte innerhalb der Kommanditgesellschaft, MDR 1988, 7

Weipert, Lutz: Vorsorgliche Anpassung von Personalgesellschaftsverträgen als Bestandteil der Pflicht zur verantwortungsbewußten Unternehmensführung, – Bespr. der Entscheidung BGH, NJW 1987, 952 –, ZGR 1990, 142

Wessels, Hans-Ulrich: Testamentsvollstreckung an einem Kommanditanteil, Dissertation Münster 1989

Westermann, Harm Peter: Vertragsfreiheit und Typengesetzlichkeit im Recht der Personengesellschaften, Berlin, Heidelberg 1970

— Haftung für Nachlaßschulden bei Beerbung eines Personengesellschafters durch eine Erbengemeinschaft, AcP 173 (1973), 24

— Die höchstrichterliche Regelung der Erbfolge in Beteiligungen an Personengesellschaften, JuS 1979, 761

Westermann, Harry: Personengesellschaftsrecht, 4. Auflage Köln 1979

— Gedanken zum Unternehmensschutz im Recht der Personenhandelsgesellschaften, in: Entwicklungstendenzen im Wirtschafts- und Unternehmensrecht, Festschrift für H. Bartholomeyczik, Berlin 1973, S. 395

Wiedemann, Herbert: Die Übertragung und Vererbung von Mitgliedschaftsrechten bei Handelsgesellschaften, München, Berlin 1965

— Anmerkung zu BGHZ 68, 225 - JZ 1977, 689

— Gesellschaftsrecht, Band I, München 1980

— Juristische Person und Gesamthand als Sondervermögen – Eine Bestandsaufnahme aus bürgerlich-rechtlicher, handels- und steuerrechtlicher Sicht, WM-Beilage 4/1975

Wirtschaftsministerium Baden-Württemberg (Hrsg.) Börsenzugang für kleine und mittlere Unternehmen (Kommission „Zweiter Börsenmarkt"), Stuttgart 1987

Wolf, Manfred/*Niedenführ*, Werner: Gesamtschuld und andere Schuldnermehrheiten, JA 1985, 369

Zimmer, Georg Wilhelm: Zwangsvollstreckung gegen den Gesellschafter einer Personengesellschaft, Dissertation Bochum 1978

Zippelius, Reinhold: Juristische Methodenlehre, 4. Auflage München 1985

Zöller: Zivilprozeßordnung, 15. Auflage Köln 1987

FSC
www.fsc.org
MIX
Papier | Fördert
gute Waldnutzung
FSC® C083411

Kolibri 360 GmbH
Ferdinand-Jühlke-Straße 7
99095 Erfurt, Deutschland
produktsicherheit@kolibri360.de

Druck:
CPI Druckdienstleistungen GmbH
im Auftrag der
Kolibri 360 GmbH
Ferdinand-Jühlke-Str. 7
99095 Erfurt